W0204024

PIANO DE CONCERT
YAMAHA CFIIIS

YAMAHA

www.yamaha.fr

www.cognac-frapin.com

Havano scope 2008

Havano scope 2008

L'Amateur de Cigare

Jean-Alphonse Richard

Annie Lorenzo

Stéphane Ferrux

Et le comité de dégustation
de L'Amateur de Cigare

Jacques Chevalier
Philippe Dupont
Jean-Paul Kauffmann
Una Liutkus
Jean-Yves Martinez

SOLAR

Directrice littéraire : Suyapa Granda Bonilla
Édition : Sylvie Gauthier
Conception graphique et réalisation : Béatrice Lereclus
Couverture : Guylaine Moi

Régie publicitaire :
Société MEDIAOBS
44, rue Notre-Dame-des-Victoires
75002 PARIS
Tél. : 01 44 88 93 70
Directrice de publicité : Marie Bouvier

© Éditions SOLAR, Paris, 2007
Tous droits de traduction, d'adaptation
et de reproduction par tous procédés,
réservés pour tous pays.

La dynamique **du havane**

La tendance que nous notions l'an passé dans le *Havanoscope* se confirme cette année. Lentement mais sûrement, le paysage du havane se redessine. D'un côté les grands classiques, havanes de toujours, gardent le cap à condition que leur fabrication soit toujours soignée. De l'autre, des cigares « laboratoire », tous lancés avec succès, des Éditions limitées aux récents Cohiba Maduro 5. Entre les deux, on peut relever une certaine hésitation. Des marques plus récentes comme Vegueros ou San Cristobal de La Habana peinent à trouver leur place tandis que bon nombre de modules modestes, plus ou moins bien confectionnés, semblent pour l'instant relégués dans un purgatoire sans savoir à quelle sauce ils seront fumés. Le monde du havane, sans cesse en mouvement, s'adapte à l'environnement politique, économique, aussi bien qu'à l'évolution d'amateurs toujours plus exigeants. Cette dynamique qui manifeste la vitalité du havane est un signe positif. Cuba a toujours quelques longueurs d'avance sur les autres terroirs en matière de nouveautés. Ainsi les petits robustos, le retour des figurados… Et aujourd'hui, les « Maduro » qui se caractérisent par leur vieillissement et non pas seulement par un simple artifice de couleur de cape. Le havane puise son inventivité dans les richesses mêmes de son terroir, c'est ce qui fait sa force et sa supériorité.

L'Amateur de Cigare

Préface 5
Les coups de cœur 7
Le grand gagnant 7
Le grand perdant 7

Le guide 9
Qu'est-ce qu'un havane ? 10

La dégustation 39
Méthode de dégustation 41
Belinda 43
Bolivar 46
Cabañas 54
Cohiba 56
Cuaba 70
Diplomaticos 75
El Rey del Mundo 77
Fonseca 83
Guantanamera 86
H. Upmann 89
Hoyo de Monterrey 97
José L. Piedra 109
Juan Lopez 113
La Flor de Cano 118
La Gloria Cubana 120
Los Statos de Luxe 124
Montecristo 126
Partagas 138
Por Larrañaga 155
Punch 158
Quai d'Orsay 166
Quintero 169
Rafael Gonzalez 172
Ramon Allones 176
Romeo y Julieta 179
Saint Luis Rey 194
San Cristobal de La Habana 199
Sancho Panza 204
Trinidad 209
Troya 213
Vegas Robaina 214
Vegueros 219

Les adresses 223
Quelles fabriques visiter à Cuba 225
Où acheter vos cigares 231
Où déguster vos havanes 241
Les civettes en France 263
Les civettes en Europe 325
Casas del habano dans le monde 367

Liste des havanes 381
Petit abécédaire de la dégustation 413
Remerciements 416

LES COUPS DE CŒUR

Bolivar – *Coronas Gigantes*
Cohiba – *Siglo V*
Cohiba Maduro 5 – *Magicos*
Juan Lopez – *Seleccion N° 2*
Montecristo – *Petit Edmundo*
Partagas – *Churchills de Luxe*
Romeo y Julieta – *Exhibicion N° 4*
Saint Luis Rey – *Churchills*
San Cristobal de La Habana – *Oficios*
Vegas Robaina – *Clasicos*

LES INDÉTRÔNABLES

Deux havanes ont obtenu cinq bagues, chaque année, dans le *Havanoscope*. Saluons leur excellence et leur régularité.
H. Upmann – *Sir Winston*
Partagas – *Lusitanias*

LE GRAND GAGNANT

Vegas Robaina

Cette jeune marque nous avait emballés lors de son lancement. Elle nous avait ensuite inquiétés, en se montrant moins régulière et moins alerte. La voilà revenue à un excellent niveau, avec des produits riches et modernes. Nous avons beaucoup apprécié la tenue de la gamme : des havanes moelleux et bien construits, souvent suaves et longs en bouche. Dans ce contexte favorable, plusieurs pièces sont à la hausse. Vegas Robaina témoigne d'une grande vitalité et offre un splendide rétablissement aux amateurs. Une performance à saluer.

LE GRAND PERDANT

Rafael Gonzalez

Nous souffrons pour cette vieille marque qui a de plus en plus de mal à trouver sa place. Coincée entre les labels émergeants et les bagues classiques dotées de catalogue beaucoup plus imposant, Rafael Gonzalez se contente de vivoter. C'est d'autant plus regrettable qu'elle a un vrai potentiel et une réputation tout à fait honorable. La voilà condamnée à jouer les seconds rôles, de plus en plus loin de l'avant-scène. Plusieurs de ses pièces sont en perte de vitesse. Il serait bon que, plus que les bonnes fées, les décideurs du cigare cubain se portent au chevet de Rafael Gonzalez.

havanoscope 2008

le guide

qu'est-ce qu'un havane ?

Histoire et fabrication 11
Un peu d'histoire 11
Naissance du havane 11
Le havane aujourd'hui 12

Culture et préparation des feuilles de tabac 14
La culture 14
Le séchage et les fermentations 15

La fabrication des havanes 16
Les fabriques 16
La *galera* 17
Le *torcedor* 17
Le classement et la mise en boîte 18

Pourquoi le havane est unique 19
Le climat 19
Le sol et le sous-sol 20
Les plants de tabac 21
Le savoir-faire 21

Conseils 22
Conserver 22
Savoir choisir son humidor 23
Astuces pour les fauchés 23
Couper 24
Allumer 25
Comment constituer sa cave 25
Attention aux faux ! 26
Voyager 27
Les douanes 27
Le havane en *duty free* 27

Lexique 28
Boîtes : savoir les lire 28
Cape 28
Casa matriz 28
Combustion 30
Combustion et tirage 30
Mauvaise combustion 30
Conditionnement 31
Date de fabrication 32
Éditions limitées 33
Fermentation 34
Habanos 34
Importateurs 34
Prix d'un havane en France 35
Puissance et diamètre 36
Séries spéciales 36
Spécialités régionales 36
Vieillissement 36
Vitolas de galera 37

HISTOIRE ET FABRICATION

Un peu d'histoire

Naissance du havane

Si l'on en croit l'historien du tabac cubain Raynaldo Gonzalez (*El Bello Habano*), c'est en 1799 que fut utilisé pour la première fois à Cuba le nom « havane ». Il s'agit d'un document officiel émanant de la Junta de la Factoria de Tabacos, qui se réfère à la préférence anglaise et nord-américaine pour ce type de tabac. En principe, on ne doit plus dire « havane » mais « habano ». Ainsi en ont décidé les Cubains afin de protéger leur appellation d'origine (AOP, appellation d'origine protégée), comme l'a fait la France en imposant « cognac » ou « champagne » dans la langue originelle.

Consommé jusqu'au début du XIXe siècle par les marins portugais ou espagnols, le havane se répand dans toute l'Europe après l'abolition du monopole royal du 23 juin 1817, date historique qui bouleverse l'usage du tabac consommé jusqu'alors sous la forme de prise ou de pipe. Cette décision du roi Ferdinand VII, qui permet à l'île de Cuba de fabriquer et d'exporter ces cigares, donne le signal à une aventure extraordinaire. C'est la ruée : en 1818, Cuba compte déjà plus de 400 manufactures !
Au fil des époques et des modes, le havane a adopté toutes les formes et tailles (les modules). Il y a un siècle, on ne fumait guère les gros modules, la mode était surtout aux formes fuselées (figurados). Au début de l'année 2002, Habanos SA a décidé de refondre le catalogue des havanes. Quelque 300 références ont ainsi disparu. Certaines pièces n'étaient plus fabriquées depuis longtemps, d'autres étaient des cigares faits à la machine, d'autres enfin faisaient double emploi avec des vitoles jumelles dans la même marque. Aujourd'hui, on compte 32 marques de havanes et 270 vitoles qui existent dans différents conditionnements.

Le havane aujourd'hui

N'a droit à l'appellation *habano* qu'un cigare roulé à Cuba, à partir de feuilles récoltées à Cuba. Cinq régions s'adonnent à la culture du tabac : Oriente (Bayamo, Baracoa), Remedios (la zone comprise entre Sancti Spiritus et Santa Clara), Partido (près de La Havane), Semi-Vuelta et Vuelta Abajo (région de Pinar del Rio). Les feuilles qui entrent dans la composition des grands havanes faits à la main ne proviennent jusqu'à présent que des seules Partido (spécialisée dans la production des feuilles de cape) et Vuelta Abajo. Les meilleures feuilles sont récoltées dans deux villages du plus prestigieux des terroirs cubains, la Vuelta Abajo : San Luis et San Juan y Martinez. Un deuxième terroir cubain, la Vuelta Arriba (comprenant des tabacs cultivés à Oriente et Remedios), propose les José L. Piedra et, depuis le début de l'année 2003, les Guantanamera. Il est maintenant nécessaire que l'appellation *habano* puisse englober des niveaux de qualité très différents sans que cela nuise à sa clarté.
En outre, depuis sept ans, les Cubains produisent chaque année trois ou quatre vitoles en Édition limitée. Ces *Edicion Limitada*

Les saisons du havane

À partir de juin, le travail intensif dans les champs dure neuf mois.

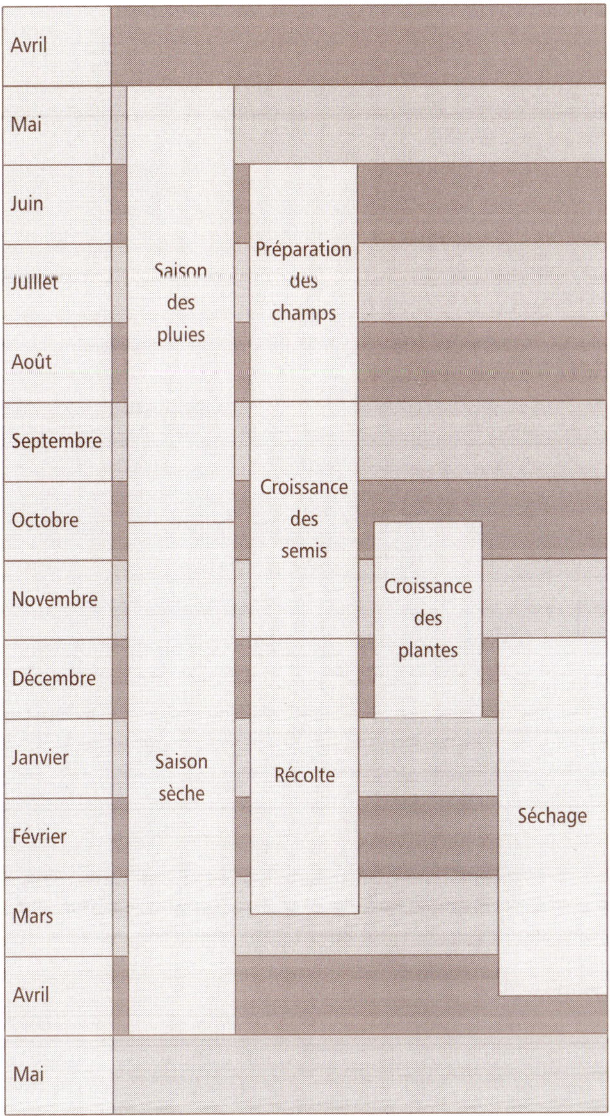

sont des modules inédits dans un label, roulés dans une feuille de cape qui a vieilli au moins deux ans et fabriqués en quantité limitée. De l'avis des dirigeants cubains, ces vitoles entrent dans une politique générale de revalorisation du catalogue.
Notons aussi la tendance actuelle à inventer de nouveaux modules, conformes aux goûts ou aux besoins des consommateurs. C'est ainsi qu'autour du classique module robusto ont été déclinées des variations plus longues (comme le cañonaso) ou plus courtes (comme le petit robusto). Enfin, sacrifiant à la mode récente pour les capes sombres, les Cubains viennent de mettre sur le marché une nouvelle gamme de Cohiba, Maduro 5. Toutes ces productions nouvelles sont le signe de la vivacité et de la plasticité du cigare cubain.

Culture et préparation des feuilles de tabac

La culture

Deux familles de plants fournissaient, traditionnellement, les feuilles des havanes : le *criollo* et le *corojo*. Le *criollo*, plus résistant, est planté en plein air et exposé au soleil. Le *corojo*, lui, pousse sous la protection des *tapados*, sortes de serres faites d'un voile blanc, très léger, qui atténue les effets du soleil. Les feuilles, ainsi protégées, sont plus fines. Mais le *criollo* comme le *corojo* en dépit de leurs qualités gustatives ont un défaut : leur vulnérabilité aux divers parasites du tabac – notamment le *moho azul* (mosaïque bleue du tabac, ou mildiou). Après douze années de recherches intensives, les chercheurs cubains ont mis au point, en 1992, deux variétés de *criollo* et de *corojo* : le *habana 92* et le *habana 2000*. En 1999, ce sont les *criollo 98* et *criollo 99* qui ont vu le jour.
Le havane est un assemblage de cinq types de feuilles. Les trois premières constituent sa tripe. Elles proviennent de plants cultivés à l'air libre (*sol ensarto*). Elles portent chacune un nom, ou plutôt deux, selon que celui qui les nomme est *veguero* (paysan) ou *tabaquero* (ouvrier dans la manufacture). Du sommet à la base, le *ligero* (*fortaleza tres*, pour le paysan), le *seco* (*fortaleza dos*) et le *volado* (*fortaleza una*). Feuilles du sommet, les *ligeros*, qui ont reçu le plus de soleil, donnent au cigare, comme leur nom ne l'indique pas, sa force. Les *secos* (feuilles du milieu de plant) et les *volados* (feuilles du pied)

assurent, elles, l'arôme et la bonne combustion du *puro*. Ces trois feuilles seront, plus tard, enroulées dans la *capote* (ou sous-cape), qui provient de plants *sol ensarto*. L'ensemble est recouvert par la cinquième feuille, la précieuse cape. Ce savant mélange de feuilles constitue la *liga* (ou *ligada*), véritable carte d'identité propre à chaque vitole.

La culture du tabac exige des soins permanents. Tout commence avec la préparation de la terre, au plus chaud de l'été cubain, en juillet-août. Les labours se font encore à l'ancienne, avec charrue tractée par des bœufs. On sème en septembre, on repique les plants naissants à la mi-novembre. La croissance des pieds doit être très surveillée. Le *veguero*, dit-on, vérifie cent cinquante fois chaque pied de tabac... La récolte, à partir de janvier, se fait entièrement à la main et, pratiquement, feuille par feuille.

Le séchage et les fermentations

Le séchage est réalisé dans des hangars, appelés *casas del tabaco*. Traditionnellement, il s'agissait de maisons de bois au toit de palmes. En septembre et octobre 2002, deux cyclones ont balayé la Vuelta Abajo et détruit la quasi-totalité de ces *casas*. Elles sont aujourd'hui en grande partie reconstruites, mais le bois a été remplacé par une résine ondulée de couleur marron foncé. Un certain nombre d'entre elles sont maintenant équipées d'un système de chauffage accélérant le séchage des feuilles. Les antiques *casas* et leur toit de palmes sont en passe de devenir des pièces de musée destinées aux touristes. En revanche, le processus n'a guère changé. Les feuilles, cousues par paires, sont pendues sur des perches (cinquante paires par perche), elles-mêmes suspendues. Les plus fraîchement cueillies sont accrochées au ras du sol. Elles gagneront les étages supérieurs au fur et à mesure de leur maturation. Une cinquantaine de jours plus tard a lieu la première fermentation des feuilles, sous surveillance, afin que leur température ne dépasse jamais 35 °C. Empilées, les feuilles exsudent leur excès de résine. Puis elles sont mouillées, avant de passer dans les mains des *regazadoras* qui les écotent – opération consistant à ôter la nervure médiane de la feuille (les feuilles de cape ne la subissent qu'à leur arrivée dans la fabrique) – et les classent en fonction de leur taille, de leur teinte et de leur texture.

Triées, classées, les feuilles sont rassemblées en ballots. Puis elles connaissent leur seconde fermentation (celles qui sont utilisées pour la fabrication des Cohiba en subiront une troisième à la manufacture même et en tonneau), qui affine saveurs et arômes et élimine les dernières impuretés, notamment les produits nitrés. Lors de cette seconde fermentation, qui dure jusqu'à soixante jours, la température ne doit pas dépasser 42 °C. Après une phase de repos sur clayettes, les feuilles, enveloppées dans un emballage en toile ou, plus rarement aujourd'hui, en écorce de palmier royal, sont mises en balles. Elles vieilliront ainsi, de six mois (feuilles de cape) à deux ans (*ligero*) ou plus, avant de prendre le chemin de la manufacture.
Entre-temps, les directeurs des fabriques, accompagnés de leur chef de *liga* (véritable maître de chai du cigare), viennent faire leur marché. En fonction de leurs besoins et de la qualité des récoltes, les responsables vont sélectionner les diverses qualités de *ligero*, *seco*, *volado* nécessaires à la réalisation de chacune de leurs vitoles. Car toutes les feuilles de *ligero*, par exemple, ne présentent pas les mêmes qualités. Et c'est tout l'art du chef de *liga* que de savoir quelle qualité de *ligero* conviendra pour que telle vitole offre, d'une année sur l'autre, les mêmes caractéristiques.

La fabrication des havanes

Les fabriques

Jusqu'au XIXe siècle, les producteurs cubains n'exportaient pas (ou peu) de cigares. Ils les réservaient à leur usage. Bien sûr, à La Havane, d'où le tabac en vrac partait vers le monde – c'est la raison pour laquelle on a pris l'habitude d'appeler « havane » le tabac venant de Cuba –, existaient des ateliers. Nombreux, mais de petite taille. En 1863, on en recensait 516, qui employaient 15 128 *tabaqueros*.
Trois noms d'importance, encore célèbres aujourd'hui, voyaient alors le jour. Le premier était lancé en 1840 par don Lopez, un Cubain fanatique d'une marionnette anglaise, un petit bouffon, très populaire à l'époque sous le nom de « Punch ». Désireux de s'attirer les bonnes grâces des Britanniques, il baptisa ses cigares du nom de la poupée et les exporta avec un succès qui ne se démentira plus. Ce fut ensuite au tour d'un banquier, Hermann Upmann, de se lancer dans ce commerce en 1844.

Pour mieux personnaliser ses cigares, il apposait sa signature sur chacune de ses boîtes. Puis apparut, en 1845, Partagas. Producteur de tabac à la Vuelta Abajo, don Jaime Partagas choisira un immeuble du plus pur style colonial, au 520 de la *calle* de la Industria, pour y implanter sa manufacture. La fabrique est toujours à la même adresse et porte le même nom. Depuis, les grandes manufactures n'ont cessé de se développer. On en compte aujourd'hui une cinquantaine qui travaillent pour l'exportation. Afin d'assurer une qualité irréprochable et une traçabilité, les Cubains ont instauré un système de *casa matriz* (maison mère). Chaque fabrique se voit ainsi attribuer la responsabilité d'un ou plusieurs labels parmi ceux qu'elle produit.

La *galera*

Cœur des manufactures, le lieu où opèrent les *torcedores* s'appelle la *galera* (la galère). Elle fut ainsi nommée parce que les premières fabriques importantes, au début du XIXe siècle, étaient… les prisons. De ce modèle est née la coutume d'asseoir les *torcedores* en longues rangées, comme des galériens. Face aux « galériens-*torcedores* », assis derrière une table posée sur une estrade, le lecteur, un personnage que les ouvriers du tabac ont imposé dans la seconde moitié du XIXe siècle. Pour faciliter la surveillance et empêcher les prisonniers de parler, les gardiens avaient repris la pratique du lecteur telle qu'elle était en vigueur dans les réfectoires des couvents. Assez rapidement, les ouvriers libres ont obtenu de bénéficier de cette tradition en payant eux-mêmes le lecteur. Un centavo par ouvrier et par jour ! Les journaux de l'époque ne croyaient pas à la durée de cette institution, pourtant toujours d'actualité. Aujourd'hui toutefois, le lecteur n'est plus payé par les ouvriers mais par l'État.

Le *torcedor*

Ne devient pas *torcedor* qui veut. Il faut d'abord être admis, après sélection, dans l'école qu'entretient chaque marque. Les cours durent un an, pendant lequel les postulants touchent un petit salaire mensuel (85 pesos en 1997). L'examen réussi, ils sont admis comme *torcedores* de septième catégorie, et confectionnent des cigares de petits modules (jusqu'au petit corona). Après un certain temps, les plus doués accèdent à la huitième catégorie.

Ils se consacrent alors à la confection de cigares plus importants, tels que les coronas, coronas grandes, robustos et autres Especial N° 2. Plus tard, après un stage de deux mois, les meilleurs passeront dans la neuvième catégorie. C'est à eux qu'on confiera le soin de rouler les plus prestigieux cigares : churchills, doubles coronas, obus. Un petit nombre d'entre eux, désireux de travailler pour le tourisme, ont quitté les manufactures pour officier dans les grands hôtels ou les *casas del habano*.
Depuis trois ans, les manufactures cubaines sont équipées de machines à contrôler le tirage. Les poupées (le cigare seulement enveloppé de sa sous-cape) y sont testées avant la pose de la cape. On mesure ainsi le tirage d'une partie de la production de chaque *torcedor*. En cas de problème (sous- ou surventilation), c'est l'ensemble de la production du *torcedor* qui est alors testée.

Le classement et la mise en boîte

Une fois la cape posée, chaque *torcedor* regroupe ses cigares par botte de cinquante, dans laquelle il glisse sa marque. De chaque botte est prélevé un cigare qu'un vérificateur mesure et pèse pour vérifier s'il correspond exactement aux normes de la vitole demandée. Puis, d'un coup d'ongle rapide, il l'ouvre et s'assure que les feuilles de tripe ont été roulées comme il sied. En cas de défaut de l'échantillon, la botte entière peut être rejetée. Roulés, contrôlés, les cigares vont reposer et perdre leur excès d'humidité dans une vaste salle aux murs tapissés d'armoires à tiroirs de cèdre : l'*escaparate*. De ce lieu, calme comme le chœur d'une cathédrale, où ils séjournent plusieurs semaines, ils passent ensuite par les mains de l'*escogedor*. Debout, face à un établi où sont disposées des centaines de cigares de la même vitole, l'*escogedor* les classe en fonction des soixante-quatre nuances de teintes homologuées. On distingue en effet huit grandes familles de couleurs (du plus clair au plus foncé : *verde*, *pajiso verde*, *colorado verde*, *colorado*, *colorado encendido*, *encendido*, *sangre de toro* et *verde botella*), chacune d'elles se subdivisant en huit nuances. Son classement effectué, il dispose les cigares dans des boîtes provisoires où il les range en dégradé, du plus sombre (à gauche) au plus clair (à droite). Il détermine aussi quelle face (la plus avantageuse) devra être exposée au-dessus de la boîte. Sa compétence est l'une des mieux rémunérées.

Il reste aux cigares à être bagués. Opération assurée généralement par des femmes. Pour une même vitole, la bague est rigoureusement appliquée à la même distance de la tête du cigare. Puis, les cigares sont disposés, un à un, dans leur boîte définitive. Après un ultime séjour en entrepôt, les havanes prendront l'avion jusqu'à leur pays de destination.

Pourquoi le havane est unique

Le terroir cubain est exceptionnel. Mais, comme pour le vin, il n'explique pas tout. D'autres facteurs agissent de manière déterminante. Ils définissent les caractères sensoriels du havane et expliquent la fragrance exceptionnelle des feuilles de tabac de la Vuelta Abajo. « L'air, la terre, le complant », la fameuse définition d'Olivier de Serres, qui énumère les trois influences déterminant le vin, peut tout aussi bien s'appliquer au havane. La région de Pinar del Rio jouit d'un climat à part dans les Caraïbes. Le sol et le sous-sol y sont particuliers. La sélection des plants de tabac a été effectuée de manière exceptionnelle. Il manque néanmoins un dernier facteur tout aussi décisif : le savoir-faire des hommes. « Ces quatre éléments sont absolument nécessaires et d'égale importance. Il suffit qu'il en manque un pour que la combinaison échoue », explique Gualberto Guerra, l'un des plus brillants techniciens du tabac cubain. Il fait partie de l'équipe de la station expérimentale de San Juan y Martinez.

Le climat

La culture du tabac à Cuba s'effectue entre octobre et février, à un moment où les conditions météorologiques dans cette partie ouest de l'île ne ressemblent à nulle autre. « Tous les fronts froids en provenance du nord des États-Unis et du Canada qui quittent la côte américaine se heurtent en premier lieu à la Vuelta Abajo », souligne Gualberto Guerra. Cette « fenêtre » météorologique dont il faut profiter est le moment intermédiaire entre l'hiver et l'été. La fraîcheur est capitale. Dans cette région, seule la Vuelta Abajo peut se prévaloir de telles conditions. La moyenne des températures les plus basses se situe entre 19,2 °C et 19,8 °C, les plus hautes entre 23,4 °C et 23,8 °C. À la station expérimentale, les ingénieurs agricoles ont pu déterminer que l'époque optimale pour le repiquage des plants issus des semis se situe entre le 10 et le 20 novembre. « Évidemment, on ne peut pas tout planter pendant cette période, c'est impossible ; mais on plante le maximum », commente Gualberto Guerra. Le climat est sans doute la vraie marque de la prédestination cubaine, il est probablement le facteur qualificatif le plus décisif. Il n'existe nulle part sous ces latitudes des mois de décembre et de janvier aussi frais. Ces températures peuvent se maintenir jusqu'en février, qui est la période de la récolte. Le mois de décembre dans cette partie du tropique du Cancer a, en outre, l'avantage d'être le plus sec de l'année – entre 26 et 36,7 mm de précipitations. En même temps, l'insolation n'y est pas au maximum. « Trop de rayonnement est nuisible aux feuilles. Leur respiration s'accélère. Elles ne profitent pas. » Ce climat privilégié est aussi source de dangers. Un cran au-dessus ou au-dessous, et c'est la catastrophe. Une fraîcheur excessive, une pluviosité abondante, un ensoleillement démesuré, il suffit d'un décalage pour que la cueillette soit menacée. Comme les grands vignobles (les pluies de septembre dans le Bordelais, les gels printaniers en Champagne), la Vuelta Abajo frôle perpétuellement le désastre. Cette fragilité fonde son pouvoir.

Le sol et le sous-sol

La culture du tabac ne s'accommode pas de tous les terrains. Les *vegueros* de la Vuelta Abajo ont eu tôt fait d'occuper les meilleures parcelles de la région de Pinar del Rio. À l'origine, ils ont choisi des sols sablonneux contenant de l'argile mais en ayant toujours soin de sélectionner empiriquement les emplacements où la proportion d'argile était inférieure à 50 %. La granulométrie est un facteur déterminant. De ces grains et de ces particules dépend le pouvoir filtrant de la terre. De même, l'apport de 2 % de matières organiques est capital, même si cette opération est possible sur tous les types de sol. « La différence est que dans tous les pays tropicaux ces micro-organismes se dégradent en raison d'un ensoleillement trop intense ou de pluies trop violentes. La Vuelta Abajo permet cet équilibre. S'il y a trop de matières organiques, la fertilité épaissit la feuille. Elle contient alors plus de nervures et sera moins huileuse », observe Gualberto Guerra. Ajoutons que la Vuelta Abajo est pourvue de pentes douces (2 à 3 %) qui permettent un bon drainage du sol.

Les plants de tabac

Le choix du plant influe sur la qualité des feuilles. Il détermine la personnalité du cigare, la texture, les arômes et sa structure. Cuba possède un patrimoine de plants de tabac considérable. Mais face à cette richesse, il a fallu procéder à une sélection. En 1937, la station expérimentale de San Juan y Martinez parvenait à isoler le *criollo*, souche améliorée de plants typiquement cubains, réunissant des propriétés organoleptiques exceptionnelles en même temps qu'une résistance aux maladies, aux parasites et aux accidents climatiques. À partir de ce *criollo* fut effectuée une sélection appelée *corojo*. Les variétés actuelles – *habanera 2000*, *criollo 98* ou *corojo 99* – sont issues du *criollo* et du *corojo* originels. « Ce n'est pas la résistance aux maladies qui prime mais la qualité propre à offrir une plus grande intensité de bouquets », précise Gualberto Guerra. Il ajoute que ces nouvelles variétés constituent l'innovation la plus importante de ces dernières années. « Si nous ne les avions pas créées, le tabac cubain aurait disparu. »

Le savoir-faire

C'est le facteur le plus impalpable, le plus indéfinissable parce que, comme l'explique Gualberto Guerra, « il touche à l'aspect philosophique de la vie ». Sans l'esprit inventif des *vegueros*, leur résistance aux contraintes physiques, la Vuelta Abajo n'existerait pas. C'est l'homme qui a identifié les particularités climatiques et révélé ce terroir exceptionnel. C'est un long et délicat travail d'adaptation. Le havane est le produit d'un labeur incessant et de l'ingéniosité de l'homme. Depuis le XVIIIe siècle, ce vouloir humain transmis par des générations de *vegueros* a créé des habitudes, des automatismes, qui font partie du patrimoine génétique. « Nous avons constaté que les néophytes qui entrent dans le monde du tabac échouent presque toujours. La transmission du savoir est si importante que la station expérimentale aide à la passation de ce patrimoine inégalable en favorisant la rencontre entre chercheurs et *vegueros*. » Consciente de cette exception, la révolution castriste n'a jamais voulu toucher dans le domaine du tabac à la propriété individuelle. Les *vegueros* sont restés propriétaires de leurs parcelles. Dernièrement, ils ont même pu, dans des limites fixées par la loi, agrandir leurs *vegas*.

CONSEILS

Conserver

Conserver correctement son cigare, c'est d'abord comprendre le rôle de l'humidité. Elle a pour effet de garantir le goût du cigare et de lui préserver un bel aspect. Lorsqu'un cigare est trop sec, sa cape risque de se déchirer. Il se consume très vite et, bien souvent, on accusera une sensation de piquant et d'âcreté. En revanche, un cigare trop humide brûlera assez lentement, au risque de s'éteindre souvent. Saturé d'eau, il ne peut développer tous ses arômes. Une fumée âcre et lourde s'en dégagera. Pis encore, il risque de moisir. Il est donc impératif, pour déguster vos cigares dans les meilleures conditions, de maîtriser l'humidité relative. Celle-ci doit avoisiner les 70 %. Attention toutefois, les températures élevées sont favorables au développement des parasites du tabac. Si vous le pouvez, respectez une température de 16 à 18 °C et ne dépassez jamais 20 °C.

En tout état de cause, suivez ces quelques conseils :

- Si vous ne possédez pas d'humidor, conservez vos cigares dans leur boîte d'origine dans un endroit frais, aéré et à l'abri de la lumière, en attendant de les mettre dans une cave digne de ce nom. Ne les laissez pas plus de dix jours en *stand-by*. Vous pouvez – c'est mieux – envelopper les boîtes dans une serviette humide.
- Ne placez en aucun cas vos cigares dans le réfrigérateur. Il en fixerait toutes les odeurs.
- Si vous avez un humidor, retenez que le niveau d'hygrométrie est de 70 %. Maintenez-le stable et surveillez-le à l'aide d'un simple hygromètre.
- Pour l'entretien de vos humidors, préférez à l'eau du robinet, transportant beaucoup trop de bactéries, de l'eau distillée ou déminéralisée. Changez-la régulièrement.
- Pensez à ouvrir une fois par semaine votre humidor afin d'en régénérer l'air, et changez vos cigares de place.
- Adaptez à votre consommation un système d'humidification adéquat. Chaque humidificateur est conçu pour un nombre de cigares précis (50, 100, etc.).

- Pour une meilleure humidification, il est préférable de retirer l'emballage de Cellophane des cigares qui en sont munis et de dévisser le bouchon des tubes métalliques.

Savoir choisir son humidor

Une cave doit être parfaitement étanche pour pouvoir conserver un taux d'humidité stable. Les bonnes caves en bois sont donc chevillées, les joints naturels résistant à l'humidité. Le couvercle doit être lourd afin d'assurer une fermeture bien hermétique. Pour vérifier l'étanchéité de votre humidor, faites tomber sèchement le couvercle : il ne doit pas claquer mais émettre un bruit sourd et mat, « étouffé ».

Regardez les charnières : elles doivent être épaisses et situées de chaque côté du couvercle. De bonnes charnières participent à l'étanchéité de l'humidor.

L'intérieur de la cave doit impérativement être en cèdre, un bois inodore et antiparasite qui conserve bien l'humidité.

La cassette humidificatrice, approvisionnée en eau déminéralisée, doit être adaptée au volume de votre humidor. N'oubliez pas de changer régulièrement la place des cigares dans la cave. L'hygromètre, qui permet de contrôler le taux d'humidité de la cave, doit être précis. Vérifiez de temps à autre son bon fonctionnement. N'oubliez pas que le taux d'humidité requis dans une cave est d'environ 70 %.

Avant la première utilisation de votre cave, imprégnez l'humidificateur d'eau déminéralisée et laissez le bois de cèdre intérieur s'humidifier pendant plusieurs heures. Puis imprégnez à nouveau l'humidificateur avant d'installer vos cigares.

Ne considérez les caves en Altuglass que comme des caves de stockage ou de dépannage. Si vous tenez à les utiliser, doublez l'apport en humidité par rapport à une cave en bois.

Astuces pour les fauchés

En attendant l'humidor de vos rêves, munissez-vous d'une caisse de rangement en plastique et insérez un thermohygromètre digital sur les parois. Pour l'humidification, utilisez des boîtes en plastique de conservation d'aliments et garnissez-les d'éponges naturelles. Gorgez-les d'eau déminéralisée et recouvrez les boîtes de leur couvercle, préalablement troué à l'aide d'une perceuse.

En guise de clayette pour recevoir vos cigares, procurez-vous des range-couverts en plastique ajouré. Ainsi, pour une somme équivalant à un *Sir Winston*, vous obtenez un humidor de grande capacité.

Couper

L'allumage d'un havane commence par une pratique en apparence barbare qui exige adresse et raffinement : la décapitation. La façon de lui couper la tête – qui est presque toujours fermée – n'est pas sans conséquence pour la suite. Une incision avec les dents ou l'ongle manque souvent de netteté et risque d'abîmer la tête du cigare. Utilisez plutôt un coupe-cigare (du type guillotine ou ciseaux). Certains, tenants d'un vieil usage en honneur jadis chez des amateurs comme Churchill ou de Gaulle, enfoncent une allumette dans la tête du cigare : un sacrilège qui a un effet désastreux sur la combustion, endommageant tripe et sous-cape et provoquant la formation d'un bouchon de nicotine. Les emporte-pièces, qui connaissent aujourd'hui un regain de faveur, doivent être maniés avec précaution.

Meilleures ventes

Les cinq meilleures ventes en havanes au premier semestre 2007 en France (par ordre décroissant) :
Partagas – *Série D N° 4*
Montecristo – *N° 4*
H. Upmann – *Coronas Major*
Romeo y Julieta – *Sport Largos*
Quintero – *Londres Extra*

Les cinq formats cubains les plus vendus en France au premier semestre 2007 (par ordre décroissant) :

Robustos	124 mm x Ø 19,84 mm
Marevas	129 mm x Ø 16,67 mm
Petit coronas	129 mm x Ø 16,67 mm
Eminentes	132 mm x Ø 16,67 mm
Coronitas	117 mm x Ø 15,87 mm

Allumer

« J'ai souvent constaté que beaucoup d'amateurs non seulement ne savent pas allumer leur cigare mais qu'ils s'emploient à le saboter », déplore Benito Molina, l'ancien patron de la fabrique H. Upmann/Montecristo, qui fait autorité dans le monde du havane.

Utilisez une grande allumette (90 mm de long) ou un briquet fonctionnant au gaz. Portez la flamme au pied du module choisi. Mettez le cigare à la bouche, aspirez lentement en éloignant la flamme de 2 à 3 cm du pied, faites lentement pivoter le cigare, sans cesser l'allumage. L'incandescence doit être plane et uniforme. Le fait de tirer doucement au début (trois à quatre fois), puis d'aspirer profondément est capital. Cette dernière opération provoque le mélange de la fumée et de la salive. L'association précipite et révèle les arômes ainsi que la puissance. « Le cigare est une personne, il faut savoir lui parler », recommande Benito Molina. Conduisez votre cigare lentement. « Ne tire pas comme un désespéré », conseille Eugène Marsan, auteur d'un guide fameux paru en 1929. Briquet à essence ou bougie sont à proscrire, car le havane est un formidable capteur d'odeurs.

La mode est aujourd'hui au briquet torche. Ce minichalumeau, très puissant, a ses adeptes et ses détracteurs. Les arguments des uns et des autres se défendent. L'allumage est certes plus aisé, l'on embrase tripe et cape en même temps et l'on est tout de suite « au cœur » du cigare. Toutefois, cette mise à feu peut être agressive et carboniser brutalement les feuilles de tabac. Cet embrasement « à la hussarde » risque de creuser des cratères nuisant à l'homogénéité du foyer. Le chalumeau peut s'avérer en revanche très utile pour rallumer le *puro* éteint. Il reste que ce lance-flammes est une solution de facilité. Son utilisation peut dénoter un manque de tact à l'égard d'un produit noble et fragile, qui exige des préliminaires plus raffinés.

Comment constituer sa cave

Utilisez la méthode conseillée par les techniciens de Coprova aux sommeliers, maîtres d'hôtel et vitoliers des grandes tables de France.

À partir d'un cigare que vous appréciez, l'*Épicure N° 2* de Hoyo de Monterrey (robusto), par exemple, achetez dans la même marque d'autres modules comme le *Hoyo des Dieux* (grand corona) ou le *Hoyo du Député* (petit panatella). Puis module par module, testez-en de différentes marques. Comparez alors votre *Épicure N° 2* à d'autres robustos comme le *Série D N° 4* de Partagas ou le *Seleccion N° 2* de Juan Lopez ou encore le *Robustos* de Cohiba. Opérez de même avec les autres formats.

Attention aux faux !

Les trafiquants d'aujourd'hui étant de mieux en mieux organisés et équipés, il devient difficile de distinguer vraies et fausses boîtes de havanes. Les défauts les plus régulièrement remarqués : couleur des capes non uniforme dans la boîte, pied du cigare mal sectionné, ferrures de piètre qualité, bavures sur la feuille de cèdre, pas de Cellophane sur les boîtes qui en sont normalement pourvues (Cohiba notamment).

Pour éviter l'arnaque :

- À Cuba, n'achetez jamais de cigares dans la rue.
- Vérifiez que les boîtes achetées à Cuba soient munies du sceau holographique obligatoire depuis deux ans. Il est rigoureusement nécessaire lors du passage à la douane.
- En Europe, fréquentez les civettes connues pour leur sérieux, par ailleurs dûment répertoriées dans ce *Havanoscope*.
- Faites-vous TOUJOURS ouvrir la boîte que vous voulez acheter.
- En France, contrôlez si la boîte comporte tous les sceaux officiels : sceau de garantie (large billet vert pâle), étiquette Habanos garantissant l'appellation d'origine (en coin de boîte), sceau des importateurs locaux (ce dernier comprend le numéro du distributeur – par exemple 01 pour Altadis, 16 pour Coprova).
- Vérifiez si la boîte est régulièrement remplie et comporte tous ses intercalaires de cèdre et de Cellophane.
- Regardez bien les intercalaires de cèdre, si possible à la lumière du jour. Prenez un cigare et pressez-le. Les faux sont généralement plus légers, moins remplis que les vrais.
- En cas de doute ou de mésaventure, vous pouvez adresser vos informations à l'Union des fabricants, qui traque toutes les contrefaçons, 16, rue de la Faisanderie, 75116 Paris. Tél. : 01 56 26 14 03.

Voyager

Les douanes

Au sein de l'Union européenne, vous pouvez transporter 200 cigares par personne. À l'extérieur de la Communauté (en venant de Cuba par exemple), la quantité autorisée est de 50 cigares par personne. Pour les quantités excédant ces seuils, les voyageurs doivent faire une déclaration au service des douanes et acquitter les droits et taxes.

Si le voyageur ne déclare pas l'excédent, il devra, en plus des taxes, payer des pénalités qui sont laissées à l'appréciation du douanier.

À Cuba, les règles ont changé et de nouvelles mesures, avantageuses pour les amateurs, sont maintenant appliquées. Afin de lutter contre le commerce des faux havanes, les douanes cubaines obligent tous les voyageurs quittant Cuba à présenter l'original de la facture d'achat pour tout transport de plus de 50 cigares (au lieu de 23 jusqu'à l'an passé). Les cigares devront être présentés dans leur boîte d'origine munie du sceau holographique, *a priori* infalsifiable, qui est apposé sur toutes les boîtes achetées sur le marché intérieur cubain. Les transports non conformes seront confisqués.

Le havane en *duty free*

Au sein de la zone réservée, c'est-à-dire la partie de l'aéroport située au-delà des différents filtres de contrôles et douanes, seuls les passagers des vols internationaux à destination de tous les pays hors Union européenne (y compris les départements et territoires français d'outre-mer) peuvent acheter dans les boutiques aux prix *duty free*, c'est-à-dire exonérés des taxes et droits spécifiques.

Les autres passagers à destination des pays de l'Union européenne peuvent également réaliser des achats mais aux prix TTC. Il est à noter que la majorité des boutiques appliquent le double affichage. Pour pouvoir acheter en zone réservée (régime HT ou TTC), il est obligatoire de présenter sa carte d'embarquement lors du passage en caisse.

Il est recommandé de se renseigner auprès des organismes officiels du pays de destination sur les quantités « maximales » d'achats autorisées.

LEXIQUE

Boîtes : savoir les lire

Au dos de chaque boîte de havanes figurent, selon les cas, les mentions suivantes :

- *Hecho en Cuba*, *Totalmente a mano* – pour les havanes faits à la main et en tripe longue ;
- *Hecho en Cuba*, *Totalmente a mano*, TC – (depuis 2002) pour les havanes faits à la main mais en tripe courte ;
- *Hecho en Cuba* : pour les havanes faits à la machine.

Cape

C'est la peau du cigare. Son apparence peut vous influencer. Si elle ne constitue pas l'essentiel du havane – la cape ne compte en réalité qu'en fonction de son poids (au mieux 3 % du cigare) –, sa qualité est loin d'être négligeable. Elle influe sur la combustion du cigare, sur la cendre, et joue un peu le rôle de révélateur, « comme le sel dans un plat cuisiné » aiment dire les *torcedores* cubains. La cape est ce qui brûle en premier lorsqu'on allume une vitole. Comme la sous-cape, elle se consume plus facilement que la tripe, même si la température de combustion est plus élevée au cœur du cigare qu'à sa périphérie.
Toutefois, une belle cape n'est pas toujours celle que l'on croit. Il ne faut pas attacher trop d'importance à sa couleur. L'aspect foncé n'a absolument rien à voir avec la puissance, et une cape claire n'est en aucune façon synonyme de légèreté. Les nuances sont innombrables, les Cubains ont pu en identifier soixante-quatre. La plus classique est la *colorado*, qui exprime la beauté et la singularité du havane.
La présence de taches sur la cape n'est pas grave. Il ne s'agit pas de signes de moisissure mais de points de concentration d'eau. Les lignes piquetées qu'on y aperçoit ne constituent pas un problème, ce sont les veines latérales de la feuille ; elles sont plus ou moins prononcées. L'important, c'est le gras. Une cape huileuse est souvent signe de la qualité d'un havane.

« Casa matriz »

Les amateurs de cigare qui visitent les manufactures cubaines sont souvent déconcertés par ce qu'ils voient : qui fabrique quoi ?

Puissance des havanes

Les Cubains ont classé leurs marques en fonction du degré de puissance qu'ils attribuent à chacune. Les amateurs pourront confronter leur propre jugement à cette classification.

Puissant	Partagas, Bolivar, Saint Luis Rey, Ramon Allones, Vegueros, Cabañas, Cohiba Maduro 5
Moyennement puissant	Cohiba, Montecristo, Cuaba, Vegas Robaina, José L. Piedra, Juan Lopez, Diplomaticos, Los Statos de Luxe
Moyen	Cohiba Linea 1492, Romeo y Julieta, Quintero, Trinidad, Punch, La Gloria Cubana, Sancho Panza, La Flor de Cano, Belinda
Moyennement doux	San Cristobal de La Habana, H. Upmann, Por Larrañaga, El Rey del Mundo, Gispert, Troya
Doux	Hoyo de Monterrey, Fonseca, Guantanamera, Rafael Gonzalez, Quai d'Orsay

Ainsi, il arrive à Partagas de rouler des Cohiba ou à Romeo y Julieta de produire des Montecristo. Cet enchevêtrement, né des nécessités économiques, demandait à être réorganisé. Les Cubains ont compris qu'il importait de mettre de l'ordre et que, dans la bataille pour la qualité, le producteur comme le consommateur avaient besoin de repères. D'où la notion de *casa matriz* (maison mère) qui va vers une plus grande transparence. On n'en est certes pas à une marque/une fabrique mais chaque manufacture se voit attribuer la responsabilité d'un certain nombre de labels parmi ceux qu'elle produit. À cette organisation, qui va dans le sens d'une meilleure traçabilité, s'oppose la tendance actuelle à la réorganisation de la production dans des manufactures plus spacieuses et plus fonctionnelles comme c'est le cas pour H. Upmann, La Corona et peut-être Romeo y Julieta qui, pour l'instant, est démantelée. Une telle structure aboutirait, inévitablement, au regroupement des labels. Quelle politique l'emportera ?

Combustion

Combustion et tirage

Quand on fume un cigare, la température est plus élevée au centre du cylindre qu'à la périphérie, la combustion y est donc plus rapide. C'est pourquoi la feuille de sous-cape doit être plus combustible que les feuilles de tripe et la feuille de cape plus que la sous-cape. De la tripe à la cape, la combustibilité doit être croissante. Avec un bon équilibre des combustibilités, le cigare se consume de façon régulière. Sinon, il se creuse en cratère (cape et sous-cape trop peu combustibles par rapport à la tripe) ou au contraire en dôme, ce qui est cependant moins grave.

Mauvaise combustion

Une pièce défectueuse sur vingt-cinq est une moyenne acceptable – le havane est un produit fait à la main –, quatre ou cinq vitoles infumables est intolérable – ne serait-ce qu'au regard du prix d'une boîte. Rien n'est plus désagréable qu'un havane trop serré que l'on aspire désespérément. La fumée ne « répond » pas. Le moment de bien-être se transforme alors en une corvée dont on croit venir à bout mais qu'il faut se résoudre à interrompre sous peine d'avoir le souffle coupé.

Afin de résoudre les problèmes de combustion qui affectaient les havanes, des machines à contrôler le tirage ont peu à peu été implantées dans toutes les manufactures cubaines. Ces appareils permettent de vérifier le tirage au stade de la poupée et d'identifier les défauts de combustion. Ce n'est qu'après cette opération que le cigare est capé.

La mauvaise combustion d'un cigare peut aussi être due à des fautes de construction commises par le *torcedor*. Le havane ressemble alors à une vilaine carotte, le cigare semble taillé en biseau, il ne se consume plus que d'un côté.

Les défauts les plus courants sont le cigare *empalmado* : les feuilles de la tripe sont empilées les unes sur les autres au lieu d'être roulées séparément les unes à côté des autres ; *retorcido* : les feuilles de la tripe sont vrillées au lieu de former des plis parallèles qui s'ouvrent et se ferment naturellement à la manière d'un accordéon. Dans le vocabulaire de la fabrique, on utilise aussi l'adjectif *fofo* pour qualifier des havanes trop mous, mal remplis et manquant de consistance.
Si elles sont de grande qualité, les feuilles cubaines n'ont pas une combustion naturellement aisée. Il n'en reste pas moins qu'une feuille trop jeune se consume difficilement, d'où l'importance des stocks et du vieillissement, problèmes auxquels les Cubains se sont sérieusement attaqués. Il arrive aussi que certaines récoltes produisent des feuilles de cape plus épaisses, qui brûlent avec peine. Si la pièce n'est pas trop défectueuse, on peut tenter de rétablir une combustion régulière en mouillant la cape – sous la partie qui se consume trop vite – avec de l'eau fraîche ou de la salive. Ainsi, la combustion, ralentie à cet endroit, se rééquilibre.

Conditionnement

Les havanes sont disponibles en trois grands types de conditionnement :
– les boîtes traditionnelles de 25 cigares ;
– les cabinets (boîtes à glissière) de 25 ou 50 ;
– les étuis de 1, 3, 5 ou 10 unités.

Le havane en chiffres

Production annuelle de havanes

- 1991 : 60 millions
- 1992 : 55 millions
- 1993 : 52 millions
- 1994 : 59 millions
- 1995 : 69 millions
- 1996 : 72 millions
- 1997 : 104 millions
- 1998 : 160 millions
- 1999 : 148 millions
- 2000 : 118 millions
- 2001 : non communiqué
- 2002 : non communiqué
- 2003 : 136 millions
- 2004 : 140 millions
- 2005 : 140 millions
- 2006 : 150 millions

Les minihavanes

Tous les minicubains disponibles en France

	Prix de l'étui
Mini Cohiba en 20	13 €
Fonseca *Mini* en 5	5 €
Fonseca *Mini* en 20	10 €
H. Upmann *Mini* en 20	11 €
H. Upmann *Puritos* en 5	7 €
Hoyo de Monterrey *Mini* en 5	6 €
Hoyo de Monterrey *Puritos* en 20	10 €
La Gloria Cubana *Mini* en 20	11 €
La Gloria Cubana *Mini* en 5	7,50 €
Mini José L. Piedra *Selectos* en 20	6 €
Montecristo *Mini* en 20	12 €
Montecristo *Mini* en 50	30 €
Partagas *Chicos* en 25	35 €
Partagas *Chicos* en 5	7 €
Partagas *Club* en 20	14 €
Partagas *Mini* en 20	9 €
Punch *Reserva Cigarritos* en 20	10 €
Quai d'Orsay *Mini* en 20	9,20 €
Quintero *Club* en 20	13 €
Quintero *Mini* en 20	10 €
Romeo y Julieta *Mini* en 20	10 €
Romeo y Julieta *Puritos* en 25	35 €
Romeo y Julieta *Puritos* en 5	7 €

Date de fabrication

Depuis 2000, la date de fabrication des havanes est aussi inscrite au dos des boîtes. À côté d'un code tenu secret, qui signale la manufacture où les cigares ont été roulés, trois lettres puis deux chiffres indiquent le mois (en espagnol) et l'année de mise en boîte (ainsi, FEB 07 signifie que les havanes ont été mis en boîte en février 2007).

Avec cette initiative qu'il est jusqu'à présent le seul à appliquer de façon systématique, le terroir cubain montre l'exemple. Grâce à cette date, clairement indiquée, l'amateur de havane peut se constituer une cave à son goût, en faisant vieillir ou non ses vitoles comme il le souhaite. Il reste maintenant à généraliser cette pratique en faisant aussi figurer la date de fabrication sur les étuis en carton de 3, 5 ou 10 exemplaires.

Éditions limitées

Fabriquées entre 500 000 et 1 million d'exemplaires, les Éditions limitées sont des produits particuliers d'une grande marque, en général des formats n'existant pas dans le label. Leur cape, maduro, est vieillie au minimum deux ans. Elles sont millésimées, mais ne sont fabriquées que les années où la qualité de la récolte le permet. Une deuxième bague signale leur millésime. De l'avis des dirigeants cubains, ces *Edicion Limitada* doivent participer à la revalorisation du catalogue des havanes.

Voici la liste de celles qui existent :

Cohiba – *Double Corona*s Édition limitée 2003
Cohiba – *Piramides* Édition limitée 2001
Cohiba – *Sublimes* Édition limitée 2004
H. Upmann – *Magnum 50* Édition limitée 2005
Hoyo de Monterrey – *Particulares* Édition limitée 2001
Hoyo de Monterrey – *Piramides* Édition limitée 2003
Montecristo – *Double Coronas* Édition limitée 2001
Montecristo – *Montecristo B* Édition limitée 2003
Montecristo – *Montecristo C* Édition limitée 2003
Montecristo – *Montecristo D* Édition limitée 2005
Montecristo – *Robustos* Édition limitée 2000
Partagas – *Piramides* Édition limitée 2000
Partagas – *Série D N° 2* Édition limitée 2003
Partagas – *Série D N° 3* Édition limitée 2001
Partagas – *Série D N° 4* – Reserva 2005
Romeo y Julieta – *Exhibition N° 2* Édition limitée 2000
Romeo y Julieta – *Hermosos N° 1* Édition limitée 2003
Romeo y Julieta – *Hermosos N° 2* Édition limitée 2004
Romeo y Julieta – *Petit Piramides* Édition limitée 2005
Romeo y Julieta – *Robusto*s Édition limitée 2001

En 2006 ont été rééditées les trois meilleures ventes depuis le début des Éditions limitées, soit :

Cohiba – *Piramides* Édition limitée 2006
Montecristo – *Robustos* Édition limitée 2006
Partagas – *Série D N° 3* Édition limitée 2006

Nouveautés 2007

Hoyo de Monterrey – *Regalos* Édition limitée 2007
Romeo y Julieta – *Escudos* Édition limitée 2007
Trinidad – *Ingenios* Édition limitée 2007

Fermentation

Le but de la fermentation est de débarrasser la feuille de tabac de son excès d'azote et de nicotine – qui en est elle-même composée. C'est pourquoi la fermentation est accompagnée d'un dégagement intense d'ammoniac attestant la dégradation de produits azotés. Pendant la fermentation, les matières protéiques qui composent le limbe de la feuille de tabac se dégradent, réduisant peu à peu l'agressivité de la fumée. Dans la limite d'un certain seuil de température (sous peine de détruire la feuille), la fermentation est plus longue pour le tabac *seco* que pour le *volado*, et encore plus pour le *ligero* dont les feuilles sont les plus épaisses et les plus chargées en nicotine. La fermentation adéquate de ces différents types de tabac permet d'effacer les saveurs « vertes » pour laisser la place à d'autres, plus légères ou plus intenses mais plus rondes.

« Habanos »

Pour protéger l'appellation d'origine contrôlée de leurs cigares, les autorités cubaines ont décidé de les baptiser *habanos*. Ainsi, nous ne devrions plus parler de havanes mais de « habanos », à l'exemple de « cognac », « bordeaux », « champagne », où l'on utilise le mot originel sans traduction.

Importateurs

Il existe plusieurs importateurs de havanes en France. Leur liste ainsi que le catalogue de leurs produits sont publiés au *Journal officiel*. Néanmoins, deux distributeurs seulement, Altadis et Coprova, se fournissent directement à La Havane. Coprova importe toutes les marques de havanes faits à la main sauf Quai d'Orsay ; Altadis, tous les havanes faits à la machine, ainsi que les Quai d'Orsay, les José L. Piedra et les mini.

Prix d'un havane en France

Sur le prix de vente public d'un havane, où va l'argent ?

- 16,3856 % : TVA ;
- 27,57 % : droits de consommation ;
- 8 % : débitants ;
- le reste (soit environ 48 %) : producteurs, distributeurs et droits de douane.

La pyramide des marques

En 1988, les Cubains ont eux-mêmes établi une hiérarchie de leurs marques en fonction du prix, du volume des ventes et de la notoriété internationale. Cette pyramide des marques régit aujourd'hui encore la politique commerciale de Habanos SA.

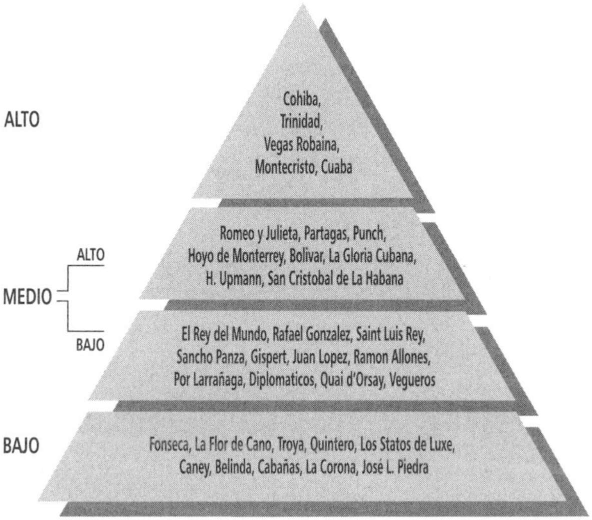

Puissance et diamètre

La force d'un cigare est inversement proportionnelle à son diamètre. En effet, les feuilles de tripe d'un double corona ou d'un churchill sont moins pressées et mieux équilibrées que dans un module à fine section. De plus, la température de combustion d'un gros calibre est moins élevée, elle détruit moins d'arômes en brûlant, alors qu'un petit cigare produit un effet pyrolyse et apporte généralement une sensation d'irritation. En outre, il faut savoir que les gros modules sont roulés à La Havane par les *torcedores* les plus expérimentés, donc les plus habiles.

Séries spéciales

Ce sont également des productions limitées mais qui, en principe, ne sont produites qu'une seule fois et ne seront plus rééditées. Elles sont généralement présentées dans un conditionnement original et sont numérotées. Sont éditées en 2007 :

- 20 Montecristo *N° 4 Reserva*
  (129 mm x Ø16,67 mm) – 440
- 20 H. Upmann *Magnum Especial*
  (170 mm x Ø 21,83 mm) – 660
- 50 Partagas *Replica Antigua*
  (153 mm x Ø 21,04 mm) – 2 325

Spécialités régionales

Ces havanes sont élaborés à la demande d'un pays et restent une exclusivité de ce marché pendant deux ans. Ce sont des modules nouveaux dans une marque existante. La première Spécialité régionale a vu le jour en 2005, en Angleterre. C'était un *Belicosos Finos* de Ramon Allones. En France, deux Spécialités régionales ont été lancées l'an passé : l'*Obus* de Juan Lopez et le *Libertador* (un sublimes) de Bolivar.

Vieillissement

« La fermentation biologique du tabac, opérée par des bactéries et des champignons bien de chez nous et qui définissent également notre terroir, transforme la sève chlorophyllique en élément de puissance, de saveur et de goût. Mais une feuille ne peut pas être totalement fermentée, car il serait ensuite impossible de la mouiller pour la travailler sans qu'elle pourrisse. Or,

le vieillissement bonifiant suppose l'aboutissement de la fermentation et exclut la présence d'humidité dans les tissus de la feuille, ce qui n'est pas le cas.
Les processus chimiques et biologiques, qui sont donc en équilibre instable à l'intérieur du cigare, rendent alors son évolution très aléatoire. Je pense que le cigare, en conditions optimales de conservation, peut se bonifier s'il trouve un équilibre entre microfermentations et vieillissement, jusqu'à dix ou quinze ans après la date de fabrication. Mais il y a toujours une limite. »
(*Edelsio Lorenzo, ingénieur agronome à Cuba, spécialiste du tabac en feuilles.*)

« Vitolas de galera »

Dans les manufactures cubaines, les havanes sont classés selon leur taille (diamètre, longueur et poids) en quelque 80 catégories. Ce « nom de galère » que les Cubains nomment *vitola de galera* est souvent différent du nom de module couramment utilisé par les amateurs.

havanoscope 2008

la dégustation

Les prix en euros et en monnaies étrangères que nous indiquons sont ceux pratiqués au moment de la parution du *Havanoscope* (octobre 2007). Tous ces cigares sont à la merci de hausses qui peuvent intervenir au cours de l'année 2008, aussi bien en France qu'à l'étranger.

Les havanes sont, dans leur grande majorité, faits à la main. Lorsqu'il s'agit de cigares faits à la machine, nous le précisons.

La majorité des havanes dégustés dans ce guide, c'est notamment le cas de toutes les grandes pièces, ont été mis en boîte entre octobre et décembre 2006. Seules les pièces mineures ou à rotation beaucoup plus lente peuvent provenir de millésimes antérieurs.

Pour chaque cigare, nous mentionnons les pays où on le trouve et à quels prix. Quand un pays n'est pas mentionné, cela signifie en principe que le havane n'y est pas officiellement commercialisé.

Abréviations utilisées : € : euro ; £ : livre anglaise ; FS : franc suisse ; CUC : peso convertible.

Les prix donnés pour le Benelux valent pour la Belgique et les Pays-Bas. Pour le Luxembourg, compter 5 % de moins en moyenne.

Vitolas de galera. Dans les manufactures cubaines, les havanes sont classés selon leur taille (diamètre, longueur et poids) en 80 catégories. Ce « nom de galère » que les Cubains nomment *vitola de galera* est généralement différent du nom de module couramment utilisé par les amateurs. Dans cette édition, nous l'avons ajouté entre parenthèses à côté du vocable courant.

Signification des bagues

1. Médiocre
2. Moyen
3. Bon
4. Excellent
5. Exceptionnel

À côté des bagues, une flèche montante ▲ indique la progression de ce cigare par rapport à sa notation dans le *Havanoscope 2007*. Inversement, une flèche descendante ▼ signale sa baisse.

méthode **de dégustation**

• Les dégustations du *Havanoscope*, réalisées par le comité de dégustation de *L'Amateur de Cigare*, sont dirigées par Jean-Alphonse Richard.

• En matière de cigare, nous ne sommes pas des adeptes inconditionnels de la dégustation à l'aveugle, exercice qui a ses limites dans la mesure où le dégustateur, obsédé uniquement par l'identification de la vitole, oublie souvent de la juger pour ses qualités propres. Le travail de dégustation que nous effectuons ne s'est jamais voulu un jeu de devinette.

• Ce guide 2008 est un instantané du havane, il photographie un état de la production des cigares cubains. Les cigares ne sont pas des produits immuables, et les jugements que nous formulons ne sauraient être définitifs. Le havane est un produit vivant, artisanal. Il est non seulement la manifestation d'un terroir, d'un microclimat, mais aussi l'expression du savoir-faire des hommes. La qualité des récoltes et des millésimes change, l'habileté des *torcedores* varie, le vieillissement des feuilles est parfois aléatoire. Les pièces d'une même boîte, rangées selon le critère de la couleur et des tons, ne sont pas obligatoirement roulées par le même *torcedor*.

• Néanmoins, un style demeure au-delà des aléas climatiques et de la dextérité des *torcedores*. Chaque vitole est la résultante de son format et de la *liga* de sa marque. Cela lui confère sa singularité. Un peu comme le brut sans année des maisons de champagne, qui essaient de garder la même typicité quelle que soit la qualité de l'année.

BELINDA

La marque ne connaît aucun bouleversement cette année encore. Ni putsch ni nouveauté ! Cantonnée à la production de vitoles bon marché, peu expressives aromatiquement et fabriquées sans soin excessif, Belinda reste donc à sa place. On ne pourra louer que les petits prix d'un tel catalogue. Il y a longtemps que les amateurs exigeants, amoureux de grandes pièces, ne viennent plus faire leur marché ici. Un label sans véritable attrait gustatif.

BELINDA

Panetelas

117 mm x Ø 13,89 mm • *Demi-tasse (sports)*

France : 1,80 €

Fait à la machine • Pour tous

Ce *Panetelas* « mécanique » ne varie pas d'un iota. Nous retrouvons donc une vitole modeste, extrêmement facile à fumer, qui parvient tout de même à distiller quelques arômes. L'allumage est ainsi réduit au strict minimum, et le havane se cale sur des notes de boisé, vite rattrapées par des touches empyreumatiques (café torréfié). La force n'est pas l'atout majeur de ce Belinda : elle a toujours tendance à diminuer et à s'étioler trop rapidement. Monocolore et sans surprise, ce cigare se laisse fumer sans résistance. Modeste mais convenable.

BELINDA

Petit

108 mm x Ø 12,30 mm • *Mini-panatella (petit)*

France : 1,20 €

Fait à la machine • Pour tous

Pas de changement pour ce Belinda. Il est bien assis sur ses deux bagues, allant même tutoyer – le chemin est encore long ! – le milieu de tableau. Ce mini-panatella fait machine est facile à mettre en route : les arômes, boisés, terreux et grillés, sont bien canalisés. La force, suffisante, les porte allègrement lors des premières bouffées, plutôt goûteuses. Par la suite, la puissance perd de son amplitude, et le havane devient très vite transparent. Abordable et sympathique.

BELINDA

Petit Coronas

129 mm x Ø 16,67 mm • *Petit corona (petit coronas)*

France : 2,16 €

Fait à la machine • Pour tous

Toujours emballé de Cellophane, le *Petit Coronas* ne quitte pas le panthéon des anonymes. Pas très élégant à l'œil, il n'est guère distingué en bouche. À l'allumage, il offre un fort volume de fumée peu olfactive. Le roulage lâche favorise les arômes terreux. Il se délite vite, s'amollissant même au fil des bouffées. Le final peut se révéler âcre ou acide. Une pièce sans intérêt.

BELINDA

Preciosas

100 mm x Ø 12,70 mm • *Demi-tasse (demi-tasse)*

France : 1,20 €

Fait à la machine • Pour tous

Vitole très difficile à trouver bien qu'elle ne soit pas encore retirée du catalogue Habanos. Pour ceux qui parviendraient à s'en procurer, voici ce qu'en disait le *Havanoscope 2007*. « On le savait depuis longtemps menacé. Le demi-tasse sous Cellophane s'est décidément montré trop limité pour pouvoir conserver sa double bague. Esthétiquement peu avenant, le *Preciosas* bénéficie d'un allumage aisé. Le tirage est bon, parfois trop relâché. La vitole exprime alors des arômes terreux agrémentés de poussière de bois. Le spectre gustatif est des plus restreint. La puissance nous est apparue moins homogène que naguère, d'où ce sentiment de chute de régime et de fin de dégustation sans le moindre relief. »

BELINDA

Né en 1882, ce label a été créé par Francisco Menéndez Martinez, d'origine asturienne. Surnommé don Panchin, Menéndez fit de Belinda une marque très réputée qui déclina après la guerre d'indépendance et fut vendue au propriétaire de Punch, Manuel Lopez. En 1930, les marques Punch et Belinda furent revendues à la société Fernandez y Palicio qui acquit également, un an plus tard, le label Hoyo de Monterrey. Puis Belinda fut mise en sommeil au début des années 1960 et ne fut relancée qu'en 1989 avec la gamme qu'on lui connaît aujourd'hui de vitoles faites à la machine.

BELINDA

Princess

110 mm x Ø 13,89 mm • *Mini-panatella (epicures)*

France : 1,70 €

Fait à la machine • Pour tous

Le *Princess* était jusque-là le modeste porte-drapeau de la marque Belinda. Fin de partie : il rejoint cette année le bas du tableau. Très rustique à cru, et malgré un peu de piquant aux lèvres, il commence plutôt bien avec quelques bouffées évoquant le bois vert et le poivre. Hélas ! la combustion devient hasardeuse, marquée par une forte amertume et des senteurs de papier brûlé. Final pauvre et déséquilibré. Une vitole en danger.

BELINDA

Superfinos

125 mm x Ø 15,48 mm • *Petit panatella (belvederes)*

France : 1,80 €

Fait à la machine • Pour tous

Ce cigare humble mais régulier n'a pas changé d'un iota. Bien roulé, doté d'un toucher souple, il est très vite dans le coup.

Il diffuse des arômes boisés (cèdre) sans amertume, avant d'évoquer la terre et le grillé. L'expression est simpliste, le corps fluet, mais aucun défaut important n'entache la dégustation. Seul le final est déplaisant, trop chaotique et capricieux. Un Belinda très passable au sein d'un label qui semble en perdition depuis plusieurs années.

BOLIVAR

*La marque figure toujours parmi les plus cotées du havane. Nous louons depuis longtemps la fabrication de ces produits délicats et réguliers. La palette aromatique demeure séduisante, et Bolivar nous a toujours habitués à jouer la carte de la stabilité. Ici, pas de coups de barre intempestifs à tribord ou à bâbord ! Le cap est maintenu. Au chapitre des bonnes nouvelles, notons le retour au sommet de l'*Inmensas. *Le palier des quatre bagues n'aura donc été fréquenté qu'une seule saison par ce havane de grande classe. Ajoutons à ce chapitre la belle prestation du Coronas Gigantes et, en revanche, l'accroc – léger – du géant* Libertador, *une production limitée, notée il est vrai un peu généreusement l'an passé. Un label réjouissant et plein de modernité.*

BOLIVAR

Belicosos Finos

140 mm x Ø 20,64 mm • *Figurado (campanas)*

France : 11 € ; Allemagne : 9,50 € ; Andorre : 6,94 € ;
Benelux : 10,70 € ; Cuba : 5,11 € (6,35 CUC) ;
Grande-Bretagne : 19,48 € (£13,10) ;
Italie : 10,50 € ; Suisse : 7,99 € (13,20 FS)

Pour tous

Cet élégant obus a trouvé ses marques dans une honnête moyenne. À cru, le havane livre de jolies touches de poussière de bois. Une fois allumé, il exhale des senteurs herbacées, qui accompagneront tout le fumage. Si la coloration végétale (fougère fraîche) domine jusqu'au final, quelques pointes épicées (poivre noir) sont bienvenues. Le tirage est excellent, et la cendre parfaitement étagée témoigne d'une architecture réussie. Le *Belicosos* manque certes de complexité et de nervosité. D'aucuns le trouveront même lassant. Mais cet obus de beau calibre a fait un style de son manque de caractère.

BOLIVAR

Bolivar Tubos N° 1
142 mm x Ø 16,67 mm • *Corona (coronas)*
France : 8,90 € ; Allemagne : 8 € ; Andorre : 5,01 € ;
Cuba : 4,63 € (5,75 CUC) ; Espagne : 5,90 € ;
Grande-Bretagne : 16,51 € (£11,10) ; Italie : 9,50 €
Pour tous

De plus en plus difficile à trouver, ce modeste corona semble en sursis dans le catalogue Habanos. Toujours lent au démarrage, il ne délivre ses habituels arômes boisés et épicés qu'après plusieurs bouffées inexpressives. En revanche, une fois parti, il s'avère agréable à fumer et très accessible. Les saveurs épicées et torréfiées prennent le relais harmonieusement et sur un bon rythme. La puissance est correcte. Un havane un peu impersonnel mais plaisant.

BOLIVAR

Bolivar Tubos N° 2
129 mm x Ø 16,67 mm • *Petit corona (marevas)*
France : 7,40 € ; Allemagne : 6,50 € ;
Cuba : 3,71 € (4,60 CUC) ;
Grande-Bretagne : 13,39 € (£9) ; Suisse : 5,45 € (9 FS)
Pour tous

Coup de cœur dans les pages du *Havanoscope 2007*, ce tube confirme ses excellentes dispositions. Nous l'avons retrouvé égal à lui-même : flatteur à l'œil (cape grasse et lisse), équilibré, très en forme sur le plan gustatif. Facile à mettre en route, le havane déploie de jolis arômes de bois précieux, de café torréfié et d'épices (poivre blanc). Il se laisse déguster sans barguigner, offrant un numéro certes limité mais agréable. On ne peut que louer cette prestation. Si elle demeure éloignée des grands numéros, elle n'en demeure pas moins sympathique et enjouée. Prix intéressant.

BOLIVAR

Bolivar Tubos N° 3
125 mm x Ø 13,49 mm • *Demi-tasse (placeras)*
France : 4,90 € ; Allemagne : 4,40 € ;
Andorre : 2,89 € ; Cuba : 2,50 € (3,10 CUC) ;
Grande-Bretagne : 9,37 € (£6,30) ; Italie : 5,20 €
Pour tous

Pas de changement pour ce havane élégant, habillé d'une cape claro du meilleur effet. En bouche, il demeure plat et modeste, des ennuis de tirage (construction défaillante) pouvant même survenir sur certains exemplaires. Les notes de bois et de terre humide – fort peu marquées – se suivent et se ressemblent... au point de rendre la dégustation ennuyeuse et insipide. À ce jeu-là, où la puissance manque, l'amertume finit par triompher. Peu intéressant.

BOLIVAR

Bonitas
126 mm x Ø 15,87 mm • *Petit corona (londres)*
France : 4 € ; Andorre : 2,89 € ;
Benelux : 4,60 € ; Cuba : 2,58 € (3,20 CUC) ;
Grande-Bretagne : 10,41 € (£7) ; Suisse : 3,88 € (6,40 FS)
Amateurs

Tout va bien pour ce petit corona plein d'allant et de vigueur. Bien noté depuis plusieurs années, il tient son rang grâce à sa structure équilibrée et ses arômes persistants de bois et de poivre noir. Son évolution aromatique tend aujourd'hui vers plus d'épices, avec en prime un final aux surprenantes saveurs de miel et de réglisse. Doté d'une puissance conséquente, il a toujours l'heur de plaire aux palais résistants, sans jamais les irriter, ni les noyer d'amertume. On aimerait sincèrement qu'il dure plus longtemps.

BOLIVAR

Coronas
142 mm x Ø 16,67 mm • *Corona (coronas)*
France : 8 € ; Allemagne : 7,40 € ; Cuba : 3,95 € (4,90 CUC) ;
Grande-Bretagne : 14,58 € (£9,80)
Amateurs

Belle cape maduro, soyeuse et appétissante. Le *Coronas* manifeste d'entrée de jeu une certaine vivacité avec des notes enjouées de moka et de grillé. Sans faiblir mais sans se disperser non plus, il exhale des notes de café et d'épices avant d'opter pour une palette aromatique nettement plus terreuse. Au troisième tiers, en digne rejeton de la famille Bolivar, le cigare hausse encore le ton. Il se muscle, monte en puissance, exprime des notes de cuir et de poivre mais devient plus désordonné, voire chaotique au final.

BOLIVAR

La date de naissance officielle de la marque Bolivar est 1921. Mais on a tout lieu de penser que ce label, créé par Fernandez Rocha, existait au tout début du xxe siècle (1901). Son nom, qui fait référence au libérateur de l'Amérique latine, se rapporte à la toute récente émancipation de Cuba, devenu indépendant en 1902. Entre les deux guerres, sous la direction de Rafael Garcia, Bolivar jouit d'une bonne réputation, possédant alors neuf propriétés, dont El Rosario, Violeta Cinetina et la Covadonga. La marque subira un sort analogue à celui de La Gloria Cubana et passera sous le contrôle de Cifuentes en 1944. Dès les années 1960, elle fut fabriquée à la manufacture Partagas.

BOLIVAR

Coronas Extra ▲

143 mm x Ø 17,46 mm • *Grand corona (franciscos)*
France : 6,30 € ; Allemagne : 7,50 € ; Andorre : 5,19 € ;
Benelux : 7,90 € ; Cuba : 4,11 € (5,10 CUC) ;
Grande-Bretagne : 16,06 € (£10,80) ;
Suisse : 6,18 € (10,20 FS)
Amateurs

Le *Coronas Extra* reprend des couleurs cette année et retrouve le milieu de tableau. Le purgatoire n'aura été que de courte durée. Esthétiquement attirant dans une cape sombre et grasse, il confirme ses bonnes dispositions en bouche. Les premières notes (poussière de terre) évoluent rapidement, laissant la place à des épices (poivres noir et vert) ainsi qu'aux arômes boisés. Le tirage est excellent, le volume de fumée intéressant. Seule la palette gustative demeure trop en retrait, on aimerait davantage de fantaisie et d'exubérance. Une pièce trop sage mais honnête, cohérente et tout à fait amicale.

BOLIVAR

coup de cœur

Coronas Gigantes ▲

178 mm x Ø 18,65 mm • *Churchill (julieta 2)*
France : 12,30 € ; Allemagne : 12 € ; Andorre : 9,15 € ;
Benelux : 14,20 € ; Cuba : 6,69 € (8,30 CUC) ;
Espagne : 12,20 € ; Grande-Bretagne : 24,10 € (£16,20) ;
Italie : 12 € ; Suisse : 10,41 € (17,20 FS)
Amateurs

Jouant depuis longtemps dans l'excellente moyenne, nous avons trouvé les dernières livraisons supérieures en qualité. Toujours bien fabriqué, roulé avec attention, le churchill est vite en train et délivre une fumée généreuse. Boisé et épicé, il manie avec soin le registre des épices. Les saveurs vont crescendo (cèdre, poivre blanc) puis s'arrondissent. Le deuxième tiers est un authentique régal : crémeux et suave. Par la suite, la puissance, qui avait naguère tendance à s'affaisser, demeure bien en place. L'équilibre du *Coronas Gigantes* s'en trouve amélioré.

Aucune déstructuration à noter cette fois : le Bolivar demeure rond et gourmand – quasiment délectable – jusqu'à l'extinction. Un sursaut notable pour une pièce de choix. Voilà une vitole qui fait honneur au havane. Coup de cœur.

BOLIVAR

Coronas Junior
110 mm x Ø 16,67 mm • *Très petit corona (minutos)*
France : 5 € ; Allemagne : 4,90 ; Benelux : 5,40 € ;
Cuba : 2,62 € (3,25 CUC) ;
Grande-Bretagne : 10,56 € (£7,10)
Pour tous

Valeur sûre de cette sélection, ce module nous enthousiasme toujours autant. Assez dense au toucher, puissant en bouche, il délivre une palette typique de la marque : terre et poivre au départ, puis sous-bois et humus, et cuir au final. Un minifestival « bolivarien », reconnaissable entre tous. C'est certainement l'une de ses grandes qualités que de si bien représenter les valeurs rustiques et terriennes du label. À déguster les yeux fermés.

BOLIVAR

Inmensas ▲
170 mm x Ø 17,07 mm • *Lonsdale (dalias)*
France : 8,90 € ; Allemagne : 10,50 € ;
Andorre : 6,72 € ; Cuba : 5,56 € (6,90 CUC) ;
Grande-Bretagne : 18,74 € (£12,60) ; Suisse : 7,27 € (12 FS)
Amateurs et amateurs confirmés

En chute l'an passé, il n'aura connu qu'une seule saison au purgatoire. L'*Inmensas* retrouve son rang après s'être montré convaincant dans tous les domaines. Nous le trouvions moins entreprenant que naguère, mais ce superbe Bolivar, ultraclassique, a de la ressource ! Soutenu par un tirage ample et facile, le lonsdale déroule en douceur et légèreté des notes de terre humide et de sous-bois. La montée en puissance régulière porte des arômes de poivre vert, de miel et de pain grillé qui parviennent vite à former un somptueux bouquet. L'*Inmensas* se révèle suave et profond, mélodieux et équilibré. Il se consume en une belle cendre grise de très bonne tenue. Les pointes de moka enrichissent la fin de dégustation. Une pièce magnifique, réglée à la perfection.

BOLIVAR

Libertador – Production spéciale régionale
164 mm x Ø 21,40 mm • *Grand robusto (sublimes)*
France : 16,50 €
Amateurs

Cette Production spéciale régionale ne peut pas passer inaperçue : la bague argent/bordeaux frappée de la flamboyante mention « *exclusivo Francia* » annonce la couleur. Nous avons trouvé de la maestria à cette vitole au corps dodu et aux dimensions impressionnantes. Le géant décline un allumage placide et souple. Le boisé l'emporte immédiatement, laissant filtrer quelques notes aigrelettes. Par la suite, la combustion – parfaite – entraîne notre « libérateur » vers des touches de fruits secs (noisette), de sous-bois et de moka torréfié. Le tout est goûteux mais un peu nonchalant. Nous sommes dans le moelleux mais nous aimerions un peu plus d'allant et de complexité pour ce grand robusto à l'allure si spectaculaire. Un très beau havane toutefois.

BOLIVAR

Petit Coronas
129 mm x Ø 16,67 mm • *Petit corona (marevas)*
France : 6,30 € ; Allemagne : 6 € ; Andorre : 3,74 € ;
Cuba : 3,06 € (3,80 CUC) ; Espagne : 4,40 € ;
Grande-Bretagne : 11,90 € (£8) ;
Italie : 6 € ; Suisse : 4,72 € (7,80 FS)
Pour tous

Ce petit corona est un modèle de régularité dans le tempo et l'enchaînement des séquences aromatiques : après une ouverture herbacée de sous-bois humide (humus, bruyère, feuilles), le boisé et le cuir prennent le dessus, arrondissant peu à peu l'ensemble et conduisant vers des saveurs crémeuses et toastées d'excellente facture. La force est régulière, mesurée, et va crescendo. Une véritable leçon de rythme, que grand nombre de modules plus imposants gagneraient à suivre.

BOLIVAR

Royal Coronas ▲

124 mm x Ø 19,84 mm • *Robusto (robustos)*

France : 9,50 € ; Allemagne : 7,80 € ; Andorre : 6,30 € ; Benelux : 9,10 € ; Cuba : 4,19 € (5,20 CUC) ; Espagne : 8,40 € ; Grande-Bretagne : 16,66 € (£11,20) ; Italie : 8,50 € ; Suisse : 6,78 € (11,20 FS)

Amateurs

Au fil des saisons, le *Royal Coronas* s'impose comme le roi de l'équilibre et du juste milieu. Ce parcours métronomique mérite d'être encouragé par une cinquième bague, un brin généreuse. Drapé dans une cape chocolat fine et appétissante, facile à mettre en route, le robusto aligne dès l'allumage des touches boisées et herbacées teintées d'un soupçon de poivre. Le cigare est d'emblée bien ventilé et affiche une puissance d'un bon niveau. Il évolue de façon régulière et progressive, permettant l'apparition au deuxième tiers de touches de miel et de chocolat. Des arômes évoquant le cuir enrichissent le final. La dégustation est confortable, élégante. L'agressivité est ici bannie, nous sommes au royaume de la civilité et de la rondeur bienveillante. Moins rassasiant qu'un Partagas *Série D N° 4*, mais très réussi.

Les prix en euros et en monnaies étrangères que nous indiquons sont ceux pratiqués au moment de la parution du Havanoscope *(octobre 2007). Tous ces cigares sont à la merci de hausses qui peuvent intervenir au cours de l'année 2008, aussi bien en France qu'à l'étranger.*

CABAÑAS

Distribuée au compte-gouttes, cette marque ne dispose d'aucune force de frappe. Elle continue à produire des pièces de faible envergure, très passe-partout et très abordables. Il en résulte des dégustations peu dynamiques, à partir de produits fabriqués à la machine et sans véritable expression aromatique. Le sort de Cabañas est incertain. Le label semble en sursis dans le catalogue Habanos.

CABAÑAS

Après avoir autorisé l'ouverture d'une première manufacture contrôlée par la Régie (1799), le roi d'Espagne décrète la fin du monopole de la Couronne en 1817. Une décision qui entérine un état de fait : à La Havane, comme dans tout le pays, les petits ateliers (*chinchales*) pullulaient. Il faut cependant attendre 1825 pour que le registre des marques de La Havane inscrive le nom de la première manufacture privée : H. (pour Hijas) de Cabañas y Carbajol. En réalité, dès 1810, Francisco Cabañas, bravant le décret royal, commercialisait des cigares confectionnés à partir des feuilles qu'il cultivait. Progressivement, la marque lancera d'autres noms : Santa Damiana, La Flor de Montecarlo, La Opulencia, sans oublier Antonio y Cleopatra. En 1932, Cabañas sera rachetée par Tabacalera Cubana, une société à capital américain. Après la révolution, la marque ne fut plus fabriquée jusqu'à ce qu'elle soit relancée en 1989, en même temps que Belinda. Aujourd'hui, c'est à la manufacture de La Corona que sont roulées les quelques vitoles faites à la machine baguées Cabañas, un nom qui fut l'un des premiers à symboliser l'épopée du havane.

CABAÑAS

Coronitas

106 mm x Ø 11,51 mm • *Mini-panatella (chicos)*

France : 0,96 €

Fait à la machine • Pour tous

Vitole très difficile à trouver, bien qu'elle ne soit pas retirée du catalogue Habanos. Pour ceux qui parviendraient à s'en procurer, voici ce qu'en disait le *Havanoscope 2007*. « Pas de changement à l'horizon de cette vitole modeste, roulée mécaniquement. Le cigare s'accroche à sa notation modique. Facile à allumer, il déploie des notes boisées et légèrement herbacées. Par la suite, c'est toujours le boisé qui domine. La fumée est linéaire, régulière mais assez plate, et parfaitement monocorde. Aucune surprise ne vient marquer cette dégustation peu consistante. Un havane fluet, sans défaut majeur, mais sans envergure non plus. »

CABAÑAS

Perfectos

127 mm x Ø 17,46 mm • *Figurado (perfectos)*

France : 1,76 €

Fait à la machine • Pour tous

Pas de changement notable pour ce figurado étriqué, difficile à trouver, mais qui figure encore au catalogue. Au demeurant, nous ne pleurerions pas sa disparition ! Difficile à allumer à cause d'un roulage très serré pour son format, le *Perfectos* libère une fumée évanescente, teintée d'amertume. Quelques vagues effluves évoquant le cuir et le café grillé sauvent le deuxième tiers, mais la débâcle est totale au final. La vitole est alors agressive, déstructurée et âcre. Recalée.

Pour chaque cigare, nous mentionnons les pays où on le trouve et à quels prix. Quand un pays n'est pas mentionné, cela signifie en principe que le havane n'y est pas officiellement commercialisé.

COHIBA

Un peu hésitante ces deux dernières saisons, Cohiba nous avait étonnés avec la mise sur le marché de produits manquant parfois de régularité dans la fabrication. Difficile à admettre vu les tarifs pratiqués et le niveau d'exigence des amateurs au sujet de pièces aussi luxueuses. Cohiba semble désormais se stabiliser. Certes, l'un de ses produits mythiques, le Lanceros, *perd cette saison une bague pour se retrouver en milieu de tableau. Mais il y a de belles raisons d'espérer avec la mise sur le marché de la superbe ligne Maduro 5. Son* Magicos *permet ainsi à la marque de s'octroyer un deuxième cigare classé à cinq bagues. La machine Cohiba serait-elle en train d'être relancée ? Nous le souhaitons ardemment.*

COHIBA

Fidel Castro découvrit par hasard ce cigare au début de 1963. Il n'était alors que la *fuma* – les *torcedores* nomment ainsi les cigares qu'ils destinent à leur propre consommation – d'Eduardo Rivera. Pendant près d'un an, Rivera, seul, assurera la consommation du *Comandante* qui, généreux, en offre à ses ministres. Le Che sera l'un des premiers à bénéficier de cette attention. Il déclarera à Fidel : « Je n'ai jamais rien fumé de meilleur ! » Fin 1964, Rivera devient le premier directeur d'une école de *torcedores* où seront désormais roulés ces cigares destinés au *Líder Maximo*. À la fin de 1966, ces *puros*, jusqu'alors simplement connus comme les « cigares de Fidel », sont, à l'initiative de Celia Sánchez, qui fut, jusqu'à sa mort, la conseillère de Fidel Castro, baptisés Cohiba, ce nom désignant la plante du tabac en langage taino.

Quelques mois plus tard, l'école emménage à El Laguito, un ancien hôtel particulier qu'elle occupe toujours, dans le quartier ultrarésidentiel de Miramar. Les grands salons sont transformés en *galeras*. Aux côtés du long et fin cigare préféré de Fidel Castro, deux autres vont faire leur apparition. En janvier 1970, l'école devient fabrique à part entière. Mais ce n'est qu'à la fin des années 1970 que Cohiba est progressivement introduite sur le marché. Son lancement international a lieu en 1982. Six ans plus tard, trois nouvelles vitoles viennent enrichir la marque. Puis cinq autres en 1992. Le superbe *Siglo VI* est apparu en 2004 sur le marché français. Cette année, le label s'est enrichi d'une nouvelle gamme, Maduro 5, dont les trois premiers modules viennent de faire leur apparition en France. Outre le prestige incomparable de la marque et leur prix de vente élevé, les Cohiba possèdent un point commun : la fameuse troisième fermentation des feuilles qui affine l'arôme et a pour but d'éliminer les produits nitrés ainsi que les excès de goudron.

COHIBA

Coronas Especiales

152 mm x Ø 15,08 mm • *Panatella (laguito N° 2)*

France : 13,40 € ; Allemagne : 19 € ; Andorre : 11,60 € ; Benelux : 15 € ; Cuba : 8,01 € (9,95 CUC) ; Espagne : 14,50 € ; Grande-Bretagne : 24,10 € (£16,20) ; Italie : 14 € ; Suisse : 14,16 € (23,40 FS)

Pour tous

Pas d'amélioration notable pour ce panatella qui semble condamné à ses deux bagues. Comme l'an passé, le démarrage est légèrement heurté et chargé d'amertume. Une fois passé ce cap délicat, le havane livre des arômes de fruits secs (amandes grillées) et de cacao de jolie facture. La puissance est raisonnable et désormais (deuxième tiers) bien équilibrée.

Malheureusement, le final du *Coronas Especiales* souffre d'un mal endémique : l'apparition de désagréables touches de papier brûlé. Celles-ci gâchent une dégustation par ailleurs trop moyenne pour qu'on ne lui en tienne pas rigueur.

COHIBA

Double Coronas – Édition limitée 2003
194 mm x Ø 19,45 mm • *Double corona (prominentes)*
France : 27,50 € ; Cuba : 17,48 € (21,70 CUC)
Amateurs confirmés

Ce très beau cigare à la cape mordorée est doté d'une ouverture presque royale. Grâce à une excellente ventilation, les arômes miellés se mêlent au poivre noir. Rapidement, la fumée se fait plus dense, témoignant d'une puissance bien réelle. Par la suite, les notes terreuses prennent le pas sur les épices ainsi que quelques touches boisées fort élégantes. Le cigare est racé, formidablement bien construit, offrant un équilibre puissance/arômes exigeant. Que lui manque-t-il ? Simplement un soupçon de complexité pour véritablement irradier et décrocher la note majeure. Il n'en est vraiment pas très loin. Une pièce corpulente et bien balancée, à déguster avec beaucoup d'attention. [Dégustation publiée dans le *Havanoscope 2005*]

Signification des bagues

1. Médiocre
2. Moyen
3. Bon
4. Excellent
5. Exceptionnel

À côté des bagues, une flèche montante ▲ indique la progression de ce cigare par rapport à sa notation dans le Havanoscope 2007. *Inversement, une flèche descendante ▼ signale sa baisse.*

COHIBA

Esplendidos

178 mm x Ø 18,65 mm • *Churchill (julieta 2)*

France : 22,90 € ; Allemagne : 27,30 € ; Andorre : 16,40 € ; Benelux : 27,60 ; Cuba : 14,46 € (17,95 CUC) ; Espagne : 20,50 € ; Grande-Bretagne : 43,73 € (£29,40) ; Italie : 25 € ; Suisse : 22,40 € (37 FS)

Amateurs et amateurs confirmés

Il avait chuté l'an passé du haut du podium. Il conserve cette année ses quatre bagues sans parvenir à regagner ses galons perdus. Voilà une vitole toujours aussi soignée : l'allure est luxueuse, la cape est soyeuse et d'une tonalité maduro parfaitement attrayante. En bouche, nous retrouvons les classiques notes boisées, alliées à un léger terreux et quelques épices (poivre vert). L'ensemble est rond (apport de réglisse et de notes cacaotées) mais manque un peu de confort et de suavité. Étant donné le prix pratiqué, le devoir d'exigence est élevé : le final manque ainsi de rythme et de densité aromatique. L'*Esplendidos* est au demeurant une excellente vitole à essayer de temps à autre pour se faire plaisir.

COHIBA

Exquisitos

126 mm x Ø 13,10 mm • *Petit panatella (seoane)*

France : 8,10 € ; Allemagne : 12,80 € ; Andorre : 6,84 € ; Benelux : 9,40 € ; Cuba : 4,95 € (6,15 CUC) ; Espagne : 8,55 € ; Grande-Bretagne : 14,73 € (£9,90) ; Italie : 8,80 € ; Suisse : 7,75 € (12,80 FS)

Pour tous

L'*Exquisitos* échappe de peu à une rétrogradation : bien qu'il n'ait jamais brillé jusqu'ici par sa densité aromatique et sa longueur en bouche, il est apparu cette année en deçà de ses possibilités. Ainsi, l'attaque moelleuse, souvent soulignée dans ces pages, ne paraît être qu'un lointain souvenir. Par la suite, les arômes boisés et cacaotés, puis légèrement herbacés et grillés, se disputent la séance de dégustation. L'équilibre est rompu au deuxième tiers où le havane – fidèle à son habitude – se durcit exagérément et se ferme. Certains exemplaires ont pâti d'un tirage malaisé (construction hasardeuse ?). Moins de confort et d'allant, ce Cohiba est en sursis.

COHIBA

Lanceros ▼

192 mm x Ø 15,08 mm • *Grand panatella (laguito N° 1)*
France : 16,50 € ; Allemagne : 21,80 € ; Andorre : 13 € ;
Benelux : 19 € ; Cuba : 10,03 € (12,45 CUC) ;
Espagne : 16,40 € ; Grande-Bretagne : 29,90 € (£20,10) ;
Italie : 17 € ; Suisse : 15,99 € (26,40 FS)
Amateurs

Ce magnifique et mythique havane connaît cette année un accident de parcours. Certains exemplaires dégustés souffrent d'un roulage sans doute trop serré, rendant le tirage très laborieux. Ce point doit être signalé et sanctionné, car cette pièce prestigieuse (et chère) mérite un réglage hors pair. En bouche, dès lors que la ventilation est parfaite, ce Cohiba est en effet capable du meilleur numéro : touches de bois précieux, de caramel et de chocolat. Il est alors extrêmement goûteux, vif et subtil, moelleux et profond. Manifestement, notre superbe *Lanceros* n'a pas toujours le traitement qu'il mérite... À suivre de près.

COHIBA

Panetelas

115 mm x Ø 10,32 mm • *Mini-panatella (laguito N° 3)*
France : 8 € ; Allemagne : 10,70 € ; Andorre : 5,60 € ;
Benelux : 8,50 € ; Cuba : 4,03 € (5 CUC) ;
Espagne : 7 € ; Grande-Bretagne : 12,05 € (£8,10) ;
Suisse : 6,42 € (10,60 FS)
Pour tous

Cette vitole a du mal à s'imposer en dépit du soin qui lui est apporté. Esthétiquement réussi, le Cohiba décline un léger piquant lors des premières bouffées. Il se fait par la suite plus rond, empruntant au registre du boisé et de la réglisse. Une pièce assez moelleuse, de puissance moyenne mais convenable. La fumée manque cependant de densité et la palette aromatique se révèle trop réduite. Le *Panetelas* souffre d'un manque cruel d'envergure.

COHIBA

Piramides – Édition limitée 2001
156 mm x Ø 20,64 mm • *Figurado (piramides)*
France : 26 € ; Cuba : 8,86 € (11 CUC)
Amateurs confirmés

Beaucoup d'amateurs ne l'ont jamais fumé : il s'agit en effet d'une série limitée plutôt rare sur le marché. À l'œil, c'est sans doute l'un des plus beaux obus jamais produits : la cape grasse couleur chocolat, rehaussée par la bague orange et noir de la marque, est tout à fait alléchante. À l'allumage, on ne peut que constater la qualité d'un tel produit. Dès les premières bouffées, c'est une fumée intense, opulente et profonde qui se dégage. Le tirage, très confortable, est parfait et la force bien présente. Le Cohiba ne fait pas dans le registre de l'à-peu-près. Il est souvent démesuré au point de dérouter, avec ses arômes poivrés et herbacés puis tour à tour miellés et chargés de cuir, un fumeur peu averti. Ses rondeurs sont redoutables. Le *Piramides* cache en fait un tempérament altier et majestueux. Jusqu'au bout, la fumée est riche et bouquetée. Si vous êtes un aficionado de ce genre de module, alors laissez-vous tenter par cette vitole euphorisante et de grande race. Le fait qu'elle soit rare et peu produite ajoute encore à l'attrait de cette ogive décidément hors norme. Trop cher ? Ne parlons pas des choses qui fâchent. [Dégustation publiée dans le *Havanoscope 2004*]

Les havanes sont, dans leur grande majorité, faits à la main. Lorsqu'il s'agit de cigares faits à la machine, nous le précisons.

COHIBA

Piramides – Édition limitée 2006

156 mm x Ø 20,60 mm • *Figurado (piramides)*

France : 26 € ; Cuba : 13,21 € (16,40 CUC) ;

Grande-Bretagne : 37,48 € (£25,20) ; Italie : 22 €

Amateurs

Issu de l'écurie Cohiba, ce champion porte beau et haut, avec sa double bague, les couleurs de la marque. L'ensemble est parfaitement architecturé, idéalement dimensionné. La mise en route est ample mais étonnamment souple. Les effluves de bois précieux, de sous-bois et de terre humide enrobent chaudement les premières bouffées. Par la suite, notre obus de compétition ronronne gentiment. C'est une mécanique sans à-coups, livrant une fumée fluide et délicate. Les arômes de réglisse et de cèdre rouge se croisent sans s'entrechoquer. Le rythme est porté par une puissance tout à fait suffisante. Au fil des bouffées, ce *puro* tapisse le palais de touches rondes et suaves. Il est tellement équilibré qu'il en deviendrait un brin monotone après le passage du deuxième tiers. La tendance au durcissement dans les dernières foulées ne change rien à l'affaire. Une belle vitole de soirée à déguster dans un fauteuil club.

COHIBA

Robustos

124 mm x Ø 19,84 mm • *Robusto (robustos)*

France : 15 € ; Allemagne : 16,50 € ; Andorre : 11 € ;

Benelux : 16,60 € ; Cuba : 8,38 € (10,40 CUC) ;

Espagne : 14,30 € ; Grande-Bretagne : 26,92 € (£18,10) ;

Italie : 15,50 € ; Suisse : 13,32 € (22 FS)

Amateurs

En chute l'an passé – ce qui a suscité un émoi légitime chez tous les aficionados de la marque au fameux damier –, le *Robustos* ne parvient pas à retrouver le sommet. Il a offert une prestation quasi identique. Nous sommes également obligés de constater que sa présentation, longtemps impeccable, manque parfois de soin : exemplaires légèrement tachetés et capes mal étirées. Dès l'allumage, le Cohiba entre dans le match avec une force tranquille mais soutenue. La palette aromatique évoque le bois précieux et l'humus. La puissance monte graduellement, servie par un tirage irréprochable. Des effluves cacaotés et briochés se font jour, précédant de plaisantes pointes poivrées. Mais, passé le deuxième tiers, le robustos a tendance à faire du sur-place, et la combustion peut se dégrader au final (construction ?). Résultat : un équilibre puissance/arômes exemplaire, une notoriété exceptionnelle, mais peut vraiment mieux faire. La concurrence est vive dans la cour des robustos cubains.

COHIBA

Sublimes – Édition limitée 2004
164 mm x Ø 21,43 mm • *Grand robusto (sublimes)*
France : 26 € ; Cuba : 15,63 € (19,40 CUC)
Amateurs confirmés

L'aspect et l'odeur chocolatée à cru mettent incontestablement les papilles en appétit. Bagué luxueusement comme un prince, drapé somptueusement d'une cape nocturne, le *Sublimes* impressionne d'emblée. Quelque chose d'intimidant, voire de bluffant, se dégage de cette vitole phénoménale. Dès les premières bouffées, l'amateur pense qu'il sera comblé. Il l'est dans une certaine mesure, mais cette satisfaction trop vite exaucée s'avérera un peu décevante. Les notes boisées et lourdement épicées qui se déploient aussitôt, ainsi que la puissance sans nuance, restent pratiquement identiques du début à la fin. Certes, le palais s'accommode du moelleux étonnant de cette pièce et de la densité de l'expression. Ce grand robusto possède une carrure remarquable, mais qu'y a-t-il derrière ces muscles ? Il est nourrissant, copieux, mais pèche par une opulence massive, presque opaque. On se trouve ici devant un parfait exemple du havane pur « look », un peu nouveau riche et fort impressionnant. La prouesse est incontestable, mais dans cet exploit il demeure quelque chose de monstrueux. Y compris dans le prix. [Dégustation publiée dans le *Havanoscope 2006*]

Les prix donnés pour le Benelux valent pour la Belgique et les Pays-Bas. Pour le Luxembourg, compter 5 % de moins en moyenne.

Linea 1492

Ce département Cohiba, créé pour dispenser des produits plus modernes, bénéficiant d'une tonalité aromatique différente, parvient à maintenir le cap. Comme nous l'indiquions l'an passé, nous constatons que ces pièces ne diffèrent guère de celles de la maison mère, même si les Siglos *avouent une grande stabilité. Il s'agit de vitoles plutôt faciles à déguster, essentiellement boisées/herbacées, luxueuses et élégantes. Notons simplement le joli parcours du* Siglo V, *un magnifique lonsdale qui s'envole désormais au-dessus de la moyenne.*

COHIBA

Siglo I

102 mm x Ø 15,87 mm • *Très petit corona (perlas)*
France : 7,40 € ; Allemagne : 8,45 € ; Andorre : 5,20 € ; Benelux : 8 € ; Cuba : 4,19 € (5,20 CUC) ; Espagne : 6,75 € ; Grande-Bretagne : 13,54 € (£9,10) ; Italie : 7,80 € ; Suisse : 6,54 € (10,80 FS)
Pour tous

En chute l'an passé, le *Siglo I* devra refaire ses preuves pour retrouver le rang supérieur. Doux mais présent dès le démarrage, le havane dispense d'agréables arômes de café torréfié et de cacao. La fumée est alors pleine et assez crémeuse. Hélas ! la puissance a tendance à fléchir à mi-parcours. Les arômes boisés et réglissés qui complétaient la palette gustative s'étiolent progressivement. Ce manque d'amplitude et cette descente en piqué rendent la dégustation chaotique. Final desséchant. Dommage, car les premières bouffées valent le détour. Sans doute ce très petit corona a-t-il le désavantage d'être confié trop souvent à des *torcedores* débutants.

COHIBA

Siglo II

129 mm x Ø 16,67 mm • *Petit corona (marevas)*

France : 9 € ; Allemagne : 12,20 € ; Andorre : 7,16 € ;
Benelux : 11,30 € ; Cuba : 5,60 € (6,95 CUC) ;
Espagne : 8,95 € ; Grande-Bretagne : 18,15 € (£12,20) ;
Italie : 10,50 € ; Suisse : 9,20 € (15,20 FS)

Pour tous

Ce petit corona, impeccablement régulier, tient parfaitement son rang. Comme les années précédentes, ce cigare lisse et bien construit débute assez vigoureusement. Il décline des notes très goûteuses de pain grillé et de fruits secs (noisette fraîche). Dès que sa puissance se normalise, il porte des saveurs de cacao rondes et savoureuses. Le *Siglo II* est un havane expressif et vif qui n'est jamais enivrant. Une petite pièce bien faite, qui possède un indéniable caractère.

COHIBA

Siglo III

155 mm x Ø 16,67 mm • *Grand corona (coronas grandes)*

France : 11,40 € ; Allemagne : 14,50 € ; Andorre : 7,56 € ;
Benelux : 14,20 € ; Cuba : 6,97 € (8,65 CUC) ;
Espagne : 10 € ; Grande-Bretagne : 23,65 € (£15,90) ;
Italie : 12 € ; Suisse : 10,78 € (17,80 FS)

Amateurs

Soulignons d'emblée la bonne tenue de ce *Siglo III*, qui se rapproche des quatre bagues. Drapé dans une cape chocolat qui met l'eau à la bouche, doté d'une excellente compacité, le havane affiche une fabrication de qualité. À cru, il offre des touches épicées avec des pointes réglissées. Le tirage est parfait. Les premières bouffées attestent d'une puissance satisfaisante qui ne se démentira pas. La fumée est ample et généreuse. Les arômes dominants forment une palette boisée, qui évolue au cours du fumage vers des touches de cuir et de réglisse. Quelques nuances d'agrumes flattent le palais au final. Bonne persistance en bouche.

Répétons-le : le *Siglo III* a tous les atouts pour mieux faire encore. Une jolie pièce bien ouvragée. Soyez toutefois scrupuleux quant à son humidification.

COHIBA

Siglo IV ▼

143 mm x Ø 18,26 mm • *Corona gorda (coronas gordas)*
France : 12,50 € ; Allemagne : 16,40 € ; Andorre : 9,48 € ;
Benelux : 16 € ; Cuba : 7,85 € (9,75 CUC) ;
Espagne : 11,85 € ; Grande-Bretagne : 26,03 € (£17,50) ;
Italie : 14 € ; Suisse : 12,11 € (20 FS)
Amateurs

Il était en hausse l'an passé après une démonstration réjouissante. Cette avancée aura vite touché ses limites : le *Siglo IV* se recentre dans la moyenne. Il y est confortablement installé, mais nous attendons toujours plus de ce corona gorda un peu trop timide et sans exubérance. La présentation est toujours aussi soignée : cape chocolat ultralisse et bien étirée. Le démarrage est franc. La vitole campe vite sur des arômes boisés et herbacés subtils et gourmands. Elle se fait ensuite de plus en plus ronde et moelleuse. Le fumage est parfaitement orchestré et agencé : on regrettera cependant une trop grande monotonie et un manque d'amplitude. Bon et bel havane, à recommander en dépit d'un recentrage qui n'a rien d'une punition.

COHIBA

coup de cœur

Siglo V ▲

170 mm x Ø 17,07 mm • *Lonsdale (dalias)*
France : 16,70 € ; Allemagne : 18,90 ; Andorre : 12,60 € ;
Benelux : 20,50 € ; Cuba : 10,71 € (13,30 CUC) ;
Espagne : 16,40 € ; Grande-Bretagne : 32,43 € (£21,80) ;
Italie : 18 € ; Suisse : 15,74 € (26 FS)
Amateurs et amateurs confirmés

Noté jusque-là en milieu de tableau, ce lonsdale à la cape dorée et appétissante reprend de belles couleurs. Les dernières pro-

ductions témoignent d'une grande richesse aromatique et d'un superbe équilibre. Nous conseillons vivement cette vitole qui porte haut les couleurs de la Linea 1492.
Après une attaque vive et enjouée, le havane dispense des notes de bruyère et de bois fraîchement coupé. Il se fait ensuite progressivement plus dense et plus profond, tout en cultivant un moelleux appréciable. La force n'est pas envahissante mais elle apparaît mieux vertébrée que naguère. Un somptueux boisé étoffe la palette aromatique au deuxième tiers, rendue plus souple encore grâce à l'apport de touches cacaotées. Le tirage est parfait. Le troisième tiers, presque opulent et enivrant, touche aux épices et à de subtiles pointes de violette. Construction idéale. Un havane de choix, riche en arômes et en sensations. À ce rythme-là, les cinq bagues sont à sa portée. Coup de cœur.

COHIBA

Siglo VI
150 mm x Ø 20,64 mm • *Grand robusto (cañonazo)*
France : 21,90 € ; Allemagne : 22,60 € ;
Andorre : 14,72 € ; Benelux : 23,30 € ;
Cuba : 12,36 € (15,35 CUC) ; Espagne : 18,40 € ;
Grande-Bretagne : 36 € (£24,20) ;
Italie : 20,50 € ; Suisse : 18,77 € (31 FS)
Amateurs confirmés

Grande stabilité pour ce havane toujours aussi soigné, drapé dans une cape lisse aux beaux reflets maduro. La mise en route est très confortable, et la vitole trouve vite son équilibre. Elle dispense des touches boisées (cèdre) qui s'arrondissent. Le *Siglo VI* se fait alors de plus en plus moelleux. Il est vrai qu'il puise des ressources aromatiques dans le cacao, le miel et le pain d'épice. La puissance est, elle aussi, à la hausse mais jamais dévastatrice, même si cette pièce n'est guère à conseiller pour un novice. Une dégustation lente, aux bouffées espacées, permettra d'apprécier ce Cohiba à la forte personnalité. Une pièce suave et chaleureuse qui mérite parfaitement le détour.

Abréviations utilisées : € : euro ; £ : livre anglaise ; FS : franc suisse ; CUC : peso convertible.

Cohiba Maduro 5

Officiellement présentée à La Havane en février, cette nouvelle gamme du label Cohiba est disponible en France depuis cet automne. Contrairement à l'habituelle couleur miel des capes Cohiba, les Maduro 5 font une spécificité de leur cape très sombre, vieillie pendant cinq ans. Des esprits chagrins regretteront cette rupture avec les standards de la marque, d'autres mettront en doute ce long vieillissement naturel. Il n'en reste pas moins que les trois premiers modules de cette gamme sont plus que prometteurs et que le Magicos *est une splendeur.*

COHIBA MADURO 5

Genios
140 mm x Ø 20,64 mm • *Grand robusto (estupendos)*
France : 20 € ; Grande-Bretagne : 32,72 € (£22)
Amateurs

On admire l'allure de ce nouvel arrivant : cape noire bien tendue, soyeuse et grasse. En dépit d'un toucher très ferme, le havane s'ouvre dès les premières bouffées. Le Cohiba se révèle alors aromatiquement riche (bois, feuilles mortes), puis se fait un peu plus terreux jusqu'au deuxième tiers. Le nez très poivré ajoute sans conteste à la sensation gustative. Le *Genios* est de plus en plus chaleureux et entreprenant. Il affiche un bel équilibre puissance/arômes. La tenue en bouche est parfaite. Il gagne en profondeur sans à-coups, ni nervosité excessive. Le final (cèdre, poivre, touches d'agrumes) est apaisant et riche. Entreprenant et rigoureux, ce Cohiba *new wave* est esthétiquement et aromatiquement réussi. À vous d'essayer !

COHIBA MADURO 5

coup de cœur

Magicos
115 mm x Ø 20,64 mm • *Robusto (magicos)*
France : 17,80 € ; Grande-Bretagne : 29 € (£19,50)
Amateurs et amateurs confirmés

Un nouveau venu, à la cape nocturne très soignée et au baguage élégant : esthétiquement, le pari de la séduction est déjà réussi. Une fois en bouche, la mise en route est souple. Des notes tendres de bois précieux (cèdre rouge) se mêlent au poivre noir. Cette portée aromatique prononcée s'appuie sur un tirage excellent. Le Cohiba décline alors une belle montée en puissance, allant chercher des notes boisées intenses. Au fil des bouffées, la vitole se fait de plus en plus profonde et enivrante. Végétal et épicé, ce havane sombre marie la nervosité et le confort, ce qui est suffisamment rare pour être souligné ; la ronde aromatique est superbe, légèrement miellée. Il restera goûteux jusqu'au final. Nous saluons le baptême de cette vitole bien née et fort bien tournée. Coup d'essai donc et coup de maître pour ce superbe Magicos, captivant et sensuel. Coup de cœur !

COHIBA MADURO 5

Secretos
110 mm x Ø 15,87 mm • *Petit corona (reyes)*
France : 8,50 € ; Grande-Bretagne : 14,87 € (£10)
Amateurs

Lui aussi nouveau venu, il présente une cape parfaitement sombre et lisse. Le toucher est compact, mais le tirage aisé exprime à cru des notes épicées et boisées. Les premières bouffées sont empreintes de notes de cèdre et de poivre puissamment relevé. La vitole est presque haletante avant de s'arrondir. Au deuxième tiers, servie par un excellent tirage, la palette aromatique évoque le boisé, l'épicé, et le champignon. Elle ne varie pas jusqu'à la fin du deuxième tiers, où le cigare s'avère un peu plus desséchant. Seule ombre au tableau : la vitole a parfois tendance à s'éteindre prématurément. Le final se révèle plein et rassasiant.

Toujours à l'attaque, très nerveux, le *Secretos* est incontestablement une très belle pièce. Sa marge de progression apparaît importante, ce qui augure de jolies surprises.

CUABA

Après avoir marqué le pas l'an passé, Cuaba joue la carte de l'apaisement. Certes, la chute du Salomon – pourtant coup de cœur dans l'édition 2007 – n'est pas une bonne nouvelle. Nous avons cependant grand espoir que cette vitole entreprenante se ressaisisse vite. Les autres produits montrent, pour leur part, une bonne stabilité et beaucoup de tenue dans un marché où désormais les figurados sont bien présents. Dans ce contexte, le pari de Cuaba est déjà gagné : il fallait en effet oser lancer un tel label, exclusivement consacré à un module unique – le figurado – et le décliner en tailles diverses. Des havanes élégants.

CUABA

Le nom Cuaba, venu du dialecte taino, est celui d'un bois réputé pour sa combustibilité. Lancé en novembre 1996 en Angleterre, le label est né d'un pari des dirigeants de Habanos SA : relancer la mode des figurados, très prisés par les Britanniques au XIXe siècle. C'est à Juan Carlos Izquierdo Gonzalez, qui fut *torcedor* pendant quarante-huit ans chez Romeo y Julieta, que fut confié le soin de former les premiers professionnels à cette technique très particulière. En 2002, deux modules imposants, le *Salomon* et le *Diademas*, ont été créés afin de redonner du souffle à une marque si particulière qu'elle peine à s'imposer.

CUABA

Diademas ▲

233 mm x Ø 21,83 mm • *Figurado (diademas)*
France : 19,80 ; Allemagne : 30 € ;
Andorre : 12 € ; Cuba : 11,28 € (14 CUC) ;
Grande-Bretagne : 40,01 € (£26,90) ;
Italie : 21 € ; Suisse : 19,98 € (33 FS)
Amateurs

En chute l'an passé, le *Diademas* n'aura connu qu'une courte saison le purgatoire du havane. Il nous revient donc plutôt en forme, arborant une construction remarquable. Les touches herbacées et légèrement poivrées constatées à cru sont très appétissantes. À l'allumage, la vitole installe un registre crémeux, très suave, où pointent des touches torréfiées. Lentement mais sûrement, la puissance prend ses aises. Le Cuaba se fait alors plus dense, empruntant passagèrement au boisé pour ensuite puiser dans des arômes évoquant le vieux cuir et teintés d'épices. Le final manque certes de relief, le figurado se révélant alors un peu trop linéaire. En dépit d'un prix un peu excessif, saluons ce numéro de charme et d'agrément. Vaut le détour.

CUABA

Distinguidos

162 mm x Ø 20,64 mm • *Figurado (romeo)*
France : 10,50 € ; Allemagne : 15 € ;
Cuba : 6,04 € (7,50 CUC) ;
Grande-Bretagne : 23,20 € (£15,60) ;
Italie : 11 € ; Suisse : 10,60 € (17,50 FS)
Amateurs

Le *Distinguidos* s'est révélé d'une assez bonne facture et plus tonique qu'à son habitude. Ce bon gros figurado est facile à mettre en route en dépit de sa construction étroite. Il développe d'emblée des arômes végétaux puis tourbés et torréfiés (café). La progression est bonne bien que peu évolutive sur le plan gustatif. Le registre du premier tiers se maintient tout au long de la dégustation. Nous noterons toutefois un renforcement de la puissance au sortir du deuxième tiers. Celle-ci, mal canalisée, rend le havane assez rustique et un peu heurté. Une bonne prestation d'ensemble néanmoins pour ce Cuaba bien accroché à ses trois bagues.

CUABA

Divinos
101 mm x Ø 17,07 mm • *Figurado (petit bouquet)*
France : 5,10 € ; Allemagne : 5,50 ; Andorre : 3,46 € ;
Benelux : 5,50 € ; Cuba : 2,74 € (3,40 CUC) ;
Espagne : 4,20 € ; Grande-Bretagne : 9,97 € (£6,70) ;
Italie : 5,20 € ; Suisse : 3,75 € (6,20 FS)
Pour tous

Le *Divinos* chute d'année en année et ne mérite plus vraiment son appellation céleste. Déjà averti l'an passé, il persiste dans la dégradation de ses quelques saveurs boisées, trop pauvres pour réveiller la foi. À mi-parcours, engoncé dans un corps trop comprimé, il renâcle à la combustion et s'entête dans une partition bien trop cérémonieuse. Malgré son habillage agréable à l'œil, on s'aperçoit vite que sa structure interne souffre ces derniers temps de négligence. Il sauve de justesse sa deuxième bague.

CUABA

Exclusivos
145 mm x Ø 18,26 mm • *Figurado (exquisitos)*
France : 7,80 € ; Allemagne : 8 € ; Andorre : 5,68 € ;
Benelux : 8 € ; Cuba : 4,27 € (5,30 CUC) ;
Espagne : 6,95 € ; Grande-Bretagne : 16,66 € (£11,20) ;
Italie : 7,30 € ; Suisse : 5,93 € (9,80 FS)
Pour tous

L'obus, drapé de maduro, conserve ses trois bagues, une notation légèrement généreuse. Les premières bouffées sont amples. Elles portent des arômes boisés et herbacés. La montée en puissance est bien orchestrée, permettant au Cuaba de se débrider enfin au deuxième tiers. Les notes de mousse, de fougère, accompagnées d'une timide pointe de poivre vert constituent la principale tonalité aromatique. Le tirage est bon, mais la vitole manque un peu de chair, de nerf et de richesse. On aimerait cet *Exclusivos* plus dense et entreprenant. Il suffirait sans doute de quelques ajustements pour que ce figurado se distingue et soit réellement plaisant.

CUABA

Generosos
132 mm x Ø 16,67 mm • *Figurado (generosos)*
France : 6,10 € ; Allemagne : 6,70 € ; Andorre : 4,84 € ;
Benelux : 6,40 € ; Cuba : 3,34 € (4,15 CUC) ;
Espagne : 6,05 € ; Grande-Bretagne : 13,24 € (£8,90) ;
Italie : 6 € ; Suisse : 4,60 € (7,60 FS)
Amateurs

Pas de changement pour ce figurado qui a le vent en poupe. Il signe une nouvelle fois une dégustation réussie. Très soigné sur le plan esthétique, ce grand cigare est tout à la fois beau et bon. Une excellente ventilation permet l'expression d'arômes boisés au démarrage. La puissance est discrète mais convenable. Elle dote le havane d'un corps suffisant et n'altère en rien une palette aromatique délicate et déliée. À mi-parcours, des touches de terre humide et de poivres vert et noir viennent à leur tour flatter le palais. Le final est confortable et sympathique, bien que manquant de profondeur. Un compagnon bien sous tous rapports, rarement décevant. À conseiller.

Vitolas de galera

Dans les manufactures cubaines, les havanes sont classés selon leur taille (diamètre, longueur et poids) en 80 catégories. Ce « nom de galère » que les Cubains nomment vitola de galera *est généralement différent du nom de module couramment utilisé par les amateurs. Dans cette édition, nous l'avons ajouté entre parenthèses à côté du vocable courant.*

CUABA

Salomon ▼

184 mm x Ø 22,62 mm • *Figurado (salomon)*
France : 13,50 € ; Allemagne : 20 € ; Andorre : 9,60 € ;
Cuba : 7,73 € (9,60 CUC) ; Grande-Bretagne : 37,19 € (£25) ;
Italie : 17 € ; Suisse : 14,53 € (24 FS)
Amateurs

En hausse ces dernières années – jusqu'à décrocher un coup de cœur dans les pages du *Havanoscope 2007* –, le *Salomon* trébuche cette fois. Coup de pompe ? Cette parenthèse ne devrait pas durer très longtemps au vu des capacités aromatiques de la vitole. Ce grand et gros cigare présente toujours une architecture imposante, un peu lourde. Après un allumage lointain, le figurado déroule des notes herbacées (fougère fraîche) assorties à des nuances de terre humide. Dans le vif du sujet, la vitole déploie un éventail aromatique évoquant le sous-bois, le champignon. Elle est fondue et goûteuse. Hélas ! à mi-fumage, notre géant vacille. Il manque de souffle et de muscle. La puissance, trop en retrait, autorise l'apparition de touches amères malvenues. Où sont la chair et la présence (le cuir des éditions précédentes !) qui faisaient son charme ? Le Cuaba retombe dans son ancien travers : une nonchalance exagérée le prive de ressort et de personnalité. Pas d'inquiétude pour l'instant, le *Salomon* devrait vite revenir dans le peloton de tête.

CUABA

Tradicionales

120 mm x Ø 16,67 mm • *Figurado (favoritos)*
France : 5,40 € ; Allemagne : 5,90 € ; Andorre : 4,08 € ;
Benelux : 5,80 € ; Cuba : 3,06 € (3,80 CUC) ;
Espagne : 5,10 € ; Grande-Bretagne : 11,90 € (£8) ;
Italie : 5,70 € ; Suisse : 4,24 € (7 FS)
Pour tous

À l'inverse du *Divinos*, ce figurado tire cette année son épingle du jeu. Dès l'entame, on note une excellente combustion, qui porte avec brio des arômes torréfiés associés à une dominante sucrée très présente. Bien charpenté, correctement ventilé, il se consume avec autant de franchise que de souplesse. Puissant mais sans excès, il développe ensuite un registre boisé tout en conservant ses saveurs de pain grillé et de moka. Au final, un module aux facettes multiples. À essayer sans faute.

DIPLOMATICOS

Deux modules ont disparu dans cette marque qui cultive une rusticité de bon aloi. Diplomaticos est destiné à ceux qui apprécient le havane old school *: des produits esthétiquement corrects mais jamais bouleversants, une puissance évidente, une empreinte gustative jouant sur le terreux et le boisé simplissime mais efficace. Amateurs de vitoles raffinées ou ultracomplexes, passez votre chemin ! Si, dans l'ensemble, le label se maintient en ordre de marche, sans hauts ni bas, le retrécissement de son catalogue n'est pas un très bon signe.*

DIPLOMATICOS

N° 2

156 mm x Ø 20,64 mm • *Figurado (piramides)*

France : 9,50 € ; Cuba : 4,99 € (6,20 CUC) ;

Grande-Bretagne : 19,48 € (£13,10) ;

Suisse : 7,63 € (12,60 FS)

Pour tous

À cru, ce figurado à la cape sombre et peu engageante livre des notes de café. Le démarrage, confortable, porte des touches de poussière de bois. Par la suite, la tonalité se fait nettement plus herbacée. La puissance est limitée, parfois un peu trop courte. Le volume de fumée est pourtant abondant, portant quelques saveurs (trop rares) de chocolat et d'épices. Une pièce trop poussive qui peut aller jusqu'à empâter le palais. Le *N° 2* aurait-il définitivement oublié les bonnes manières qu'il arborait naguère ?

DIPLOMATICOS

N° 4

129 mm x Ø 16,67 mm • *Petit corona (marevas)*
France : 5,40 € ; Cuba : 2,78 € (3,45 CUC) ;
Grande-Bretagne : 10,26 € (£6,90) ;
Suisse : 4,36 € (7,20 FS)
Pour tous

Il avait retrouvé l'an passé le milieu de tableau. Il confirme cette année ses bonnes dispositions. Nous retrouvons un petit corona correctement fabriqué. Facile à mettre en route, offrant un tirage agréable, il délivre des arômes boisés, de terre humide et quelques épices. Un cigare rond et avenant, même si le troisième tiers et les ultimes bouffées pèchent toujours par un manque de rigueur et d'équilibre. Une pièce modeste mais sincère et dotée d'un bon rapport qualité/prix.

DIPLOMATICOS

N° 5 ▼

102 mm x Ø 15,87 mm • *Très petit corona (perlas)*
France : 4,20 € ; Cuba : 2,30 € (2,85 CUC) ;
Grande-Bretagne : 8,18 € (£5,50) ;
Suisse : 3,39 € (5,60 FS)
Amateurs

Très difficile à trouver, le *N° 5* est-il aussi, comme le *N° 1* et le *N° 3*, destiné à disparaître ? Cela expliquerait le manque de soin évident mis à la fabrication de cette vitole. De plus en plus agressif, de moins en moins expressif, ce très petit corona n'a pas le vent en poupe. Ses arômes terreux et épicés sont écrasés par une puissance trop brutale et incohérente. Le final est totalement déstructuré. Une vitole (et une marque ?) en perdition.

Les havanes sont, dans leur grande majorité, faits à la main. Lorsqu'il s'agit de cigares faits à la machine, nous le précisons.

EL REY DEL MUNDO

Il n'y a pas le feu à la maison El Rey del Mundo – rompue à une certaine irrégularité –, mais le paysage n'est pas très réjouissant. Nous avons trouvé une marque généralement à la baisse, livrant des produits moins expressifs et moins denses qu'à l'habitude. Il s'agit probablement d'un passage à vide, mais l'alerte se vaut d'être soulignée et dûment enregistrée. Nous ne pouvons que regretter le manque d'entrain de cigares comme le Choix Suprême *– pourtant coup de cœur 2007 –, du classique* Regios *ou encore de l'inoxydable* Gran Corona. *À croire que le label a négligé tous ses produits phares pour s'endormir sur ses feuilles de cape. Réveil nécessaire !*

EL REY DEL MUNDO

Choix Suprême ▼

127 mm x Ø 19,05 mm • *Robusto (hermosos N° 4)*

France : 7,70 € ; Allemagne : 8,70 € ; Andorre : 5,10 € ; Cuba : 3,99 € (4,95 CUC) ; Espagne : 6 € ; Grande-Bretagne : 14,87 € (£10) ; Italie : 7,80 € ; Suisse : 6,30 € (10,40 FS)

Pour tous

Il faisait partie des coups de cœur de l'édition du *Havanoscope 2007* grâce à un numéro de charme et de hardiesse auquel, il est vrai, nous n'étions guère habitués de sa part. Il s'est montré un peu moins éblouissant cette année, comme s'il souhaitait refermer – trop vite – son exceptionnelle parenthèse. Sa notation étant déjà jugée « généreuse » l'an passé, nous avons choisi de le recentrer, essentiellement en raison d'une construction parfois défaillante sur certains exemplaires testés. Sinon, le démarrage reste un remarquable moment de cette vitole : la présence aromatique est immédiate et prometteuse. Les touches herbacées se mêlent au poivre vert et à de subtiles touches de pain grillé. Par la suite, souvent à cause de défauts de fabrication, la dégustation devient plus hasardeuse. En revanche, quand le *puro* est en forme, il exhale d'opulentes notes de bois de santal, d'épices, de terre et de cuir. Un sympathique robusto. Dommage que l'architecture ne soit pas toujours à la hauteur.

EL REY DEL MUNDO

Coronas de Luxe

142 mm x Ø 16,67 mm • *Corona (coronas)*
France : 7,10 € ; Andorre : 4,40 € ;
Cuba : 3,67 € (4,55 CUC) ;
Espagne : 5,50 € ; Suisse : 5,45 € (9 FS)
Pour tous

Ce Rey aurait-il choisi de végéter en milieu de classement ? La cape, un peu trop sèche, offre un toucher rugueux. À l'allumage, les arômes demeurent discrets, mais la fumée est légèrement agressive. Le havane distille des touches de poussière de terre et de bois. Par la suite, les arômes boisés et grillés s'installent paisiblement. L'astringence du départ s'efface pour faire place à de plaisantes notes de fougère fraîche. Grâce à une combustion régulière et souple, le corona se consume dans un environnement olfactif de fruits secs et de café torréfié. La vitole se réveille tout à fait en fin de dégustation jusqu'à devenir presque rassasiante. Une pièce imparfaite mais honnête qui garde son meilleur pour la fin.

EL REY DEL MUNDO

Demi-Tasse

100 mm x Ø 11,91 mm • *Mini-panatella (entreactos)*
France : 2,90 € ; Allemagne : 3 € ; Cuba : 1,37 € (1,70 CUC) ;
Espagne : 1,75 € ; Grande-Bretagne : 5,80 € (£3,90) ;
Suisse : 2,42 € (4 FS)
Pour tous

Nous l'avions célébré l'an passé pour son excellent rapport qualité/prix, et nous lui adressons cette année nos félicitations pour sa constance et son opiniâtreté. Toujours aussi bien construit, ce « Roi du Monde » décline avec virtuosité deux gammes aromatiques de sous-bois et d'étable très complémentaires, associées à une combustion sans faille. Compte tenu de sa petite taille, il lui faut beaucoup de présence et de charisme dès l'entame pour emporter l'adhésion et la conserver jusqu'au final. Ce qu'il réussit brillamment, se payant le luxe d'ajouter des digressions toastées et caramélisées.

EL REY DEL MUNDO

Gran Coronas ▼

143 mm x Ø 18,26 mm • *Corona gorda (coronas gordas)*
France : 8 € ; Cuba : 4,03 € (5 CUC) ;
Grande-Bretagne : 15,92 € (£10,70)
Pour tous

Moins d'allant et de dynamisme pour ce Rey del Mundo qui présentait jusqu'ici un numéro bien réglé et équilibré. Il nous est apparu moins soigné qu'à l'habitude, avec une cape un peu lâche et sèche. L'attaque est légère, livrant de fugaces arômes boisés. Malheureusement, le havane manque vite et cruellement de nerf et de relief. Les notes terreuses et chocolatées sont à peine ébauchées. Elles ne peuvent s'installer car la puissance, trop limitée, prive le cigare de vraie structure. Le fumage est aride, un peu desséchant, et la fumée évanescente.

EL REY DEL MUNDO

Grandes de España

192 mm x Ø 15,08 mm • *Grand panatella (delicados)*
France : 9,40 € ; Allemagne : 9,30 € ;
Andorre : 5,62 € ; Cuba : 4,75 € (5,90 CUC)
Amateurs et amateurs confirmés

Ce grand panatella avait perdu l'an passé sa cinquième couronne. Il ne parvient pas à la retrouver cette année, même si la prestation fut de haute volée : de petites imperfections (feuilles de cape manquant de soin ou insuffisamment fermentées) ont pesé dans la balance. L'allumage reste facile pour ce *Grandes de España* : il livre une légère amertume, puis se recentre sur des notes de fruits secs (amande, noisette, cacahuète) assorties aux épices (poivre vert). Le tout est engageant et odorant, porté par une combustion facile. Au fil des bouffées, le havane se fait toujours plus crémeux et chocolaté. Il est suave et bien rond. Le tirage sera parfait jusqu'à l'extinction : la longueur en bouche est évidente, les arômes subtils et suaves à la fois. Une très belle fabrication cubaine. Mérite le détour. Bien parti pour rejoindre l'élite.

EL REY DEL MUNDO

Lonsdales

165 mm x Ø 16,67 mm • *Lonsdale (cervantes)*
France : 7,70 € ; Cuba : 4,15 € (5,15 CUC) ;
Grande-Bretagne : 15,62 € (£10,50) ;
Suisse : 6,54 € (10,80 FS)
Pour tous

Ce cigare maintient une position en dessous de la moyenne. À l'œil, la vitole n'est guère aguichante dans une cape terne et nervurée. Les premières bouffées, terreuses et boisées, se teintent d'acidité. Déjà, l'absence de puissance se fait sentir. Le cigare est trop vite linéaire et offre une palette aromatique bien sommaire. Quelques notes de café torréfié se perdent et s'évanouissent. Aucun miracle ne se produit jusqu'à l'extinction. Dommage que ce Rey del Mundo soit aussi délaissé à Cuba. Il pourrait, avec un peu plus d'attention, figurer dans une moyenne convenable.

EL REY DEL MUNDO

Lunch Club

116 mm x Ø 15,87 mm • *Petit corona (franciscanos)*
France : 4,60 € ; Allemagne : 4,60 € ;
Cuba : 2,74 € (3,40 CUC)
Pour tous

De meilleure humeur que l'an passé, ce petit corona se taille une place honorable parmi les modules à puissance limitée.

Son spectre aromatique simple et direct se compose essentiellement d'effluves d'humus et de mousse, complétés par des poussées balsamiques bien sensibles. L'évolution gustative en reste là, mais la dégustation acquiert une certaine rondeur, qui n'est pas désagréable au palais. Même si certains pourront lui reprocher son manque de coffre, nous notons sa bonne tenue générale et l'accueillons avec bienveillance. Les débutants l'apprécieront.

EL REY DEL MUNDO

La marque aurait été créée dès 1848 par Emilio Ohmstedt, un négociant allemand qui fut aussi à l'origine du label Sancho Panza. Dès 1882, en tout cas, elle est la propriété d'Antonio Allones – le frère de Ramon. Ambitieux, il veut se faire connaître autant par la qualité que par les prix (très élevés) de ses produits. Un tantinet mégalomane, il rêve pour son label d'être le « roi du monde », celui qui peut se faire tirer sur les cinq continents par des animaux aussi divers qu'un éléphant, un chameau, un bélier, un âne et un cheval couronné de plumes multicolores. Vision mirobolante de la puissance, la *vista* accompagnera l'ascension fulgurante de la marque. Après avoir participé au Front du refus de 1905 qui s'oppose aux Américains, Antonio Allones cédera le label aux frères Diaz, qui le vendront en 1918 à une compagnie nord-américaine.
El Rey del Mundo Cigar Company possédait aussi Rafael Gonzalez et Sancho Panza.
Jusqu'à la fin des années 1970, la popularité et le prestige de la marque seront à leur apogée. Malgré la tendance récente à préférer les havanes plus corsés et rassasiants, El Rey del Mundo demeure un des grands noms du cigare cubain.

EL REY DEL MUNDO

Petit Coronas ▲

129 mm x Ø 16,67 mm • *Petit corona (marevas)*

France : 5,80 € ; Andorre : 3,55 € ; Cuba : 2,82 € (3,50 CUC) ; Grande-Bretagne : 11,30 € (£7,60) ; Suisse : 4,60 € (7,60 FS)

Pour tous

Depuis longtemps « modeste et discret », ce *Petit Coronas* joue la carte d'une excellente régularité. Il est très facile à fumer, très abordable sur le plan du prix et plutôt bien fagoté. Autant de petites qualités qui méritent un coup de pouce et lui valent une promotion à trois bagues ! Certes, la notation est sans doute généreuse, mais la vitole, qui a perdu de son amertume, délivre d'emblée des touches d'herbe humide très plaisantes. Celles-ci s'enchaînent méthodiquement, enrichies à mi-parcours par des notes tourbées et boisées, puis par des senteurs de café torréfié. Une dégustation rassurante, placide et confortable. Un havane de petit temps ou de pêche à la ligne.

EL REY DEL MUNDO

Tainos

178 mm x Ø 18,65 mm • *Churchill (julieta 2)*

France : 12 € ; Andorre : 8,80 € ; Cuba : 6,36 € (7,90 CUC) ; Grande-Bretagne : 22,16 € (£14,90)

Pour tous

Pas de changement pour ce churchill élégamment habillé d'une cape chocolat. La vitole est souple et soyeuse. La mise en route est facile : les premières bouffées sont très rondes et vite moelleuses. L'ouverture se joue sur des notes boisées, légèrement chocolatées et épicées. Le cigare est fin et distingué et se fait progressivement crémeux au deuxième tiers. Nous avons alors affaire à un havane gourmand et raffiné. Bien que la corpulence soit un peu plus affirmée que l'an passé, la vitole manque un peu de persistance aromatique et de longueur en bouche. Bonne prestation dans l'ensemble. Le *Tainos*, jugé trop incohérent dans l'édition 2007 du *Havanoscope*, s'est nettement ressaisi.

FONSECA

Pas de changement pour ce label consacré à des produits bon marché et aromatiquement modestes. Fonseca se maintient dans ce secteur où la concurrence est rude. La marque, bien que vieillotte et nullement inventive, conserve l'affection d'une clientèle fidèle. Le catalogue dispense donc, saison après saison, des produits parfaitement interchangeables, sans envergure particulière et passe-partout. Cigares anonymes, certes, mais prix cassés.

FONSECA

Fondée en 1891 par Francisco Fonseca, la marque était fabriquée dans une petite manufacture située rue Dragones à La Havane. Elle a été chantée par le poète Federico García Lorca : « J'irai à Santiago avec la tête blonde d'un Fonseca... » On doit à Francisco Fonseca l'habillage du cigare dans une fine feuille de papier Japon et son logement en tube individuel. Il eut aussi l'idée de créer une salle de dégustation dans sa manufacture pour tester les mélanges choisis par ses clients. Fonseca s'était aussi spécialisée dans la confection de cigares pour banquets, réceptions, clubs, etc.

FONSECA

Cosacos

135 mm x Ø 16,67 mm • *Corona (cosacos)*

France : 4 € ; Allemagne : 4,20 € ; Andorre : 2,56 € ; Cuba : 2,46 € (3,05 CUC) ; Espagne : 3,40 € ; Grande-Bretagne : 12,20 € (£8,20) ; Suisse : 3,63 € (6 FS)

Pour tous

Déception avec ce corona, qui pèche par manque de rigueur de construction. On l'attendait rond et bien ventilé, il s'avère laborieux à la combustion et désordonné dans sa proposition gustative : trop terreux à l'entame, il vire rapidement vers l'acide. Malgré quelques effluves balsamiques pointant ici ou là, il persiste trop longtemps dans une ligne gustative très fruste. Même si son final s'améliore, ce qui le sauve d'une rétrogradation, le module mérite un avertissement.

FONSECA

Delicias ▼

123 mm x Ø 15,87 mm • *Petit corona (standard)*
France : 2,30 € ; Allemagne : 3,25 € ;
Andorre : 1,48 € ; Cuba : 1,41 € (1,75 CUC) ;
Espagne : 1,95 € ; Italie : 2,70 € ;
Suisse : 1,94 € (3,20 FS)
Pour tous

Un trop faible agrément et une constitution décidément trop fluette renvoient ce havane dans les profondeurs du classement. Toujours construit de façon correcte et facile à allumer, le *Delicias* délivre des arômes boisés très fugaces au démarrage. Vaguement herbacé ensuite, il n'exhale qu'une fumée évanescente, bien peu consistante. La puissance augmente, certes, à l'amorce du troisième tiers mais ne permet pas au Fonseca de se réveiller. Il demeure inexpressif et fade. Un petit corona mutique.

FONSECA

Fonseca N° 1

162 mm x Ø 17,07 mm • *Lonsdale (cazadores)*
France : 5,70 € ; Allemagne : 7,15 € ;
Andorre : 3,56 € ; Cuba : 3,26 € (4,05 CUC) ;
Espagne : 4,60 € ; Grande-Bretagne : 15,92 € (£10,70) ;
Italie : 6 € ; Suisse : 4,48 € (7,40 FS)
Pour tous

Malgré un aspect tristounet et une combustibilité laborieuse à l'entame (corps trop serré), ce lonsdale s'ouvre assez vite sur d'agréables notes de cèdre. Dans l'évolution, la dominante boisée persiste et la montée en puissance est sensible. Avec une force bien tempérée, une structure interne soignée et un bon rapport qualité/prix, ce module honorable séduira les palais néophytes.

FONSECA

Invictos

134 mm x Ø 17,86 mm • *Figurado (especiales)*

France : 3,90 € ; Cuba : 2,26 € (2,80 CUC)

Pour tous

Plus heureux que son frère « cosaque » mais moins bien capé que par le passé (son enveloppe de papier blanc masque quelques défauts), ce module rustique conserve des qualités aromatiques certaines : notes de terre humide et d'humus, pointes de résine assez sensibles. Comme la combustion ronronne et que la force mesurée n'est jamais lassante, on se prend à l'apprécier pour ce qu'il est : un cigare sans grand panache mais honnête dans son évolution.

FONSECA

KDT Cadetes

115 mm x Ø 14,29 mm • *Petit panatella (cadetes)*

France : 2,40 € ; Allemagne : 3,10 € ; Andorre : 1,40 € ; Cuba : 1,37 € (1,70 CUC) ; Espagne : 1,85 € ; Grande-Bretagne : 7,29 € (£4,90) ; Italie : 2,50 €

Pour tous

Nous retrouvons ce *KDT Cadetes* aussi volontaire que par le passé : bien fagoté, régulier au toucher, il se laisse enflammer avec allant, délivrant d'avenantes senteurs de feuilles et de bois de cèdre. Une fumée moelleuse tapisse agréablement le palais. Malheureusement, la puissance demeure bridée, et on reprochera à ce petit cigare une deuxième partie trop terne sur le plan gustatif (de très fugaces pointes épicées). Un rapport qualité/prix qui n'est cependant pas dénué d'intérêt.

GUANTANAMERA

Aucun mouvement perceptible autour de Guantanamera. La marque, à son lancement en 2003, nous avait étonnés par sa hardiesse et le soin apporté à ses cigares. Le paysage est moins flamboyant aujourd'hui, mais le label revendique sa modestie : des cigares très bon marché, sans grande envergure aromatique.

GUANTANAMERA

Disponible depuis 2003, cette marque cubaine récente s'adresse d'abord aux débutants. Il s'agit de cigares faits à la machine (dans l'usine ICT de La Havane) et composés d'une tripe courte. Les tabacs proviennent de la Vuelta Arriba (régions d'Oriente et de Remedios), le « second » terroir des havanes. Prédécoupés, aisés à transporter, très bon marché, ces havanes très accessibles connaissent un grand succès.

GUANTANAMERA

Compay

123 mm x Ø 15,87 mm • *Petit corona (standard)*

Allemagne : 1,28 € ; Grande-Bretagne : 4,19 € (£2,82) ; Italie : 1,10 €

Fait à la machine • Pour tous

Le corps de ce petit corona manque singulièrement de fermeté, et la cape est grossière. À l'allumage, il développe une puissance de frappe limitée. Les arômes, essentiellement herbacés (fougère mouillée), se mettent en place. Ils ne vont guère évoluer, même si un peu de poussière de bois fait son apparition. La puissance se renforce, entraînée par un tirage trop facile, presque lâche. La fin de dégustation n'est pas très harmonieuse. Elle peut même se révéler pâteuse. Un havane petit prix, monotone, mais aisé à fumer.

GUANTANAMERA

Cristales

150 mm x Ø 16,27 mm • *Grand corona (cristales)*

France : 1,50 € ; Allemagne : 1,75 € ; Benelux : 1,70 € ;
Grande-Bretagne : 6,54 € (£4,40) ;
Italie : 1,80 € ; Suisse : 1,76 € (2,90 FS)

Fait à la machine • Pour tous

Pas de changement pour ce havane un peu déconcertant. Malgré une présentation originale (tube transparent), il se révèle sans grande vigueur une fois en bouche. Décidément, l'habit ne fait pas le havane ! Une fois allumé, il délivre un peu d'amertume au démarrage, puis il zigzague entre le boisé et l'herbacé sans réelle conviction. Ce cigare manque toujours d'ossature, de chair et de profondeur. Il se laisse déguster facilement mais n'offre qu'un plaisir limité. Attention au final qui a souvent tendance à se déliter. Prix modique.

GUANTANAMERA

Decimos

134 mm x Ø 15,08 mm • *Corona (universales)*

France : 1 € ; Allemagne : 1,28 € ; Benelux : 1,12 € ;
Italie : 1,10 € ; Suisse : 1,15 € (1,90 FS)

Fait à la machine • Pour tous

Le *Decimos* ne parvient pas à décoller. Sa prestation n'est pas infâmante mais largement insuffisante. Sur le plan esthétique, le havane conserve une allure pauvre et peu soignée. La mise en route, très placide, offre un bouquet aux saveurs ultralimitées : poussière de terre et de bois. La puissance, faible, ne parvient pas à provoquer de sursaut gustatif. Le final est terne et sans relief. Une pièce quasiment fantomatique.

Les prix donnés pour le Benelux valent pour la Belgique et les Pays-Bas. Pour le Luxembourg, compter 5 % de moins en moyenne.

Pour chaque cigare, nous mentionnons les pays où on le trouve et à quels prix. Quand un pays n'est pas mentionné, cela signifie en principe que le havane n'y est pas officiellement commercialisé.

GUANTANAMERA

Minutos

105 mm x 15 mm • *Petit panatella (minutos)*

France : 0,90 € ; Allemagne : 1 € ;
Italie : 1 € ; Suisse : 1,09 € (1,80 FS)

Fait à la machine • Pour tous

Ce *Minutos* au tout petit prix est un nouveau venu dans les pages du *Havanoscope*. Drapé de colorado claro, il entre tout de go dans le match, avec un peu d'agressivité. Très rapidement (heureusement !), il revient à de meilleurs sentiments pour s'exprimer dans un registre floral. Ce havane fait à la machine avoue un tirage parfait de bout en bout en dépit de son calibre. Si son équilibre est précaire – la force étant toujours prête à monter en régime –, le *Minutos* parvient tout de même à dispenser jusqu'au bout des arômes sympathiques, un brin torréfiés au final.

GUANTANAMERA

Puritos

106 mm x Ø 11,51 mm • *Mini-panatella (chicos)*

France : 0,56 € ; Allemagne : 0,65 € ;
Grande-Bretagne : 2,07 € (£1,39) ;
Suisse : 0,61 € (1 FS)

Fait à la machine • Pour tous

Il joue depuis longtemps, non sans adresse, la carte de la stabilité. Nous retrouvons avec ce *Puritos* fait machine une fumée de bon aloi, maigrelette mais plutôt sympathique. Une fois encore, nous sommes très loin de la qualité d'un grand havane, mais le bon volume de fumée et un tirage facile et harmonieux font passer la pilule. Au cours du fumage, ce Guantanamera délivre des arômes sans surprise de bois et de terre humide. Une dégustation étroite, sans profondeur, mais honnête. Le petit prix et une fabrication régulière jouent toutefois en sa faveur.

H. UPMANN

Avec trois vitoles ayant obtenu cinq bagues, le label H. Upmann continue à dispenser rigueur, méthode et régularité. La marque reste stable dans l'ensemble. Ses produits haut de gamme – Sir Winston, Connoisseur N° 1, Magnum 46 *– défendent toujours avec panache des valeurs et des caractéristiques affirmées : complexité et richesse aromatiques, puissance maîtrisée, longueur en bouche. Nous saluons une telle constance pour ces pièces classiques mais étonnamment modernes et parfaitement indémodables. Un label très attractif.*

H. UPMANN

Connoisseur N° 1

127 mm x Ø 19,05 mm • *Robusto (hermosos N° 4)*

France : 8,50 € ; Allemagne : 8 € ;

Andorre : 5,92 € ; Cuba : 4,11 € (5,10 CUC) ;

Grande-Bretagne : 17,11 € (£11,50) ;

Italie : 8,40 € ; Suisse : 6,42 € (10,60 FS)

Amateurs et amateurs confirmés

Ce splendide robusto figurait en 2007 parmi nos coups de cœur. Pour notre plus grand bonheur, il nous revient inchangé. Cette pièce capée de maduro, tendre et soyeuse à souhait, s'impose par son brio et son équilibre. Dès l'allumage, le *Connoisseur* déploie une excellente force de frappe. Le démarrage est franc, direct, porteur d'effluves boisés frais et nets. Les bouffées sont pleines, denses, et se teintent rapidement de pointes épicées. La puissance est évidente mais joliment orchestrée. Dès le deuxième tiers, les touches poivrées laissent place aux arômes de moka torréfié puis de pain grillé. Ce solide cigare affiche une indéniable rondeur au cours d'un dernier tiers délectable. Nous saluons sa générosité et ce final royal qui semble être sa marque de fabrique. Un superbe havane.

H. UPMANN

Coronas Junior
115 mm x Ø 14,29 mm • *Petit panatella (cadetes)*
France : 3,40 € ; Allemagne : 3,75 € ;
Andorre : 2,36 € ; Cuba : 1,73 € (2,15 CUC) ;
Grande-Bretagne : 7,59 € (£5,10) ; Italie : 4 €
Pour tous

Bienvenue à ce petit panatella, qui présente bien une fois sorti de son tube d'aluminium mais ne fait pas dans la dentelle à l'allumage. Agressif et cuisant au palais, il s'assagit heureusement assez vite et offre un court mais intéressant voyage au pays des essences balsamiques : bois de cèdre, écorce de chêne, encens et même quelques pointes de réglisse se disputent tout au long du fumage la primauté du goût. Cette richesse thématique offre un intérêt particulier à ce module, assez faible en puissance mais plutôt rond et bien structuré.

H. UPMANN

Coronas Major
132 mm x Ø 16,67 mm • *Corona (eminentes)*
France : 5,30 € ; Allemagne : 5,20 € ;
Andorre : 3,15 € ; Cuba : 2,50 € (3,10 CUC) ;
Grande-Bretagne : 14,13 € (£9,50) ;
Suisse : 5,09 € (8,40 FS)
Amateurs

Un cigare parfaitement construit et équilibré. Son registre d'encens très marqué, couplé à une dominante boisée soutenue, assure à l'ensemble une excellente persistance aromatique. Au troisième tiers, la force s'intensifie et favorise l'émergence de saveurs épicées et torréfiées. Quelques pointes d'amertume au final ont failli le faire descendre d'une marche mais, eu égard à sa très bonne tenue générale, nous avons choisi de l'encourager en lui réitérant toute notre confiance.

H. UPMANN

Coronas Minor

117 mm x Ø 15,87 mm • *Petit corona (coronitas)*

France : 3,60 € ; Allemagne : 4,50 € ;
Andorre : 2,56 € ; Cuba : 2,26 € (2,80 CUC) ;
Grande-Bretagne : 12,35 € (£8,30)

Pour tous

Ce petit corona mérite notre indulgence grâce à un rapport qualité/prix attractif : mieux charpenté et plus nerveux que dans la dernière dégustation du *Havanoscope*, il développe très vite des arômes de terre remuée et de poivre noir. Mariant avec aisance le végétal et l'épicé, il évolue vers plus de rondeur à mi-parcours et règle son curseur de puissance en position moyenne. Même si le final n'est pas à la hauteur, l'ensemble mérite quelques encouragements.

H. UPMANN

Epicures ▼

110 mm x Ø 13,89 mm • *Demi-tasse (epicures)*

France : 2,50 € ; Andorre : 1,80 € ; Cuba : 1,49 € (1,85 CUC) ;
Espagne : 2,25 € ; Suisse : 2,06 € (3,40 FS)

Pour tous

Négligemment enveloppé dans une cape nervurée très irrégulière, ce demi-tasse confirme l'impression mitigée qu'il avait laissée l'an passé. Rien à dire pourtant de sa combustibilité et de son tirage, toujours aussi agréables. Mais quelle platitude aromatique pour une marque dont les fleurons flirtent souvent avec la perfection ! Le brûlé le dispute à la poussière, le terreux à l'âcre jusqu'aux deux tiers. Heureusement, d'inespérés effluves animaux sauvent le final de la sècheresse. C'est insuffisant pour lui éviter une rétrogradation dans notre classement.

H. UPMANN

L'aventure de ce label a commencé à Brême, en Allemagne, d'où sont originaires les deux frères, August et Hermann Upmann (ou Hupmann, les avis divergent). Ils arrivèrent à Cuba en 1843 pour fonder une fabrique l'année suivante dans un modeste local de la rue San Miguel. Ayant de puissants intérêts dans la banque, les Upmann emménagent en 1891 dans un nouvel édifice situé au confluent des rues les plus fréquentées de La Havane. 200 ouvriers y travaillaient. Jusqu'en 1924, la marque et la société sont gérées par la famille, qui se voit alors obligée de s'en dessaisir au profit d'une firme anglaise, Frankau SA. En 1937, elle est rachetée par les frères Menéndez y Garcia qui réorganisent la manufacture et notamment y installent la marque Montecristo qu'ils viennent de créer. Ce sont eux qui construiront rue Amistad, en 1944, l'édifice occupé jusqu'en octobre 2003 par la fabrique. Depuis, celle-ci a déménagé dans le quartier du Vedado. Elle occupe dorénavant le bâtiment réhabilité de l'ancienne fabrique de cigarettes Partagas.

H. UPMANN

Magnum 46

143 mm x Ø 18,26 mm • *Corona gorda (coronas gordas)*
France : 11 € ; Allemagne : 9,30 € ; Andorre : 6,32 € ;
Benelux : 9,70 € ; Cuba : 4,87 € (6,05 CUC) ;
Espagne : 7,90 € ; Grande-Bretagne : 18,89 € (£12,70) ;
Italie : 10,50 € ; Suisse : 7,63 € (12,60 FS)
Amateurs et amateurs confirmés

Coup de cœur dans le *Havanoscope 2007*, le *Magnum 46* réédite son coup de force : dégustation superbe et complexe, arômes enivrants et subtils, équilibre, longueur en bouche... Nous avons sans doute affaire ici au meilleur corona gorda du moment. À l'œil, la vitole séduit par ses dimensions parfaites, suggérant puissance et finesse. À cru, elle exprime des senteurs animales évoquant le musc et l'étable. Le tirage s'annonce excellent. Le démarrage est remarquable : la force est au rendez-vous mais à un bon niveau, sans brutalité intempestive. La mise en route est alors rapide et confortable. Par la suite, le *Magnum 46* jongle avec un florilège d'arômes : poivre vert, bois, cuir tanné, amande grillée, pain toasté et touches de cacao se succèdent à un rythme impeccablement cadencé. La progression est excellente, la puissance idéalement dosée. Nous ne saurions trop vous recommander cette pièce maîtresse du répertoire cubain. Elle est plus que jamais dans le coup.

H. UPMANN

Magnum 50 – Édition limitée 2005

160 mm x Ø 19,84 mm • *Grand robusto (magnum)*

France : 18,50 € : Cuba : 8,46 € (10,50 CUC) ;

Grande-Bretagne : 28,41 € (£19,10)

Amateurs et amateurs confirmés

Saluons immédiatement l'allure de ce H. Upmann inédit. La cape maduro presque oscuro est grasse et nervurée. Les proportions sont élégantes et vives. Le cigare, qui respire l'authentique et le terroir, en est presque cinématographique. Il faut ajouter à ce visionnage la superbe bague (elle sera vite « collector ») frappée de la mention « *Magnum 50* ». À l'allumage, le havane libère une force vive et entreprenante. Mais celle-ci s'arrondit bien vite, et le H. Upmann délivre alors un excellent bouquet boisé/épicé, présent tout au long de la dégustation. Au fil des bouffées, des touches giboyeuses et grillées se mêlent à la palette gustative, accompagnées de notes de café torréfié. L'ensemble est porté par une force évidente mais jamais agressive, même si certains la trouveront un peu trop marquée. Le cigare affiche beaucoup d'équilibre et une excellente combustion. Notons cependant une certaine linéarité et des arômes, certes denses et luxuriants, mais qui manquent un peu d'épaisseur et de complexité. Incontestablement, cette édition limitée vaut le détour. Un havane rare et luxueux. [Dégustation publiée dans le *Havanoscope 2006*]

H. UPMANN

Majestics

140 mm x Ø 15,87 mm • *Corona (cremas)*

France : 3,50 € ; Allemagne : 3,90 € ; Benelux : 3,70 € ; Cuba : 1,85 € (2,30 CUC) ; Italie : 3,70 €

Pour tous

Contrairement à son petit frère *Epicures*, cette vitole est en forme : avec sa cape colorado claro lisse et grasse, son allumage enjoué et des senteurs de sous-bois et de cèdre appuyées, le module met le dégustateur dans d'excellentes dispositions. Il confirme l'impression plus loin, en apportant de nouvelles touches aromatiques : fruits secs, pain grillé, puis café. Une véritable palette, soutenue par un tirage aisé et harmonieux. La puissance, ni en retrait, ni agressive, favorise un final tout en souplesse. Bravo donc à ce *Majestics*, qui a frôlé les trois bagues.

H. UPMANN

Monarcas

178 mm x Ø 18,65 mm • *Churchill (julieta 2)*

France : 12,30 € ; Allemagne : 10,60 € ; Andorre : 8,28 € ; Cuba : 6,69 € (8,30 CUC) ; Suisse : 10,41 € (17,20 FS)

Amateurs et amateurs confirmés

Il avait chuté l'an passé et demeure arrimé à ses quatre bagues dans cette édition 2008. Moins riche et virevoltant que par le passé, ce havane n'en demeure pas moins une pièce de choix. Nous l'avons trouvé robuste et rassasiant, usant comme à son habitude de sa vigueur. Toujours élégant au premier coup d'œil (cape colorado lisse et finement grainée), le *Monarcas* est facile à mettre en route. Il se cale rapidement sur des arômes primaires faciles à discerner (bois précieux et épices). Par la suite, il emprunte à des saveurs terreuses et torréfiées (présence constante de moka). Les touches de cuir le rendent délibérément macho. Ce H. Upmann, on l'a compris, ne fait pas dans la dentelle. On aime cette virilité et cette tonicité. Un havane classique et dense, toujours très en forme.

H. UPMANN

Petit Coronas

129 mm x Ø 16,67 mm • *Petit corona (marevas)*
France : 6,30 € ; Allemagne : 5,70 € ; Andorre : 3,52 € ; Benelux : 6,40 € ; Cuba : 3,06 € (3,80 CUC) ; Espagne : 4,40 € ; Grande-Bretagne : 12,05 € (£8,10) ; Suisse : 4,72 € (7,80 FS)
Amateurs

Accident ou indicateur de tendance, ce module triplement bagué l'an passé subit une lourde chute : construction bâclée, mauvaise maturation des feuilles ? Difficile à dire *a priori*, mais le résultat est là : la combustion est très aléatoire et le tirage catastrophique. Pourtant, nous nous souvenons encore de ses riches saveurs de bois précieux et de moka qui révélaient une très belle personnalité. Las, le module n'est plus aujourd'hui que l'ombre de lui-même, et nous tirons vigoureusement la sonnette d'alarme.

H. UPMANN

Regalias

129 mm x Ø 16,67 mm • *Petit corona (petit coronas)*
France : 3,30 € ; Allemagne : 4,10 € ; Andorre : 2,67 € ; Cuba : 1,97 € (2,45 CUC) ; Italie : 3,70 €
Pour tous

Toujours aussi accessible, le *Regalias* ne quitte guère un registre boisé/terreux. Peu corpulent, doté d'une puissance ronronnante, il se consume agréablement, sans tambour ni trompette. Un soupçon de poivre et quelques fragrances de champignon animent la dégustation jusqu'à un final où le boisé revient en force. Linéaire mais sans désagrément, un H. Upmann parfaitement correct et régulier.

Les havanes sont, dans leur grande majorité, faits à la main. Lorsqu'il s'agit de cigares faits à la machine, nous le précisons.

H. UPMANN

Sir Winston

178 mm x Ø 18,65 mm • *Churchill (julieta 2)*
France : 17 € ; Allemagne : 16 € ;
Andorre : 10,60 € ; Benelux : 18,90 € ;
Cuba : 9,02 € (11,20 CUC) ; Espagne : 12,10 € ;
Grande-Bretagne : 31,09 € (£20,90) ;
Italie : 18 € ; Suisse : 13,93 € (23 FS)
Amateurs et amateurs confirmés

Indétrônable, le *Sir Winston* continue à regarder de haut le monde du havane. À croire qu'il est impossible pour une telle pièce de démériter. Le voilà à nouveau tel qu'en lui-même : régulier, rigoureux, profond et complexe. Sa présentation est ultraclassique avec une cape impeccable, bien posée, lisse et fine. En bouche, il décline sans ostentation et sur un rythme placide des arômes de bois précieux (cèdre rouge). Viennent vite des touches terreuses et torréfiées, miellées et poivrées, de champignon et de fougère. Le secret du *Sir Winston* est probablement là : faire cohabiter (presque) toutes les senteurs du havane. Il en résulte une fumée moelleuse, longue et suave. Le cigare est à la fois dense et aromatique, puissant et distingué quand il touche à la rondeur chocolatée du deuxième tiers. Un immense cigare.

Signification des bagues

1. *Médiocre*
2. *Moyen*
3. *Bon*
4. *Excellent*
5. *Exceptionnel*

À côté des bagues, une flèche montante ▲ indique la progression de ce cigare par rapport à sa notation dans le Havanoscope 2007. *Inversement, une flèche descendante ▼ signale sa baisse.*

H. UPMANN

Upmann N° 2

156 mm x Ø 20,64 mm • *Figurado (piramides)*

France : 10 € ; Allemagne : 9,50 € ; Andorre : 7,08 € ;
Cuba : 5,32 € (6,60 CUC) ; Espagne : 8,80 € ;
Grande-Bretagne : 21,72 € (£14,60) ;
Italie : 11,30 € ; Suisse : 8,11 € (13,40 FS)

Amateurs

Ce figurado bien construit nous est apparu un peu plus ferme qu'à l'habitude et doté d'un démarrage un peu moins ample que naguère. Hormis cette remarque, une fois passé le cap des premières bouffées, le havane retrouve sa ventilation optimale. Il s'arrondit et compose avec des notes de cuir tanné et de café torréfié. Il ne cesse de gagner en souplesse et en moelleux, ajoutant à son spectre aromatique une très nette coloration miellée. Le cigare est facile à fumer, très équilibré quoique un peu monotone. Il ne manque cependant pas de présence, offrant un excellent rapport puissance/arômes jusqu'au final. Une très jolie pièce.

HOYO DE MONTERREY

Un catalogue aussi épais et disparate recèle nécessairement des bonnes et des moins bonnes surprises. Il en va ainsi de Hoyo de Monterrey, dont la courbe des cigares a des allures de montagnes russes. Dans l'ensemble, le label se maintient à un niveau très correct. La réputation et l'image de marque sont par ailleurs toujours aussi fortes auprès des amateurs, européens en particulier. La série des « grands hommes » – Maire, Député, Prince… – ne parvient pas véritablement à séduire. Elle est depuis longtemps en perte de vitesse. Le reste de la gamme tient le cap, bien que churchill et double corona soient un peu à la peine. Notons en revanche la bonne santé des Épicure N° 1 et N° 2. Il se passe toujours quelque chose chez Hoyo !

HOYO DE MONTERREY

De José Gener à Zino Davidoff, ce sont, avec Hoyo de Monterrey, plus de cent ans d'histoire du cigare qui défilent. À l'origine, un Catalan opiniâtre, formidablement ambitieux et autocrate comme un tsar. José Gener a 13 ans lorsqu'il immigre à Cuba. Il en a 33 lorsque, en 1851, il s'associe à son oncle pour fonder sa première manufacture et créer une nouvelle marque, La Escepción (ainsi orthographiée par les propriétaires lorsqu'ils la déposèrent) qui devient vite un succès. Gener achète alors une *vega* fameuse, Hoyo de Monterrey, située dans la municipalité de San Juan y Martinez – on peut encore en voir le portail aujourd'hui. En 1867, il rompt avec son oncle, fonde avec ses frères la société José Gener et lance le label Hoyo de Monterrey, dont les bagues étaient parfois aux armes du client. Trois ans plus tard, nouvelle rupture : le despotique José Gener demeure seul aux commandes, et ses frères sont rétrogradés au rang de simples employés. Pendant trente ans, José Gener restera à la tête de La José Gener y Batet qui commercialise alors Hoyo de Monterrey, José Gener et La Escepción à l'attention du marché américain. À sa mort en 1900, la manufacture Hoyo de Monterrey est la plus grande de Cuba. Elle emploie 350 ouvriers et produit plus de 50 millions de cigares par an. Sa veuve puis sa fille prennent alors la direction de la compagnie avant que celle-ci ne soit vendue à Ramon Fernandez et Fernando Palicio qui possèdent déjà Punch et Belinda. À noter : dans les années 1940, la marque Hoyo de Monterrey élaborera pour Zino Davidoff les célèbres cigares aux noms de châteaux (Margaux, Lafite, Latour, Haut-Brion et Yquem). La série des Châteaux Hoyo de Monterrey ne prendra le nom Davidoff qu'en 1967. Dernier-né de ce grand label cubain, le *Petit Robustos* est arrivé en France en 2005.

HOYO DE MONTERREY

Churchills

178 mm x Ø 18,65 mm • *Churchill (julieta 2)*

France : 12,30 € ; Allemagne : 12 € ;

Andorre : 8,47 € ; Cuba : 6,85 € (8,50 CUC) ;

Grande-Bretagne : 24,39 € (£16,40) ;

Suisse : 10,66 € (17,60 FS)

Amateurs et amateurs confirmés

Si la cape colorado du *Churchills* n'est pas toujours sans reproches, une fois allumé, le Hoyo sait vite nous le faire oublier. De jolies notes herbacées puis boisées se succèdent. La fumée est ample, généreuse, elle se déploie tout en rondeur et en suavité, sans aucun élément irritant. Des pointes réglissées puis florales ponctuent le deuxième tiers. Elles sont vite complétées par des arômes plus profonds et chaleureux de cèdre et de cacao. Une dégustation parfaitement équilibrée, très harmonieuse, élégante et goûteuse. On aime retrouver ce churchill emblématique qui parvient toujours à nous étonner et se bonifie cuvée après cuvée.

HOYO DE MONTERREY

Coronations

129 mm x Ø 16,67 mm • *Petit corona (petit coronas)*

France : 4,10 € ; Allemagne : 6 € ; Andorre : 3,34 € ;

Cuba : 2,42 € (3 CUC) ; Espagne : 4,75 € ;

Italie : 5,50 € ; Suisse : 2,54 € (4,20 FS)

Pour tous

Pas de changement notable pour ce tube abordable. La présentation n'a rien d'exceptionnel : cape claro ou colorado un peu tristounette, corps raide. En bouche, le Hoyo de Monterrey dispense des arômes peu marqués de poussière de bois et de terre. Ces touches sont complétées en cours de fumage par des nuances de café torréfié. La puissance est très modérée mais porte jusqu'au bout cette vitole honnête. Le *Coronations* ne marquera pas la mémoire gustative des amateurs, mais sa simplicité dénuée de défaut n'est pas déplaisante.

HOYO DE MONTERREY

Double Coronas ▼

194 mm x Ø 19,45 mm • *Double corona (prominentes)*
France : 13 € ; Allemagne : 13,50 € ; Andorre : 9,90 € ; Cuba : 7,65 € (9,50 CUC) ; Espagne : 12,60 € ; Grande-Bretagne : 27,96 € (£18,80) ; Italie : 14 € ; Suisse : 11,87 € (19,60 FS)
Amateurs et amateurs confirmés

Les dernières dégustations de ce double corona sont légèrement en deçà de nos espérances. Certes, il demeure une pièce de choix, élégante et goûteuse. Mais son manque de puissance et de combativité lui font perdre une bague. Malgré une bonne combustion, il met trop longtemps à développer des arômes boisés, puis davantage briochés et miellés. La vitole est ronde, fondue, et on apprécie ce confort aromatique. La puissance est alors suffisante mais semble avoir atteint son amplitude maximale au deuxième tiers. Les notes de chocolat au lait, bien nettes au troisième tiers, donnent encore plus d'opulence et d'aisance à la vitole. Une pièce évidemment savoureuse mais qui manque un peu de brio et de profondeur. Une pointe supplémentaire de nervosité serait la bienvenue.

HOYO DE MONTERREY

Épicure Especial – Édition limitée 2004

141 mm x Ø 19,84 mm • *Grand robusto (gorditos)*
France : 14,30 € ; Cuba : 6,65 € (8,25 CUC)
Pour tous

Drapé de maduro, joliment ceint de sa double bague, le Hoyo apparaît ainsi superbement dimensionné. Il faut dire que nous ne sommes pas encore totalement rompus à un tel module hybride, qui emprunte tout à la fois au robusto et au churchill. Une fois allumé, l'*Épicure Especial* est plutôt lent à se mettre en jambes, avant d'aligner, au fil des rounds, une série de très jolis crochets. Le registre boisé/épicé est son domaine : rond et fondu. Il en abuse même, pour devenir un peu lassant à compter du deuxième tiers. À ce moment-là, la puissance marque le pas.

Soyez attentif lors de la sélection de ce gorditos : veillez, si vous le pouvez, à ce que l'exemplaire sélectionné ne soit pas roulé de façon trop serrée. Dans ce cas-là, le lutteur se révélerait pauvre en muscles et se montrerait carrément ennuyeux. Un havane parfaitement appétissant et séduisant, même si la densité aromatique manque un peu d'éclat et de profondeur. [Dégustation publiée dans le *Havanoscope 2006*]

HOYO DE MONTERREY

Épicure N° 1 ▲

143 mm x Ø 18,26 mm • *Corona gorda (coronas gordas)*
France : 9,70 € ; Allemagne : 9,80 € ; Andorre : 6,60 € ;
Benelux : 10,40 € ; Cuba : 4,95 € (6,15 CUC) ;
Espagne : 8,40 € ; Grande-Bretagne : 19,34 € (£13) ;
Italie : 9,50 € ; Suisse : 7,75 € (12,80 FS)
Pour tous

L' *Épicure N° 1* n'aura connu qu'une saison les affres des deux bagues. Le voilà de retour dans la bonne moyenne, avec une prestation très convenable. À l'œil, la cape colorado claro manque un peu de gras, mais le remplissage est bon. Touches gourmandes de gibier et d'épices à cru. Une fois allumée, la vitole (quand elle ne souffre pas d'un mauvais tirage – ça arrive) délivre une fumée généreuse et sans à-coups. Le bois, les épices et le suint dominent. Au fil des bouffées, les notes de gibier se fondent parfaitement et s'assemblent à des touches terreuses et pâtissières. Le final est hélas ! un peu moins fondu. Le Hoyo perd alors de sa rigueur et de sa régularité. Un agréable moment de dégustation avec ce cigare antistress.

Les prix en euros et en monnaies étrangères que nous indiquons sont ceux pratiqués au moment de la parution du Havanoscope *(octobre 2007). Tous ces cigares sont à la merci de hausses qui peuvent intervenir au cours de l'année 2008, aussi bien en France qu'à l'étranger.*

HOYO DE MONTERREY

Épicure N° 2
124 mm x Ø 19,84 mm • *Robusto (robustos)*
France : 10,50 € ; Allemagne : 8,20 € ; Andorre : 6,40 € ;
Benelux : 9,50 € ; Cuba : 4,59 € (5,70 CUC) ;
Espagne : 8,35 € ; Grande-Bretagne : 18 € (£12,10) ;
Italie : 9 € ; Suisse : 7,51 € (12,40 FS)
Amateurs

Coup de cœur 2007, le très classique et très urbain *Épicure N° 2* continue à nous étonner et passe tout près des cinq bagues. Autant dire que ce robusto archiconnu et passe-partout est en pleine forme ! À l'œil, la vitole affiche une belle cape sombre et huilée. Le toucher est fin et satiné, la compacité excellente. À cru, le havane offre quelques belles nuances animales et poivrées. Une fois allumé – opération facile et rapide –, il déroule avec souplesse une fumée ample et agréable. Aucune agressivité notable. Le Hoyo évolue vite dans un registre aromatique simple mais très savoureux : notes de moka torréfié, touches pâtissières, cacao, saveurs boisées, terreuses et épicées. Le cocktail est bien composé, porté par une puissance parfaitement canalisée. L'*Épicure N° 2* procure beaucoup de plaisir au dégustateur. Il ne lui manque qu'une touche de complexité et de suavité au final (un peu rugueux) pour décrocher la cinquième bague.

HOYO DE MONTERREY

Hoyo des Dieux
155 mm x Ø 16,67 mm • *Grand corona (coronas grandes)*
France : 9,80 € ; Allemagne : 8,60 € ; Andorre : 6,07 € ;
Benelux : 9,40 € ; Cuba : 4,55 € (5,65 CUC) ;
Espagne : 7,15 € ; Grande-Bretagne : 17,85 € (£12) ;
Suisse : 7,14 € (11,80 FS)
Pour tous

Un grand corona parfaitement stable en milieu de tableau. Habillé d'une cape un peu rêche, il dispense à cru des notes boisées. Après l'allumage, les premières bouffées sont souples et plaisantes : le boisé puis le miel se succèdent. Par la suite, les touches boisées dominent, laissant cependant la place au moka torréfié et même à quelques pointes de cuir tanné. Une vitole franche, simple, facile à aborder, mais qui manque d'évolutivité et de complexité. Un Hoyo de Monterrey classique et sympathique, qui présente un agrément évident. Attention toutefois, certaines pièces souffrent d'une combustion aléatoire.

HOYO DE MONTERREY

Hoyo du Député

110 mm x Ø 15,08 mm • *Petit panatella (trabucos)*

France : 5,80 € ; Allemagne : 4,90 € ; Benelux : 5,50 € ;
Cuba : 2,78 € (3,15 CUC) ; Espagne : 3,60 € ;
Grande-Bretagne : 10,56 € (£7,10) ;
Italie : 5,50 € ; Suisse : 4,12 € (6,80 FS)

Pour tous

Le vote n'est pas en faveur de ce *Député*, qui demeure dans les profondeurs du classement sans espoir immédiat de remontée. Il pèche, semble-t-il, par une construction peu rigoureuse et un choix de tabacs de gamme trop moyenne. Les premières bouffées sont éprouvantes, le cigare est mal ventilé et le tirage malaisé. Passé ce cap, le petit panatella retrouve de la couleur mais point d'éclat : de minces arômes d'herbe mouillée et d'humus (champignons). La puissance gagne quelques degrés à mi-fumage, permettant l'expression de notes de cuir, mais l'embellie tourne court. Le havane redevient vite inexpressif et fluet. Un manque cruel d'agrément.

Vitolas de galera

Dans les manufactures cubaines, les havanes sont classés selon leur taille (diamètre, longueur et poids) en 80 catégories. Ce « nom de galère » que les Cubains nomment vitola de galera *est généralement différent du nom de module couramment utilisé par les amateurs. Dans cette édition, nous l'avons ajouté entre parenthèses à côté du vocable courant.*

La majorité des havanes dégustés dans ce guide, c'est notamment le cas de toutes les grandes pièces, ont été mis en boîte entre octobre et décembre 2006. Seules les pièces mineures ou à rotation beaucoup plus lente peuvent provenir de millésimes antérieurs.

HOYO DE MONTERREY

Hoyo du Gourmet
170 mm x Ø 13,10 mm • *Panatella (palmas)*
France : 7,70 € ; Allemagne : 6,50 € ; Benelux : 7,60 € ; Cuba : 3,50 € (4,35 CUC) ; Grande-Bretagne : 13,39 € (£9) ; Italie : 7 € ; Suisse : 5,33 € (8,80 FS)
Pour tous

Notation inchangée pour ce modeste *Gourmet*, régulier et joli à regarder. Bien que le panatella ait montré beaucoup trop d'amertume au démarrage, il parvient sans peine à se stabiliser et à se civiliser. Il dispense alors de belles notes de bois et d'humus. On constate hélas ! ensuite un certain immobilisme, et la vitole devient ennuyeuse. Rien ne vient plus troubler une dégustation impersonnelle où l'absence de puissance se fait cruellement sentir. Un havane maigrelet mais honorable qui n'effarouchera pas les débutants.

HOYO DE MONTERREY

Hoyo du Maire
100 mm x Ø 11,91 mm • *Mini-panatella (entreactos)*
France : 5,10 € ; Allemagne : 4,20 € ; Benelux : 4,90 € ; Cuba : 1,73 € (2,15 CUC) ; Espagne : 2,25 € ;
Grande-Bretagne : 7,73 € (£5,20) ; Suisse : 3,51 € (5,80 FS)
Pour tous

Ce module aisé et sympathique offre à nouveau toutes les qualités qu'on attend d'un bon compagnon : tirage facile, combustion sans faille, palette aromatique simple et équilibrée. Jouant d'abord sur un registre d'herbe mouillée et de mousse, il évolue lentement vers de l'écorce de chêne et du cèdre. La conviction est certes plus formelle que structurelle, mais on lui sait gré de sa force tranquille et de ses valeurs authentiques. Il ne lui manque qu'un peu de puissance et de panache pour accéder aux trois bagues.

HOYO DE MONTERREY

Hoyo du Prince
130 mm x Ø 15,87 mm • *Petit corona (almuerzos)*
France : 6,40 € ; Allemagne : 6,20 € ; Benelux : 6,40 € ;
Cuba : 3,18 € (3,95 CUC) ; Espagne : 4,40 € ;
Grande-Bretagne : 12,64 € (£8,50) ;
Italie : 6,20 € ; Suisse : 4,84 € (8 FS)
Pour tous

Le *Prince* a bien du mal à évoluer et à renforcer sa fluette carrure. Du coup, il ne tient pas le choc et perd une couronne. Nous avons trouvé cette année un havane mal fagoté et peu engageant. En bouche, il se révèle assez rugueux et âpre au démarrage, ce qui est inhabituel chez lui. Les arômes, terreux et épicés, sont ténus. Un peu d'amertume fait même son apparition. Le petit corona est alors extrêmement linéaire, la puissance – fort modérée – ne parvenant pas à réveiller l'expression aromatique. Trop vague et trop relâché.

HOYO DE MONTERREY

Hoyo du Roi
142 mm x Ø 16,67 mm • *Grand corona (coronas)*
France : 8,70 € ; Allemagne : 7,60 € ;
Benelux : 8,90 € ; Cuba : 4,27 € (5,30 CUC) ;
Grande-Bretagne : 15,77 € (£10,60) ;
Suisse : 6,66 € (11 FS)
Pour tous

Ce grand corona affiche, saison après saison, les mêmes qualités et les mêmes défauts. L'équation est malheureusement à son désavantage puisque le *Hoyo du Roi* demeure calé en dessous de la moyenne. Un peu rêche au toucher, il avoue souvent un remplissage trop irrégulier. À cru, le registre est boisé. Les premières bouffées portent des arômes herbacés, un peu piquants et un peu bouchés (désagrément souvent noté sur cette vitole). Un peu de poivre est au rendez-vous, mais le catalogue aromatique reste maigrelet. Un soupçon d'acidité (mélange faible et construction trop étroite) ne fait guère gagner de suffrages à ce havane. Facile à fumer et passe-partout mais pas folichon.

HOYO DE MONTERREY

Palmas Extra
140 mm x Ø 15,87 mm • *Corona (cremas)*
France : 3,50 € ; Allemagne : 5 € ; Andorre : 2,64 € ;
Cuba : 1,89 € (2,35 CUC) ; Italie : 3,70 €
Pour tous

Pas de modification pour ce corona. Il demeure cantonné à une fumée peu expressive mais pas désagréable. Après une mise en route facile, il porte des touches de bois et de terre. Très vite, quelques senteurs de café torréfié viennent renforcer une palette gustative assez mince. La prestation est modeste, un peu ennuyeuse. Il est vrai que la force n'est pas l'atout maître du *Palmas Extra*, qui se fait même poussif au final. Une vitole sans personnalité, ni caractère marqué, mais abordable.

HOYO DE MONTERREY

Particulares – Édition limitée 2001
235 mm x Ø 18,65 mm • *Especial (gran corona)*
France : 11 € ; Cuba : 12,97 € (16,10 CUC)
Amateurs

Élégance et distinction pour ce grand et beau module hors norme, à l'aspect engageant. Doux et moelleux dès le début, il exhale des senteurs de sous-bois et de noisette, bien servies par une fumée souple et un tirage régulier. On reprochera seulement à ce majestueux cigare une allure trop tranquille et un rythme qui finit par être monotone. Un tel module, difficile à déguster, exige plus de nervosité. Une jolie pièce néanmoins et un beau cadeau si on le trouve. [Dégustation publiée dans le *Havanoscope 2004*]

HOYO DE MONTERREY

Petit Robustos
102 mm x Ø 19,84 mm • *Petit robusto (petit robustos)*
France : 7,60 € ; Allemagne : 7,40 € ; Andorre : 5,20 € ;
Benelux : 8,20 € ; Cuba : 3,79 € (4,70 CUC) ;
Espagne : 6,50 € ; Grande-Bretagne : 14,43 € (£9,70) ;
Italie : 7,30 € ; Suisse : 6,18 € (10,20 FS)
Amateurs

Pas de changement dans la notation de ce « cigare de voyageur », à emporter partout, à déguster en toutes circonstances, et capable de nous offrir des sensations intenses en un minimum de temps. Voilà donc une vraie vitole des Caraïbes, éminemment moderne mais déjà classique. Cape maduro grasse, corps souple, toucher soyeux. Dès l'allumage, ce Hoyo de poche déploie beaucoup d'assurance. Les touches végétales se dissipent assez vite. Elles font place à d'amples volutes boisées, teintées de cuir. Le tout est bien aéré, le tirage excellent. La force est évidente et le rythme musclé : apparition nette d'épices (poivre gris) et de fève de cacao au final. Le *Petit Robustos* mêle avec aisance force et suavité. Sa construction est sans reproche, tout comme son équilibre puissance/arômes. Spectaculaire et attachant.

HOYO DE MONTERREY

Piramides – Édition limitée 2003
156 mm x Ø 20,64 mm • *Figurado (piramides)*
France : 13,20 € ; Cuba : 5,28 € (6,55 CUC)
Amateurs

Excellente prestation de ce *Piramides*. Beau à regarder dans sa robe maduro lisse mais manquant un peu de gras, il est doté d'un démarrage ample et souple. Les premières bouffées sont boisées et herbacées. Après quelques vagues touches d'amertume, la vitole manie la rondeur et l'onctuosité. Les notes épicées (poivre vert) sont bien marquées. La puissance est suffisante mais gagnerait sans doute à être un peu plus dense. Le cigare est un peu monocolore mais évolue bien vers des arômes herbacés. Un beau et bon havane, parfaitement fabriqué. À mettre en cave et à conserver pour de longues soirées campagnardes. [Dégustation publiée dans le *Havanoscope 2005*]

HOYO DE MONTERRREY

Regalos – Édition limitée 2007
137 mm x Ø 18,26 mm • *Corona gorda (regalos)*
France : 11,40 €
Amateurs et amateurs confirmés

La cape maduro est rustique et un brin « paysanne ». L'allumage est, quant à lui, facile, et la prise en bouche agréable. Le cigare livre de profonds arômes d'épices (poivre noir) et de bois précieux (cèdre rouge). Le tirage est parfait et la puissance parfaitement étagée. La gamme aromatique s'élargit et se densifie au fil des bouffées. On ne peut que saluer ces jolies touches de chocolat noir et, plus timidement, de pain d'épice. Le havane progresse, de plus en plus suave, bien campé sur ses arômes. Le *Regalos* est parfaitement construit, goûteux et charnu, même si d'aucuns lui reprocheront un léger manque d'élégance. Un troisième tiers, jugé un peu linéaire, le prive de la note suprême. Très beau et bon cigare à conseiller.

HOYO DE MONTERREY

Short Hoyo Coronas ▼
129 mm x Ø 16,67 mm • *Petit corona (marevas)*
France : 6,30 € ; Allemagne : 6,20 € ;
Cuba : 3,10 € (3,85 CUC) ;
Grande-Bretagne : 11,90 € (£8)
Pour tous

Vitole retirée du catalogue Habanos mais que l'on peut encore trouver en stock dans les civettes. Déjà averti dans notre précédente édition, ce petit corona confirme un réel problème de densité gustative malgré une structure correcte et des qualités de combustion évidente. Quelques effluves de sciure mouillée, des pointes musquées passagères, mais c'est bien peu... On attendait mieux, et c'est la déception. Il chute d'une bague.

JOSÉ L. PIEDRA

Pas de nouvelle spectaculaire en provenance de la maison Piedra. Le label cultive inlassablement ses cigares à tripe courte, pauvres sur le plan aromatique mais toutefois non dénués de personnalité. La puissance est correcte et le côté rustique – très interchangeable entre tous les produits du catalogue – possède ses aficionados. Les amateurs ne viennent pas chez José L. Piedra pour la complexité aromatique ou l'élégance. Ils frappent à cette porte avant tout pour les prix dispensés. Du coup, la production tourne souvent à plein régime.

JOSÉ L. PIEDRA

Brevas

133 mm x Ø 16,67 mm • *Corona (brevas)*

France : 1,80 € ; Allemagne : 1,50 € ;
Andorre : 0,84 € ; Cuba : 0,81 € (1 CUC) ;
Italie : 1,60 € ; Suisse : 1,70 € (2,80 FS)

Pour tous

Une vitole très bon marché, modeste et rustique – comme l'ensemble de la marque –, sans grande distinction aromatique. Facile à mettre en route, elle révèle des arômes un peu secs et arides en dépit d'une excellente humidification. Les touches primaires sont essentiellement boisées, touchant parfois à l'encens, et un peu métalliques. La fumée est linéaire, bien que la puissance se renforce au fil des bouffées, rendant l'équilibre précaire et la dégustation inconfortable. Intérêt limité.

JOSÉ L. PIEDRA

La famille Piedra, d'origine asturienne comme beaucoup de *tabaqueros*, était établie dans le village de Remedios, situé dans la zone de la Vuelta Arriba. La marque José L. Piedra (du nom de son fondateur José Lamadrid Piedra) fut enregistrée en 1880 et était, à la fin du XIXe siècle, la plus fameuse hors de la ville de La Havane. Le neveu de José Lamadrid Piedra, José Lamadrid Piedra II, prit ensuite en main les destinées de la marque jusqu'à sa mort en 1942. « La satisfaction que vous donne Piedra » fut un slogan très populaire à l'époque. Dans les années 1950, sous la direction de José Lamadrid Piedra III, le label était extrêmement prisé des Américains. Après l'instauration de l'embargo en 1962 et la fermeture brutale de son principal marché, la marque s'éteignit. Elle fut ressuscitée en 1996 avec un nouveau concept qui connut un vif succès : des cigares bon marché, issus de tabacs de la Vuelta Arriba, en tripe courte, et dont seule la cape est posée à la main.

JOSÉ L. PIEDRA

Cazadores

153 mm x Ø 17,07 mm • *Grand corona (cazadores)*
France : 1,70 € ; Allemagne : 1,60 € ; Andorre : 0,96 € ; Cuba : 0,89 € (1,10 CUC) ; Espagne : 1,20 € ; Grande-Bretagne : 8,03 € (£5,40) ; Italie : 1,90 € ; Suisse : 2,06 € (3,40 FS)
Pour tous

Le *Cazadores* reste abonné à la bague unique. Une nouvelle fois, il s'est montré sans charme ni relief. Le tirage très ventilé laisse apparaître des senteurs terreuses. Celles-ci sont toutefois très peu marquées. Par la suite, des arômes indéfinis de poussière de bois et de feuilles mortes composent une piètre séance de dégustation. On se demande pourquoi ce havane porte le nom de *Cazadores* (chasseur) réservé généralement à des pièces roboratives et musclées. Aucun intérêt.

JOSÉ L. PIEDRA

Conservas ▲

140 mm x Ø 17,46 mm • *Corona (conservas)*
France : 1,80 € ; Allemagne : 1,60 € ;
Andorre : 0,92 € ; Benelux : 1,30 € ;
Cuba : 0,85 € (1,05 CUC) ; Espagne : 1,15 € ;
Grande-Bretagne : 7,59 € (£5,10) ;
Italie : 1,70 € ; Suisse : 2,06 € (3,40 FS)
Pour tous

Un peu de mieux pour ce corona passe-partout, sans réelle envergure. Facile à démarrer, il se cantonne vite à un registre franchement boisé. Par la suite, il se recentre vers des touches d'humus, de feuilles mortes et de café torréfié. Ce catalogue, soulignons-le aussitôt, demeure cependant fort modeste. La fumée est maigre et sans véritable ossature. Le tout est rattrapé par une amertume grandissante qui gêne la fin de dégustation. Un cigare effacé, pas antipathique pour autant.

Signification des bagues

1. Médiocre
2. Moyen
3. Bon
4. Excellent
5. Exceptionnel

À côté des bagues, une flèche montante ▲ indique la progression de ce cigare par rapport à sa notation dans le Havanoscope 2007. *Inversement, une flèche descendante ▼ signale sa baisse.*

Pour chaque cigare, nous mentionnons les pays où on le trouve et à quels prix. Quand un pays n'est pas mentionné, cela signifie en principe que le havane n'y est pas officiellement commercialisé.

JOSÉ L. PIEDRA

Cremas
134 mm x Ø 15,57 mm • *Petit panatella (cremas)*
France : 1,40 € ; Allemagne : 1,40 € ; Andorre : 0,84 € ;
Benelux : 1,14 € ; Cuba : 0,77 € (0,95 CUC) ;
Espagne : 1,05 € ; Italie : 1,55 € ; Suisse : 1,57 € (2,60 FS)
Pour tous

Le *Cremas* a offert cette année une prestation honorable, et mérite tout à fait son nom. Tendre au toucher, délivrant des arômes de café-crème et de pain d'épice, il propose une agréable promenade, dénuée d'agressivité jusqu'à mi-parcours. Certes, quelques relents de poussière et d'amertume pointent en fin de dégustation pour cause de combustibilité emballée, mais l'ensemble n'en pâtit pas trop. Une bonne surprise au sein d'un label qui ne brille guère au firmament des havanes.

JOSÉ L. PIEDRA

Nacionales
134 mm x Ø 16,67 mm • *Corona (nacionales)*
France : 1,80 € ; Allemagne : 1,60 € ; Andorre : 0,84 € ;
Benelux : 1,24 € ; Cuba : 0,81 € (1 CUC) ;
Grande-Bretagne : 6,84 € (£4,60) ;
Italie : 1,60 € ; Suisse : 1,82 € (3 FS)
Pour tous

Pas de changement de cap pour ce corona qui a connu des jours meilleurs. D'aspect rustre et triste, il est facile à allumer. Il déploie alors des notes terreuses puis vaguement boisées. L'impression gustative est poussiéreuse et parfaitement poussive. Comme si cela ne suffisait pas, le *Nacionales* se fait âcre et acide au fil des bouffées, la fumée devenant de plus en plus maigre. Autant dire que ce havane ne figure pas parmi nos préférés. Même à ce prix-là, il existe des cigares de secours plus enjoués.

JOSÉ L. PIEDRA

Petit Cetros
127 mm x Ø 15,08 mm • *Petit panatella (petit cetros)*
France : 1 € ; Allemagne : 1,30 € ; Andorre : 0,80 € ;
Cuba : 0,72 € (0,90 CUC) ; Espagne : 1 € ;
Grande-Bretagne : 5,35 € (£3,60) ;
Italie : 1,45 € ; Suisse : 1,51 € (2,50 FS)
Pour tous

Ce petit panatella ne connaît aucune évolution par rapport aux précédentes productions. Nous avons donc retrouvé un cigare mal fagoté, très rustique, livrant à cru des notes de poussière de terre. En bouche, malgré une bonne combustion, il empâte vite le palais. Les notes de réglisse du début font place à un ensemble herbacé peu distingué. De l'acidité vient perturber la fin de dégustation. Linéaire et sans intérêt.

JUAN LOPEZ

Il est dans la nature de Juan Lopez de cultiver la discrétion et un certain élitisme. Les produits dispensés sont acquis par des connaisseurs et des fidèles, la marque ne se plaçant jamais à l'avant-scène. Intéressantes et souvent bien tournées, les pièces Juan Lopez ont dès lors tendance à quelque peu végéter. La marque vit paisiblement sur ses acquis et son savoir-faire, avec des cigares généralement tendres et ronds. Notons l'arrivée en 2006 d'une Production spéciale régionale, réservée au marché français pour deux ans : le havane ne déroge pas à la règle maison en se calant en milieu de tableau, mais il vaut le coup d'être dégusté.

Abréviations utilisées : € : euro ; £ : livre anglaise ; FS : franc suisse ; CUC : peso convertible.

JUAN LOPEZ

Coronas
142 mm x Ø 16,67 mm • *Corona (coronas)*
France : 7,10 € ; Allemagne : 7,10 € ;
Cuba : 3,50 € (4,35 CUC) ;
Suisse : 5,81 € (9,60 FS)
Pour tous

La cape est assez grossière et terne, mais, au nez, les senteurs d'étable et de cacao sont prometteuses. Après un léger piquant à l'allumage, les valeurs boisées l'emportent. Elles sont portées par une puissance de bon niveau. Au deuxième tiers, des arômes terreux et végétaux dominent la dégustation avant que les nuances boisées ne prennent le dessus au troisième tiers. Une vitole structurée, qui manque toutefois d'un peu de nerf et d'expressivité.

JUAN LOPEZ

Obus – Production spéciale régionale
140 mm x Ø 20,60 mm • *Figurado (campanas)*
France : 9,50 €
Amateurs

Ce très beau figurado est encore réservé pour un an au seul marché français. Tel est le principe de ces Productions spéciales régionales, élaborées par Habanos à la demande de leurs importateurs dans le monde. Voilà un bel obus maduro, orné d'une double bague, mais au toucher un peu compact. À cru, le Juan Lopez livre des touches végétales humides, de l'humus et quelques senteurs épicées. L'allumage est ample et porte une fumée généreuse. Les arômes boisés se font vite fondus et distingués. Au fil des bouffées, une puissance raisonnable porte des touches herbacées, accompagnées de nuances de cèdre et de pain d'épice. Malheureusement, la force, parfois défaillante, autorise l'émergence d'une trop forte amertume qui nuit au plaisir du dégustateur. Une pièce très honnête.

JUAN LOPEZ

Panetelas Superbas ▼

125 mm x Ø 13,49 mm • *Demi-tasse (placeras)*
France : 4,10 € ; Allemagne : 4,30 € ;
Cuba : 2,05 € (2,55 CUC) ;
Suisse : 3,15 € (5,20 FS)
Pour tous

Un sérieux passage à vide pour ce demi-tasse qui était en progrès depuis plusieurs années. L'entrée en matière donne dans l'écorce brûlée et le goudron (attention à la composition de la tripe, une nervure trop épaisse, déjà sensible au toucher...). De fait, le tirage mais surtout la palette en souffrent, et il faut patienter une bonne moitié de module pour trouver le tempo et apprécier des sensations de terre humide et d'étable. La puissance reste bien tempérée, la rondeur apparaît au loin, mais c'est trop tard. Une nouvelle preuve que, dans cet univers du *hecho a mano*, rien n'est jamais acquis. Le *Panetelas* plus très « *Superbas* » perd une bague.

JUAN LOPEZ

Petit Coronas ▼

129 mm x Ø 16,67 mm • *Petit corona (marevas)*
France : 6,10 € ; Allemagne : 5,20 € ;
Andorre : 3,52 € ; Cuba : 2,70 € (3,35 CUC) ;
Italie : 5,40 € ; Suisse : 4,60 € (7,60 FS)
Pour tous

Un peu moins d'allant pour cette vitole qui a souvent montré de réelles qualités de cœur. Elle doit sa chute à une construction parfois aléatoire et à une combustion difficile notée sur certains exemplaires. Dommage, car à l'œil, ce Juan Lopez est prometteur et appétissant dans sa robe colorado claro très lisse. En bouche, il joue avec souplesse sur des touches d'humus et de terre humide. Le tout est rond et élégant, appuyé par des pointes de café torréfié. Au fil des bouffées, le *Petit Coronas* manque toutefois de puissance et de vitalité, se contentant d'un numéro de charme exécuté avec panache. À suivre.

JUAN LOPEZ

Seleccion N° 1
143 mm x Ø 18,26 mm • *Corona gorda (coronas gordas)*
France : 9,20 € ; Allemagne : 9 € ;
Andorre : 7,90 € ; Cuba : 4,03 € (5 CUC) ;
Italie : 9 € ; Suisse : 6,78 € (11,20 FS)
Amateurs et amateurs confirmés

Ce très beau corona gorda a bien failli retrouver la plus haute marche du podium et renouer ainsi avec son glorieux passé. Il eût fallu pour cela montrer un soupçon d'animalité et de complexité en plus... Le coup n'est pas passé très loin ! Le Juan Lopez est apparu irréprochable sur le plan esthétique : cape satinée colorado claro, compacité régulière. À cru, il exhale des touches végétales et boisées, ainsi que des épices (poivre vert). Les premières bouffées confirment cette bonne impression : la construction est parfaite, le tirage aisé. Les arômes de terre humide et de bois précieux se mettent en place. Ils sont suivis par des touches savoureuses de pain grillé, de moka torréfié et de cacao. La fumée est précise et opulente. L'alchimie est réussie jusqu'à l'extinction où le cigare, parfaitement ventilé et confortable, manque toujours d'une pointe de fantaisie. Magnifique pièce d'horlogerie cubaine.

La majorité des havanes dégustés dans ce guide, c'est notamment le cas de toutes les grandes pièces, ont été mis en boîte entre octobre et décembre 2006. Seules les pièces mineures ou à rotation beaucoup plus lente peuvent provenir de millésimes antérieurs.

Les prix donnés pour le Benelux valent pour la Belgique et les Pays-Bas. Pour le Luxembourg, compter 5 % de moins en moyenne.

JUAN LOPEZ

coup de cœur

Seleccion N° 2
124 mm x Ø 19,84 mm • *Robusto (robustos)*
France : 9 € ; Allemagne : 7,20 € ;
Andorre : 7,20 € ; Cuba : 3,79 € (4,70 CUC) ;
Italie : 8,50 € ; Suisse : 7,27 € (12 FS)
Amateurs

Ce Juan Lopez jouit d'une grande régularité. Nous avons toujours un grand plaisir à retrouver cette pièce indémodable, très bien fabriquée, goûteuse et équilibrée. La fabrication soignée permet au robusto de s'exprimer sans aucune contrainte. Les bouffées s'enchaînent sur des notes de sous-bois et de fougère humide. Le bois précieux est vite de la partie, puis la fumée se fait de plus en plus crémeuse et soyeuse. Elle est presque torréfiée sans se montrer jamais agressive. Un Juan Lopez placide mais d'excellente composition. Ce robusto est une valeur sûre du catalogue cubain. Coup de cœur.

JUAN LOPEZ

Sous son vrai nom, La Flor de Juan Lopez, la marque a été fondée en 1876 par Juan Lopez Diaz. À sa mort, en 1900, la société est rachetée par Cosme del Peso y Cia, une petite société indépendante. Juan Lopez demeure un label important jusque dans les années 1970 avant de décliner jusqu'à devenir presque confidentiel. Dans les années 1990, deux nouveaux modules, les *Seleccion N° 1* et *N° 2*, tentent de renforcer sa notoriété. C'est la fabrique La Corona qui élabore actuellement ces vitoles, dont la production demeure peu importante.

Signification des bagues

1. Médiocre
2. Moyen
3. Bon
4. Excellent
5. Exceptionnel

À côté des bagues, une flèche montante ▲ indique la progression de ce cigare par rapport à sa notation dans le Havanoscope 2007. *Inversement, une flèche descendante ▼ signale sa baisse.*

LA FLOR DE CANO

Catalogue réduit de moitié dans cette marque synonyme de cigares humbles mais aimables. Nous sommes très loin ici de la fabrication cubaine haut de gamme et de ses pièces exceptionnelles. Les tabacs choisis livrent invariablement des touches boisées ou terreuses sans grand relief mais présentes. Les prix pratiqués – très abordables – sont à la hauteur des cigares présentés. La Flor de Cano est une marque discrète et peu ambitieuse, mais qui a sa place dans l'univers du havane.

LA FLOR DE CANO

On ne connaît pas grand-chose de cette marque créée en 1884 par les frères José et Tomas Cano. La manufacture était située alors au 66 de la rue Rayo, à La Havane. La Flor de Cano semble avoir toujours été une affaire familiale, d'envergure modeste. Fabriquée aujourd'hui dans la manufacture La Corona, elle ne conserve que deux vitoles, naguère faites à la machine, aujourd'hui à la main.

LA FLOR DE CANO

Petit Coronas

123 mm x Ø 15,87 mm • *Petit corona (standard)*

France : 2,30 € ; Allemagne : 2,30 € ; Andorre : 1,48 € ;
Cuba : 1,37 € (1,70 CUC) ; Espagne : 1,75 €

Pour tous

Peu ambitieux mais acceptable, le *Petit Coronas* se maintient à son petit niveau sans trébucher. Sa présentation a changé : *exit* pour l'instant le papier blanc moelleux du passé pour faire place à la Cellophane et la feuille de cèdre. En bouche, le havane délivre des notes végétales et boisées. Cette tonalité aromatique ne variera pas et sert de fil rouge, monomaniaque, à toute la dégustation. La puissance, parfois fléchissante, autorise l'apparition de pointes acides et piquantes après le deuxième tiers. Un havane anonyme.

LA FLOR DE CANO

Selectos

150 mm x Ø 16,27 mm • *Grand corona (cristales)*

France : 2,50 € ; Allemagne : 3,50 € ;
Cuba : 1,45 € (1,80 CUC) ;
Espagne : 1,95 € ; Suisse : 1,57 € (2,60 FS)

Pour tous

Un rapport qualité/prix imbattable et une prestation pleine de franchise et d'allant : bien que linéaire au démarrage (puissance moyenne, nuances végétales d'herbe sèche et de céréales), le module s'enrichit lentement de terre humide et de lichen, comme si une averse inespérée venait rafraîchir un paysage trop sec. Rien de flamboyant, certes, mais des sensations affables et une bonne combustion qui maintient la puissance à régime constant. Un cigare rustique, paisible, presque chaleureux.

Les havanes sont, dans leur grande majorité, faits à la main. Lorsqu'il s'agit de cigares faits à la machine, nous le précisons.

LA GLORIA CUBANA

Cette marque ancienne continue à cultiver son image et sa réputation : de très belles vitoles, drapées de maduro soyeux, faciles à fumer mais manquant un peu de profondeur aromatique. Bon an, mal an, le seul label cubain affichant une femme sur sa bague s'en tient à ces préceptes. Comme l'an passé, nous saluons la bonne stabilité de La Gloria Cubana. La marque ne dispose d'aucun cigare à cinq bagues, mais la qualité est au rendez-vous. Nous conseillons ces havanes peu roboratifs mais toujours agréables à allumer.

LA GLORIA CUBANA

Luxe et prospérité pour cette marque fondée en 1885 par un Anglais, Christian Enhler : une Allégorie trône, emportée sur des nuages derrière lesquels dardent les rayons d'un soleil pugnace. Elle tient dans ses mains le sceptre de la Paix et le bouclier de l'Intelligence. Cinq médailles (celles que la marque obtint lors d'expositions internationales) lui font un reposoir, tandis que l'encadrent l'Agriculture et l'Industrie. Rachetée en 1905 par l'entreprenant José Fernandez Rocha, fondateur de la marque Bolivar, elle va connaître sous sa houlette la gloire que son nom revendiquait. À cet effet, Rocha et son frère Francisco auquel il est associé se sont entourés de deux experts : Robert Middlemas et Rafael Garcia Robaina qui assure l'achat des feuilles jusqu'à sa mort en 1935. Après le décès de son propriétaire en 1944, les héritiers Rocha se montreront incapables d'assurer avec dynamisme le développement des marques. L'exploitation de La Gloria Cubana et celle de son autre grand *alter ego* Bolivar seront transférées en 1954 à Cifuentes, contrôlant alors Partagas. Emportée par la vague des nationalisations des années 1960, elle ressuscitera dans les années 1970.

LA GLORIA CUBANA

Médaille d'Or N° 1

185 mm x Ø 14,29 mm • *Grand panatella (delicados extra)*

France : 8,60 € ; Allemagne : 8,25 € ;
Cuba : 4,19 € (5,20 CUC) ; Espagne : 6,70 € ;
Italie : 8,30 € ; Suisse : 7,27 € (12 FS)

Pour tous

Le *Médaille d'Or N° 1* ne parvient toujours pas à refaire son retard et à regagner ses galons perdus. Pis, il a même failli perdre une bague après une séance de dégustation sans relief. Pourtant bien fagoté et doté d'une élégante cape chocolat, le grand panatella décline une légère amertume lors des premières bouffées. Lent à se mettre en place – certains exemplaires sont même carrément « bouchés » –, le havane s'oriente vers des arômes boisés assez agréables. Mais il devient vite lassant et laborieux. Il y a trop peu de variété dans l'expression gustative, et l'ennui s'installe. Une pièce en sursis, qui doit se ressaisir au risque de rejoindre les profondeurs du classement.

LA GLORIA CUBANA

Médaille d'Or N° 2 ▼

170 mm x Ø 17,07 mm • *Lonsdale (dalias)*

France : 10,70 € ; Allemagne : 10,30 € ;
Andorre : 6,92 € ; Cuba : 5,52 € (6,85 CUC) ;
Espagne : 8,15 € ; Suisse : 9,08 € (15 FS)

Pour tous

Altier et élégant, le *N° 2* s'organise autour de beaux arômes boisés au premier tiers. Il acquiert ensuite davantage de rondeur, toujours boisé et épicé, exprimant au passage des saveurs d'agrumes puis quelques pointes de cacao, malheureusement trop fugaces. La fumée est un peu uniforme mais plaisante. La puissance modérée de cette vitole et sa trop courte persistance aromatique ne convaincront pas les amateurs de pièces charpentées. Une pièce bien élevée mais trop timorée, qui perd une bague cette année.

Abréviations utilisées : € : euro ; £ : livre anglaise ; FS : franc suisse ; CUC : peso convertible.

LA GLORIA CUBANA

Médaille d'Or N° 3

175 mm x Ø 11,11 mm • *Slim panatella (panetelas largas)*
France : 5,70 € ; Allemagne : 7 € ;
Andorre : 4,20 € ; Cuba : 2,38 € (2,95 CUC) ;
Espagne : 5,25 € ; Italie : 6,50 € ;
Suisse : 5,45 € (9 FS)
Amateurs

Ce module est une gageure, et il faut beaucoup de doigté et d'expérience au *torcedor* pour ne pas le rater : aussi long et presque aussi fin qu'une baguette chinoise, on se demande comment il peut atteindre une telle maîtrise de combustion ! Loué l'an passé pour l'ensemble de sa prestation, il perd un peu d'éclat aujourd'hui avec sa cape terne et rugueuse. Mais sa puissance tempérée et sa gamme aromatique nous séduisent toujours autant : boisé au premier tiers, il évolue peu à peu vers plus de crémeux (moka et pain d'épice), sans oublier des touches de poivre blanc et de noix de muscade qui pimentent l'ensemble. Un cigare précieux et rare, qu'il faut absolument essayer. Nous lui conservons ses quatre bagues, un brin généreuses.

LA GLORIA CUBANA

Médaille d'Or N° 4

152 mm x Ø 12,70 mm • *Panatella (palmitas)*
France : 6,40 € ; Allemagne : 6 € ;
Cuba : 2,66 € (3,30 CUC) ;
Espagne : 5,35 € ; Suisse : 5,57 € (9,20 FS)
Amateurs

Insensible aux changements de cap et parfaitement indémodable, le *Médaille d'Or N° 4* tient bien son rang. Il a même démontré un tirage plus alerte qu'à l'habitude et une excellente souplesse. Beau à regarder, le panatella démarre cette fois plus vigoureusement qu'à l'ordinaire. Ce départ est toutefois dénué de toute agressivité. Par la suite, les bouffées s'enchaînent de façon quasi métronomique. Le premier tiers, plutôt vif et enlevé, égrène des notes de café torréfié et de vanille. Il est moelleux et gourmand. La puissance monte ensuite régulièrement sans jamais se montrer ébouriffante ou excessive. Belles et profondes nuances cacaotées. Tendre et rond à souhait, bien que manquant un peu de surprise et de densité, ce La Gloria Cubana a du corps et de l'esprit.

LA GLORIA CUBANA

Tainos
178 mm x Ø 18,65 mm • *Churchill (julieta 2)*
France : 11,70 € ; Allemagne : 11,80 € ;
Andorre : 9,20 € ; Cuba : 6,36 € (7,90 CUC) ;
Suisse : 9,99 € (16,50 FS)
Pour tous

Le churchill de La Gloria Cubana demeure cette année encore en milieu de tableau, plutôt dans la bonne moyenne. Sa présentation est toujours aussi soignée : une cape maduro lisse et fine, un toucher soyeux, une compacité parfaite. En bouche, le havane offre un bouquet essentiellement boisé, enrichi de touches terreuses. La fumée arrive régulièrement, portée par un excellent tirage. Toutefois, elle manque de mâche, et la puissance se révèle vite limitée. En conséquence, la dégustation manque de rythme et s'enlise dans une uniformité assez fastidieuse. Une pièce trop limitée, qui manque de complexité et d'allant. Son moelleux et son confort de fumage lui assurent néanmoins une troisième bague.

Pour chaque cigare, nous mentionnons les pays où on le trouve et à quels prix. Quand un pays n'est pas mentionné, cela signifie en principe que le havane n'y est pas officiellement commercialisé.

Signification des bagues

1. Médiocre
2. Moyen
3. Bon
4. Excellent
5. Exceptionnel

À côté des bagues, une flèche montante ▲ indique la progression de ce cigare par rapport à sa notation dans le Havanoscope 2007. *Inversement, une flèche descendante ▼ signale sa baisse.*

LOS STATOS DE LUXE

Désuète et très poussiéreuse, la marque dispose d'une gamme courte et quasiment anonyme. Correctement construites, ces vitoles souffrent de mélanges pauvres et peu plaisants sur le plan aromatique. Les capes grossières et rustiques enrobent des tripes dépourvues de tonicité et de chair. Du coup, le label vivote essentiellement grâce à ses prix plancher. Los Statos de Luxe ne pourra, cette année encore, satisfaire les amateurs.

LOS STATOS DE LUXE

Brevas
140 mm x Ø 15,87 mm • *Corona (nacionales)*
France : 1,76 € ; Cuba : 0,81 € (1 CUC) ;
Suisse : 1,33 € (2,20 FS)
Fait à la machine • Pour tous

Vitole très difficile à trouver, bien qu'elle ne soit pas encore retirée du catalogue Habanos. Pour ceux qui parviendraient à s'en procurer, voici ce qu'en disait le *Havanoscope 2006*.

« Pas de bouleversement notable pour cette vitole qui joue dans le bas du tableau. C'est tout juste si nous montrerons cette fois un peu plus d'indulgence, la construction mécanique du Brevas étant apparue un peu plus rigoureuse. Pas très joli à regarder lorsqu'on l'extrait de son fagot de vingt-cinq unités, le cigare se met en route de façon rapide sans toutefois être ardente. La fumée est d'un abord facile, alignant des notes assez pauvres de poussière de terre et d'herbe humide. Le tout perd ses couleurs dès l'amorce du deuxième tiers. En raison d'une force moribonde, la dégustation tourne à l'âcreté. Le final est médiocre. Passons notre chemin. »

LOS STATOS DE LUXE

Selectos
140 mm x Ø 15,87 mm • *Corona (nacionales)*
France : 2,40 € ; Cuba : 1,53 € (1,90 CUC) ;
Suisse : 1,70 € (2,80 FS)
Fait à la machine • Pour tous

Le *Selectos* ne fait pas d'effort. D'apparence toujours négligée, il ne convainc pas davantage cette année. Son démarrage est pourtant sympathique (bois, herbes sèches et humus) mais les arômes ont du mal à s'organiser et à s'affirmer. Aucune évolution à l'horizon, si ce n'est une amertume grandissante qui écrase les touches végétales et les rend légèrement ammoniaquées. Circulons, il n'y a rien à voir.

LOS STATOS DE LUXE

Nous n'avons que très peu d'informations sur Los Statos de Luxe, dont les premières traces datent de 1940. Elle était alors la propriété de la société Martinez y Cia qui possédait aussi le label Troya. Sept modules étaient alors répertoriés et faits à la main. Trois d'entre eux subsistent aujourd'hui, faits à la machine depuis les années 1980.

MONTECRISTO

La marque au nom de baptême si romanesque a connu des temps meilleurs. Pas de raison de réellement s'inquiéter toutefois pour ce label puissant, à la réputation prestigieuse et à la gamme si pléthorique qu'il est souvent difficile de s'y retrouver. Il est à parier que, dans ce flot, les accidents du N° 1, *de l'emblématique* N° 5 *ou de l'*Especial N° 2 *seront vite effacés. La machine Montecristo, qui compte cette saison un cigare à cinq bagues, a les capacités de se refaire rapidement une santé : des havanes plutôt passe-partout mais éminemment populaires.*

MONTECRISTO

Montecristo, le plus célèbre des labels cubains, doit beaucoup à l'esprit d'entreprise de son créateur, Benjamin Menéndez Garcia. Après des études supérieures dans une université américaine, Benjamin est recruté par General Cigar. À La Havane, où il rejoint son frère Felix, il entre à la compagnie Parra dont il prend le contrôle en 1913, la rebaptisant Menéndez y Cia. Investissement dans la production d'huile, création d'une usine de cigarettes… les initiatives des deux Menéndez sont innombrables. Mais il manque encore le cigare à leurs activités. C'est chose faite en 1923, grâce à l'oncle Alonso qui se joint à eux, apportant dans ses malles un cigarier, « Pepe » Garcia. L'aventure de Montecristo peut commencer. Bien décidés à conquérir les marchés d'exportation, les associés Menéndez y Garcia acquièrent la fabrique de cigares Particulares en 1935 et, la même année, décident de fonder une marque dont le credo sera une sobriété luxueuse dans la présentation et une fabrication irréprochable. C'est Montecristo. Plusieurs versions existent concernant l'origine du nom,

mais il est sûr, en revanche, que les Anglais et la société Hunters s'employèrent à convaincre les Cubains de l'excellence d'un tel patronyme.
En 1937, Alonso Menendez acquiert la manufacture H. Upmann et y transfère toute la production des Montecristo. La réussite de ce label sera fulgurante.
En 1955, l'évêque de La Havane vient même bénir le siège de l'usine !
La société Alfred Dunhill, qui assure la distribution des Montecristo aux États-Unis et en Grande-Bretagne, créera sa propre gamme dans les années 1940 sous le nom de Montecristo Dunhill Seleccion Suprema.
Cette Dunhill Seleccion sera arrêtée en 1982.
Aux cinq modules – les *N° 1 à 5* – existants depuis l'origine en 1935, ont été ajoutés le *Joyitas* et les *Especial* en 1969. Trois ans plus tard, en 1971, le légendaire *Montecristo A* voyait le jour. Un nouveau module, *Edmundo*, a fait son apparition il y a deux ans suivi par le *Petit Robustos*.

MONTECRISTO

Double Coronas – Édition limitée 2001
194 mm x Ø 19,45 mm • *Double corona (prominentes)*
France : 27,10 €
Amateurs confirmés

Cette édition limitée produite en quantité très restreinte est une véritable curiosité. Beaucoup d'amateurs collectionneurs l'ont déjà entreposée dans leurs caves et humidors, histoire de spéculer ou tout simplement d'attendre une bonne occasion de la déguster. Ce beau havane à la cape maduro foncé, lisse et luisante, jouit d'une excellente architecture. L'ensemble est bien construit. À l'allumage, le tirage ample et aisé est parfait. La vitole démarre sur des notes boisées et poussiéreuses (terre), puis exhale un joli bouquet d'épices. La force est bien dosée. Le cigare est présent, multipliant les touches de sous-bois, puis de cuir et de miel. Il lui manque de la rondeur, mais la dynamique est évidente même si son style est empreint de raideur.

Le troisième tiers est apparu légèrement linéaire. Une vitole « prussienne », complexe et rigoureuse, qui demande un réel « savoir fumer ». [Dégustation publiée dans le *Havanoscope 2004*]

MONTECRISTO

Edmundo

135 mm x Ø 20,64 mm • *Grand robusto (edmundo)*

France : 13,60 € ; Allemagne : 10 € ; Andorre : 7,60 € ;
Benelux : 10,40 € ; Cuba : 5,40 € (6,70 CUC) ;
Espagne : 10 € ; Grande-Bretagne : 21,27 € (£14,30) ;
Italie : 11,30 € ; Suisse : 8,23 € (13,60 FS)

Pour tous

Pas de changement pour ce bon gros *Edmundo*, né pour impressionner la galerie mais qui manque toujours de complexité, de tonicité et de charisme. L'architecture reste le point fort de ce Montecristo : on ne peut qu'être admiratif devant une telle pièce, au corps ferme et à la cape lisse. Les premières bouffées apparaissent un peu lointaines. Parfaitement ventilé, le havane déploie alors des touches boisées, enrichies par des notes de fougère, de champignon et quelques heureuses pointes de poivre vert. Le fumage est homogène mais peu impressionnant. Il manque cependant de la chair et du ressort à ce grand robusto. Un beau cigare, légèrement apathique.

MONTECRISTO

Especial

192 mm x Ø 15,08 mm • *Grand panatella (laguito N° 1)*

France : 11 € ; Allemagne : 12,40 € ; Andorre : 7,90 € ;
Benelux : 12,70 € ; Cuba : 6,77 € (8,40 CUC) ;
Espagne : 10 € ; Grande-Bretagne : 20,53 € (£13,80) ;
Italie : 12,50 € ; Suisse : 9,08 € (15 FS)

Amateurs et amateurs confirmés

Ce grand panatella tire une nouvelle fois son épingle du jeu. Il a offert une dégustation de très bon niveau, ratant la cinquième bague en raison d'un tempo final un peu trop linéaire. En outre

– défaut déjà constaté –, il arrive que certains exemplaires soient roulés un peu trop serrés. Joli à regarder, l'*Especial* démarre fermement mais sans agressivité. La cendre est très vite bien étagée. La vitole dispense des arômes de cuir et de café torréfié. La terre humide et les épices (poivres noir et vert) sont également au rendez-vous. Il s'ensuit une dégustation ronde et fondue, moelleuse et suave, grâce notamment à des touches grillées et briochées. Beaucoup de présence et une très bonne persistance aromatique. Un module délaissé à tort par un trop grand nombre d'amateurs. Ce Montecristo mérite que vous changiez vos habitudes.

MONTECRISTO

Especial N° 2 ▼

152 mm x Ø 15,08 mm • *Panatella (laquito N° 2)*

France : 9,50 € ; Allemagne : 10,30 € ; Andorre : 7,12 € ; Benelux : 10,40 € ; Cuba : 5,44 € (6,75 CUC) ; Espagne : 9,15 € ; Grande-Bretagne : 16,81 € (£11,30) ; Italie : 10 € ; Suisse : 7,02 € (11,60 FS)

Pour tous

Ce panatella est en petite forme : nous lui avons trouvé une construction peu précise rendant parfois le tirage laborieux. Une fois allumé, le Montecristo délivre des touches de poussière de terre, reléguant au second plan les pointes herbacées. Par la suite, la vitole se cale sur des touches plus expressives de pain grillé et de café torréfié. Mais l'ensemble semble privé de ressort et de nerf. Le cigare manque de densité, de profondeur et d'expression. La dégustation est beaucoup trop uniforme et devient même déplaisante dès lors que le tirage se bouche. Copie à revoir.

La majorité des havanes dégustés dans ce guide, c'est notamment le cas de toutes les grandes pièces, ont été mis en boîte entre octobre et décembre 2006. Seules les pièces mineures ou à rotation beaucoup plus lente peuvent provenir de millésimes antérieurs.

MONTECRISTO

Joyitas

115 mm x Ø 10,32 mm • *Mini-panatella (laguito N° 3)*

France : 5,70 € ; Allemagne : 5,10 € ; Andorre : 2,90 € ; Benelux : 5,40 € ; Cuba : 2,74 € (3,40 CUC) ; Espagne : 3,55 € ; Grande-Bretagne : 8,33 € (£5,60) ; Suisse : 4 € (6,60 FS)

Pour tous

Ce *Joyitas* trébuche dès son entrée en scène, avec une tendance à l'amertume et un tirage malaisé. Quelques arômes de café grillé rattrapent sa prestation, mais la combustion est vraiment laborieuse, et on s'essouffle à vouloir l'encourager. Des nuances boisées apparaissent cependant, trop légères pour faire oublier sa structure défaillante. Le mini-panatella perd une bague.

MONTECRISTO

Montecristo A

235 mm x Ø 18,65 mm • *Especial (gran corona)*

France : 29,40 € ; Allemagne : 40 € ; Andorre : 18,11 € ; Benelux : 31,30 € ; Cuba : 16,07 € (19,95 CUC) ; Espagne : 24,15 € ; Italie : 27 € ; Suisse : 25,43 € (42 FS)

Amateurs confirmés

Il faut rendre hommage à la régularité exemplaire de cet especial, qui résiste aux années et aux modes. Toujours réservé à une poignée d'aficionados fortunés ou originaux, le *A* décline emphase et rigueur. En raison de ses dimensions extrêmes, sa mise en route apparaît toujours un peu laborieuse. Les touches boisées puis terreuses se mettent paresseusement en place. Elles s'expriment à un rythme sénatorial, avant de s'adjoindre des arômes de café torréfié, de pain grillé et des nuances de poivre vert. Placide, jamais ennuyeuse, une telle pièce suscite ou accompagne l'introspection et la rêverie. Elle nécessite du temps, du calme et une touche d'ostentation pour être appréciée à sa juste valeur. Un havane intemporel, cérémonieux, luxueux. Un cigare culte.

MONTECRISTO *Non dégusté*

Montecristo B – Édition limitée 2003

135 mm x Ø 16,67 mm • *Corona (cosacos)*

France : 16,80 €

MONTECRISTO

Montecristo C – Édition limitée 2003

143 mm x Ø 18,26 mm • *Corona gorda (coronas gordas)*

France : 18,40 € ; Cuba : 10,07 € (12,50 CUC)

Amateurs confirmés

Le *Montecristo C* s'est montré extrêmement séduisant, voire captivant. Il réalise un sans-faute. Bien mis, vêtu d'une cape maduro légèrement nervurée, doté d'un format appétissant, il est en outre facile d'accès. En bouche, il déploie des arômes boisés et épicés. Lentement, sans le moindre à-coup, il se fait moelleux et crémeux. Les bouffées sont vite rondes et suaves. La vitole offre alors un bel assemblage de touches miellées et épicées. Du cuir et quelques senteurs herbacées complètent l'ensemble. Le tempo est parfait, presque métronomique. Le cœur est riche, porté par une puissance évidente mais jamais brutale. Sensation de rassasiement et de plénitude au final. Une pièce moderne, tout à fait intéressante. Voilà un excellent exemple du savoir-faire cubain et de la nouvelle tonalité cultivée à La Havane. [Dégustation publiée dans le *Havanoscope 2005*]

MONTECRISTO

Montecristo D – Édition limitée 2005

170 mm x Ø 17,07 mm • *Lonsdale (dalias)*

France : 16,30 € ; Cuba : 7,89 € (9,80 CUC) ;
Grande-Bretagne : 23,80 € (£16)

Amateurs

La vitole est indéniablement élégante. Les fines proportions drapées de sombre maduro – décidément la couleur à la mode – lui donnent de faux airs de liane. L'allumage est aisé. L'entrée en matière n'est pas très spectaculaire, mais le cigare décline rapidement une bonne puissance. Pour autant, il reste souple et rond. Les arômes dispensés jouent avec de l'herbacé très profond puis avec des tonalités boisées. Le mélange est assez réussi, mais va demeurer longtemps monocolore. Il faut attendre le cœur du deuxième tiers pour percevoir de moelleuses touches chocolatées. Nous constatons un tirage très aisé et un bon équilibre de l'ensemble. Le Montecristo en serait resté à ce stade, récompensé par une note de milieu de tableau, s'il n'avait offert en fin de fumage de superbes et très goûteuses notes de moka. Ce final savoureux lui vaut quatre bagues. Un havane moelleux et tranquille, à déguster en toute sérénité. [Dégustation publiée dans le *Havanoscope 2006*]

MONTECRISTO

N° 1 ▼

165 mm x Ø 16,67 mm • *Lonsdale (cervantes)*
France : 10,50 € ; Allemagne : 11 € ; Andorre : 6,52 € ;
Benelux : 10,80 € ; Cuba : 5,40 € (6,70 CUC) ;
Espagne : 8,15 € ; Grande-Bretagne : 19,19 € (£12,90) ;
Italie : 10 € ; Suisse : 7,51 € (12,40 FS)
Pour tous

Depuis longtemps abonné au milieu de tableau, le *N° 1* s'est montré moins engageant cette année. Esthétiquement même, nombre d'exemplaires sont apparus drapés dans une cape grossière voire tachée. En apparence bien construit, il démarre en deçà de ses possibilités : pourtant bien ventilé, il manque de nerf et de structure. À mi-fumage, des arômes de pain d'épice et de cacao donnent une rondeur plaisante à la dégustation, mais très vite la puissance est défaillante et les arômes se dissipent. Très peu de longueur en bouche. Souhaitons que ce *N° 1* en panne retrouve très vite ses marques. À suivre.

Les havanes sont, dans leur grande majorité, faits à la main. Lorsqu'il s'agit de cigares faits à la machine, nous le précisons.

MONTECRISTO

N° 2

156 mm x Ø 20,64 mm • *Figurado (piramides)*

France : 13,50 € ; Allemagne : 11,50 € ; Andorre : 7,80 € ; Benelux : 12,20 € ; Cuba : 6,12 € (7,60 CUC) ; Espagne : 10,10 € ; Grande-Bretagne : 23,35 € (£15,70) ; Italie : 12 € ; Suisse : 8,96 € (14,80 FS)

Amateurs

Grand classique cubain, cet obus se porte bien et demeure dans la bonne moyenne. Il lui suffirait d'être esthétiquement mieux soigné – attention à cette cape bien trop nervurée ! – pour prétendre aux quatre bagues. À cru, il délivre des notes d'étable, de poivre et de feuilles mortes. Dès le départ, la puissance est bien canalisée. Elle s'installe durablement mais sans agressivité. Les premières bouffées sont amples et engageantes, touchant au boisé et à l'herbacé. Par la suite, les arômes se succèdent : pain d'épice, cacao, poivre noir. La vitole est équilibrée et parfaitement ventilée. Une pièce bien maîtrisée malgré un troisième tiers peu évolutif. Certains trouveront alors ce havane un peu fruste.

MONTECRISTO

N° 3

142 mm x Ø 16,67 mm • *Corona (coronas)*

France : 9,50 € ; Allemagne : 9,70 € ; Andorre : 5,28 € ; Benelux : 9,50 € ; Cuba : 4,67 € (5,80 CUC) ; Espagne : 6,60 € ; Grande-Bretagne : 16,81 € (£11,30) ; Italie : 8,80 € ; Suisse : 6,66 € (11 FS)

Pour tous

L'excellent tirage à cru se confirme à l'allumage, permettant une entrée en matière rapide et enlevée. Les arômes boisés s'imposent rapidement, portés par un corps franc et bien structuré. Si la vitole évolue peu (quelques nuances de cacao, de terre humide et de café), elle se signale par une puissance bien menée et une bonne tenue en bouche jusqu'au final. Une pièce sans inventivité, mais qui fait preuve de maîtrise.

MONTECRISTO

N° 4
129 mm x Ø 16,67 mm • *Petit corona (marevas)*
France : 7,40 € ; Allemagne : 7,30 € ; Andorre : 3,98 € ;
Benelux : 6,90 € ; Cuba : 3,46 € (4,30 CUC) ;
Espagne : 4,95 € ; Grande-Bretagne : 12,35 € (£8,30) ;
Italie : 6,50 € ; Suisse : 5,09 € (8,40 FS)
Pour tous

Le plus célèbre des havanes confirme parfaitement la quatrième bague, gagnée l'an passé. Habillé d'une belle cape maduro, riche en gras, il exprime à cru des notes végétales et poivrées. Après le démarrage, les bouffées s'enchaînent sans rupture de rythme. D'abord terreuse et végétale, la vitole s'enrichit ensuite de pointes épicées, d'effluves de cacao et de cèdre. Le troisième tiers est très nettement marqué par des notes empyreumatiques (café torréfié). Une pièce soignée et généreuse. Ce n'est pas un hasard si le *N° 4* est le havane le plus vendu au monde… Bravo !

MONTECRISTO

N° 5 ▼
102 mm x Ø 15,87 mm • *Très petit corona (perlas)*
France : 6,30 € ; Allemagne : 5,50 € ; Andorre : 3,32 € ;
Benelux : 5,50 € ; Cuba : 2,90 € (3,60 CUC) ;
Espagne : 4,15 € ; Grande-Bretagne : 10,04 € (£6,75) ;
Italie : 5,50 € ; Suisse : 4 € (6,60 FS)
Pour tous

Habitué à fréquenter le milieu du classement, le *N° 5* perd cette année une bague. Nous l'avons trouvé moins expressif, comme s'il avait tendance à s'endormir sur ses lauriers. À l'allumage, il marque le pas, souffrant d'une puissance trop limitée. Quand les arômes de terre humide et de mousse de chêne arrivent enfin, ils se révèlent trop maigres. Le toasté et le poivré sont là mais trop timides. La rondeur et la souplesse – d'ordinaire déjà au rendez-vous – ne se manifestent que lors des dernières bouffées. Nous continuons à pourtant croire en ce havane si traditionnel, et nous ne doutons pas de son prochain rétablissement.

MONTECRISTO

coup de cœur

Petit Edmundo
110 mm x Ø 20,64 mm • *Petit robusto (petit edmundo)*
France : 8,60 € ; Allemagne : 8,40 € ; Andorre : 6,20 € ;
Benelux : 8,90 € ; Cuba : 4,19 € (5,20 CUC) ;
Espagne : 7,50 € ; Grande-Bretagne : 16,06 € (£10,80) ;
Italie : 8 € ; Suisse : 7,14 € (11,80 FS)
Pour tous

Cette nouvelle vitole fait son entrée dans le *Havanoscope*. Joli à l'œil dans sa cape maduro lisse et grasse, ce robusto de poche décline une architecture élégante et bien pensée. La mise en route est souple et facile. Très correctement rempli, le Montecristo livre immédiatement un bon volume de fumée : touches de terre humide, de bois précieux et de poivre noir. Il évolue avec une parfaite régularité. Le tempo est idéal, l'équilibre puissance/ arômes parfaitement respecté. En dépit de ses courtes dimensions, cette vitole offre une excellente palette gustative. Elle se fait ronde, suave et crémeuse. On la déguste ainsi jusque dans les ultimes bouffées, avec l'apparition de touches fines et fondues de brioche et de café torréfié. Une très belle prestation et une entrée réussie dans le monde du havane. À recommander. Coup de cœur.

MONTECRISTO

Petit Tubos
129 mm x Ø 16,67 mm • *Petit corona (marevas)*
France : 8,80 € ; Allemagne : 8,80 € ; Andorre : 4,56 € ;
Benelux : 8,40 € ; Cuba : 4,15 € (5,15 CUC) ;
Espagne : 5,70 € ; Grande-Bretagne : 14,43 € (£9,70) ;
Italie : 7,80 € : Suisse : 6,42 € (10,60 FS)
Pour tous

Le *Petit Tubos* s'accroche à ses deux bagues après avoir offert une prestation modeste. Après quelques notes piquantes au démarrage, il délivre des arômes herbacés puis quelques effluves terreux. Le cigare demeure toutefois étriqué et court en bouche. La cendre est bien étagée, le tirage correct, la fumée légère. Pas de problème de construction : c'est donc la *liga* qui mérite d'être revue à la hausse. Quelques pointes de café torréfié concluent une dégustation modeste et sans véritable envergure. Passe-partout et beaucoup trop cher au regard du plaisir offert.

MONTECRISTO

Robustos – Édition limitée 2000
124 mm x Ø 19,84 mm • *Robusto (robustos)*
France : 16,70 €
Amateurs et amateurs confirmés

Le chaînon manquant de la gamme Montecristo serait-il ce *Robustos* fabriqué en édition limitée et dont le seul nom provoque la curiosité de tous les amateurs ? Voilà en tout cas une vitole aux mensurations parfaites. La cape maduro presque nocturne enveloppe les formes quasi carrées de ce havane qui ressemble à un petit lutteur. La mise en route est facile, et le robusto est vite dans le tempo. Il délivre des arômes herbacés qui empruntent successivement au sous-bois, à la tourbe, aux épices et au bois précieux. Au fil des bouffées, il gagne en profondeur et en puissance. Il est bien campé sur des arômes longs d'épices, de terre et même d'agrumes et de miel. La puissance a toutefois tendance à être un peu désordonnée en fin de dégustation. Un cigare complet, à la cubanité évidente, profond et voluptueux, mais qui trébuche hélas ! sur la fin. À recommander absolument… si vous le trouvez ! [Dégustation publiée dans le *Havanoscope 2005*]

MONTECRISTO

Robustos – Édition limitée 2006
124 mm x Ø 19,80 mm • *Robusto (robustos)*
France : 16,70 € ; Cuba : 7,69 € (9,55 CUC) ;
Grande-Bretagne : 24,10 € (£16,20) ; Italie : 12,50 €
Amateurs

Superbe allure pour ce Montecristo : la double bague est éclatante sur cette cape maduro très soignée. Au toucher, la bonne compacité rend l'ensemble encore plus alléchant. La mise en route est rapide et le tirage s'effectue sans problème. Les premières bouffées empruntent au registre du bois précieux et du suint. Par la suite, des arômes végétaux très équilibrés se révèlent particulièrement goûteux. Une légère amertume se mêle à une dégustation tranquille et apaisée. À partir du milieu du deuxième tiers, la vitole avoue une certaine linéarité, sans se départir toutefois d'une présence réelle et fort sympathique. Une pièce bien fabriquée, élégante et très équilibrée. [Dégustation publiée dans le *Havanoscope 2007*]

MONTECRISTO

Tubos ▼

155 mm x Ø 16,67 mm • *Grand corona (coronas grandes)*
France : 10,80 € ; Allemagne : 12 € ; Andorre : 6,40 € ;
Benelux : 12,20 € ; Cuba : 6,20 € (7,70 CUC) ;
Espagne : 8 € ; Grande-Bretagne : 20,23 € (£13,60) ;
Italie : 11,50 € ; Suisse : 8,72 € (14,40 FS)
Pour tous

Ce grand corona est toujours aussi soigné. La cape est lisse et grasse. Le toucher est agréable, et le havane livre à cru de jolies touches miellées. Jusque-là, aucun problème. À partir de l'allumage, les choses se gâtent quelque peu, dévoilant un *Tubos* moins entreprenant que l'an passé. Les premières bouffées sont en effet piquantes. La tonalité est boisée et terreuse. Le volume de fumée est bon, mais la puissance n'est pas vraiment au rendez-vous. Au fil des minutes, le Montecristo se montre mal à l'aise et légèrement rugueux. Il devient âcre et empâte le palais. Un manque de vigueur et des arômes chancelants caractérisent cette vitole en perte de vitesse.

La majorité des havanes dégustés dans ce guide, c'est notamment le cas de toutes les grandes pièces, ont été mis en boîte entre octobre et décembre 2006. Seules les pièces mineures ou à rotation beaucoup plus lente peuvent provenir de millésimes antérieurs.

PARTAGAS

Voici l'un des plus larges catalogues du marché du havane. Et pourtant, c'est toujours avec maestria que Partagas tire son épingle du jeu. Mieux, le label détient haut la main le record des cigares à cinq bagues : pas moins de six produits obtiennent la note suprême. Ainsi, ses gros modules – Churchills de Luxe, Lusitanias, Série D N° 4, Séries du Connaisseur... *– tiennent-ils toujours le haut pavé. On se félicite d'une telle santé : le tour de force de ce label est en fait de savoir toujours réinventer ses classiques alors que la concurrence fait rage et que les nouveautés pleuvent. Le pari est réussi, et Partagas comble une saison de plus simples amateurs et connaisseurs. La marque la plus titrée actuellement.*

PARTAGAS

C'est la plus célèbre fabrique de La Havane, la plus visitée par les touristes, mais c'est aussi l'une des plus prestigieuses marques de havanes. Elle a été créée en 1845 par un Catalan habile et tyrannique, Jaime Partagas, venu s'établir vers 1827 à La Havane. Propriétaire de nombreuses plantations, notamment dans la région de Pinar del Rio, conscient de la nécessité d'aller à la rencontre de son public, Jaime Partagas va hisser les havanes qui porteront son nom au tout premier rang. Il tenait à sélectionner lui-même les tabacs et expérimenta plusieurs méthodes de fermentation. On dit aussi qu'il fut le premier, en 1960, à employer un lecteur dans la *galera* de sa manufacture. En 1859, la marque est universellement connue, et c'est à juste titre qu'elle peut inscrire au frontispice du beau bâtiment de la rue de l'Industrie, à La Havane : « *Real Fabrica de Tabacos* » (Fabrique royale de cigares). Elle est aujourd'hui la plus ancienne manufacture de Cuba. Mais, en 1868, Jaime Partagas est assassiné dans des conditions qui ne seront jamais élucidées. Son fils José reprend le flambeau. Dénué de l'énergie et du flair paternels, il ne saura pas conduire le navire Partagas. Il fait faillite quelques années plus tard et doit céder la marque à l'industriel José A. Bances. En 1900, celui-ci se retire des affaires et laisse la marque à deux représentants dynamiques des grandes dynasties cigarières de l'île : Ramon Cifuentes Llano et José Fernandez. Une association vite dénoncée et remplacée par la Cifuentes, Pego en Co, puis par Cifuentes and Co. L'arrivée du castrisme verra partir l'arrière-petit-fils Cifuentes aux États-Unis. En 1995, Habanos SA a célébré avec faste le 150ᵉ anniversaire de la fabrique Partagas.

PARTAGAS

8-9-8 (boîte vernie) ▼

170 mm x Ø 17,07 mm • *Lonsdale (dalias)*

France : 11,50 € ; Allemagne : 11 € ; Andorre : 7,37 € ; Benelux : 12,70 € ; Cuba : 6,12 € (7,60 CUC) ; Espagne : 9,45 € ; Grande-Bretagne : 20,97 € (£14,10) ; Italie : 11,80 € ; Suisse : 8,96 € (14,80 FS)

Amateurs confirmés

Au pinacle depuis quelques années, le *8-9-8* demeure une référence incontournable, le cigare qui a donné ses lettres de noblesse au module lonsdale. Cette année pourtant nous avons décelé des problèmes de combustion sur un bon nombre d'exemplaires testés. Il ne s'agit sans doute que d'incidents passagers, mais l'alerte est suffisamment sérieuse pour que le *8-9-8* perde une bague. Nous ne doutons pas que ce Partagas de grande classe saura se ressaisir, car ses atouts demeurent réels. Quand il est en forme, il joue avec adresse une partition aromatique enjouée : notes d'humus, de cuir tanné, d'épices et de café fraîchement torréfié. Puissant et charpenté, le Partagas offre généralement un excellent tempo, beaucoup de vitalité et d'entrain. Un cigare exigeant, qui exige un réel savoir fumer et qui a sa clientèle d'aficionados. Il serait dommage que des accidents de combustion entachent durablement une telle bonne réputation.

PARTAGAS

Aristocrats ▲

129 mm x Ø 15,87 mm • *Petit corona (petit cetros)*
France : 3 € ; Allemagne : 3,10 € ;
Andorre : 2,47 € ; Benelux : 3,35 ;
Cuba : 1,85 € (2,30 CUC) ; Espagne : 3,30 € ;
Italie : 3,70 € ; Suisse : 2,06 € (3,40 FS)
Pour tous

Il manquait de régularité pour décrocher sa troisième bague. Nous la lui accordons cette année pour récompenser une bonne tenue, bien que sa véritable notation oscille plutôt autour de deux bagues et demie. La cape lisse et nervurée offre un toucher soyeux. Le remplissage est bon, et l'allumage facile et confortable. Après quelques touches d'amertume, la vitole propose un bouquet intéressant d'herbe humide et de fleurs. Mais c'est la tonalité terreuse qui peu à peu gagne du terrain et finit par s'imposer. Ce spectre aromatique est appuyé par des notes boisées bien structurées. Une dégustation équilibrée, qui se conclut en beauté par un final rond et ample. Difficile de demander plus à un Partagas délibérément modeste.

PARTAGAS

Chicos

106 mm x Ø 11,51 mm • *Mini-panatella (chicos)*
France : 1,20 € ; Cuba : 0,68 € (0,85 CUC)
Fait à la machine • Pour tous

Pas de bouleversement notoire pour ce mini-panatella honnête mais très limité. L'allumage est rapide. La vitole porte alors des arômes de terre humide et de bois sec. Le spectre gustatif va prestement se concentrer autour de saveurs boisées. La force est présente, permettant aux touches aromatiques de marquer le palais. La dégustation est néanmoins trop brève, et la puissance a parfois tendance à se débrider en fin de fumage. Il s'ensuit alors une marche chaotique sans grand intérêt. Un Partagas fait machine, qui n'est pas déshonorant mais qui ne captivera pas les connaisseurs.

PARTAGAS

coup de cœur

Churchills de Luxe ▲

178 mm x Ø 18,65 mm • *Churchill (julieta 2)*
France : 12,30 € ; Allemagne : 12 € ;
Benelux : 13,50 € ; Cuba : 6,85 € (8,50 CUC) ;
Italie : 12,40 € ; Suisse : 10,66 € (17,60 FS)
Amateurs et amateurs confirmés

Prestation parfaite pour ce churchill durablement accroché jusque-là à ses quatre bagues. Il se voit récompensé de ses efforts en accédant à la plus haute marche du podium. À cru, la vitole livre des senteurs animales et évoque l'étable. Les premières bouffées sont plaisantes, sans aucune agressivité. Avouant une bonne compacité, le Partagas déploie des arômes de tourbe humide, de fougère et de moka. La puissance est excellente : le *Churchills de Luxe* prend constamment de l'amplitude et de la chair. Passé le premier tiers, les touches de café torréfié s'enrichissent d'un peu de chocolat, ce qui confère une belle rondeur crémeuse à la vitole. Des effluves de cuir accompagnent un troisième tiers rassasiant et dense. Une pièce élégante et sensuelle jusqu'au final. Coup de cœur.

PARTAGAS

Coronas

142 mm x Ø 16,67 mm • *Corona (coronas)*
France : 8 € ; Allemagne : 7,85 € ; Andorre : 4,50 € ;
Cuba : 4,27 € (5,30 CUC) ; Espagne : 6 € ;
Grande-Bretagne : 15,17 € (£10,20)
Amateurs

En chute l'an passé, le *Coronas* conserve sa position en milieu de tableau. Il fournit une prestation satisfaisante et animée sans toutefois être exceptionnelle. Les premières bouffées, qui sont essentiellement boisées, s'arrondissent, portées par une fumée ample et qui a de la mâche. Le corona acquiert vite un bon niveau de puissance, portant une expression aromatique simple et classique mais goûteuse : bois précieux, poivre noir et café torréfié. Des touches cacaotées, timides, ont du mal à se faire jour, écrasées par une force que l'on peut trouver trop brutale au troisième tiers. Une vitole robuste et présente, bien représentative du style Partagas.

PARTAGAS

Coronas Junior ▼

117 mm x Ø 15,87 mm • *Petit corona (coronitas)*
France : 3,60 € ; Allemagne : 4,50 € ;
Cuba : 2,30 € (2,85 CUC) ;
Espagne : 3,50 € ; Italie : 4,20 €
Pour tous

Jusqu'à présent bien noté et particulièrement régulier, ce tube marque le pas cette année et perd une bague. Il a en effet offert une dégustation trop étriquée, accusant un manque de vivacité et n'exprimant qu'une palette aromatique trop pâle. Doté d'une cape sans éclat mais bien posée, il démarre plutôt bien, délivrant alors des senteurs d'herbe humide, de bois et de café torréfié. Mais le spectre gustatif tourne court et laisse l'amateur sur sa faim. L'expression manque de chair et de densité. Le sursaut final, trop tardif, ne permet pas au *Junior* de sauver un numéro jusqu'alors parfaitement maîtrisé. Doit se reprendre.

Signification des bagues

1. Médiocre
2. Moyen
3. Bon
4. Excellent
5. Exceptionnel

À côté des bagues, une flèche montante ▲ indique la progression de ce cigare par rapport à sa notation dans le Havanoscope 2007. *Inversement, une flèche descendante ▼ signale sa baisse.*

PARTAGAS

Coronas Senior (tube)

132 mm x Ø 16,67 mm • *Corona (eminentes)*

France : 5,10 € ; Allemagne : 5,20 € ;
Andorre : 2,88 € ; Cuba : 2,54 € (3,15 CUC) ;
Espagne : 3,80 € ; Italie : 4,60 €

Amateurs

Loué d'année en année, régulier et alerte, ce corona de haut vol domine toujours le paysage changeant des havanes à prix doux. L'entrée en matière est tout en saveurs balsamiques (cèdre, résine, écorce mouillée), et la combustion parfaitement orchestrée. Charnue et ronde, la vitole évolue vers des saveurs empyreumatiques soutenues par une robustesse assumée. Nerveux jusqu'au final, rassasiant mais jamais âcre, c'est un module bourré de qualités et de constance. Bravo pour sa ténacité et son panache.

PARTAGAS *Non dégusté*

Culebras

146 mm x Ø 15,48 mm • *Culebra (culebras)*

France : 11,70 € ; Cuba : 5,60 € (6,95 CUC) ; Italie : 10 €

PARTAGAS

Habaneros

125 mm x Ø 15,48 mm • *Petit panatella (belvederes)*

France : 2,60 €

Pour tous

Ce petit Partagas joue la carte d'une rusticité de bon aloi, avec une cape maduro nervurée mais soyeuse. En bouche, l'allumage est vif et rapide. En dépit des toutes premières bouffées, trop poussiéreuses, le *Habaneros* offre rapidement un bon tirage et une grande régularité. La puissance est réellement affirmée sans être dévastatrice. Elle porte des arômes de bois chaud et de poivre. Le spectre aromatique est certes étroit, mais ce havane présente un réel agrément et affiche un agréable dynamisme. Bonne pioche.

PARTAGAS

Lusitanias

194 mm x Ø 19,45 mm • *Double corona (prominentes)*

France : 15 € ; Allemagne : 13,50 € ; Andorre : 9,45 € ;
Benelux : 15,30 € ; Cuba : 7,65 € (9,50 CUC) ;
Espagne : 12,60 € ; Grande-Bretagne : 27,96 € (£18,80) ;
Italie : 14,50 € ; Suisse : 11,87 € (19,60 FS)

Amateurs et amateurs confirmés

Depuis des lustres, ce magnifique double corona nous séduit avec son allure fraîche et soignée, son spectre aromatique savoureux et une très grande régularité. Pas de surprise, bonne surprise : le *Lusitanias* est parvenu à nouveau à nous bluffer ! L'allumage est facile et rapide. La vitole se cale très vite autour d'arômes de bois précieux et de fruits secs (noix, noisette). La puissance est bien là, mais jamais gênante, parfaitement étagée. Elle porte des bouffées amples et odorantes. Des pointes terreuses marquées servent de fil rouge à la dégustation : humus, chocolat, épices et cuir ne cessent de se croiser dans un ballet parfaitement rond et fondu. Au final, la vitole s'assouplit encore, mêlant aux saveurs crémeuses et briochées quelques épices et des notes de miel. Une pièce de choix, élégante et goûteuse jusque dans les ultimes bouffées. Toujours régulier, toujours surprenant, le *Lusitanias* représente ce que Cuba fait de mieux en matière de doubles coronas.

PARTAGAS

Mille Fleurs

129 mm x Ø 16,67 mm • *Petit corona (petit coronas)*

France : 3,30 € ; Allemagne : 4 € ; Andorre : 2,60 € ;
Benelux : 3,60 € ; Cuba : 2,01 € (2,50 CUC) ;
Italie : 4 € ; Suisse : 3,03 € (5 FS)

Pour tous

Ce petit corona bien connu des amateurs de la maison Partagas a adopté sa bonne vitesse de croisière. Pour un prix tout à fait correct, il offre le meilleur de lui-même dans sa catégorie : une construction idéale, de la rondeur autour d'arômes de cuir et de suint bien présents, une évolution subtile vers des saveurs épicées et une force domptée qui évite tout débordement. Nous lui reprochions un « décrochage » à mi-parcours dans le *Havanoscope 2007*, mais cette livraison ne présente pas ce désagrément. Au contraire, la vitole se bonifie dans l'évolution jusqu'à offrir un final torréfié très goûteux.

PARTAGAS

Partagas de Luxe
140 mm x Ø 15,87 mm • *Corona (cremas)*
France : 4,80 € ; Allemagne : 5,70 € ; Andorre : 3,20 € ;
Benelux : 5,30 € ; Cuba : 2,82 € (3,50 CUC) ;
Espagne : 4,10 € ; Italie : 5,20 € ; Suisse : 4,36 € (7,20 FS)
Pour tous

Moins flamboyant que son *alter ego* le *Coronas Senior*, le *Partagas de Luxe* offre néanmoins une prestation estimable. Quelque peu astringent, voire agressif dans ses débuts, il se discipline bien vite, déclinant une palette grillée et torréfiée de bonne facture. Même si sa compacité induit un tirage soutenu, il parvient à contenir sa puissance, offrant de très bons moments de plaisir gustatif. Un module vertébré, corpulent, qui mérite le détour et une bague de plus à son palmarès.

PARTAGAS

Partagas de Partagas N° 1 ▼
170 mm x Ø 17,07 mm • *Lonsdale (dalias)*
France : 9 € ; Allemagne : 10 € ; Cuba : 5,60 € (6,95 CUC)
Pour tous

Ce lonsdale, jusque-là dans la moyenne, correct et équilibré, perd cette année une bague. Nous l'avons trouvé trop peu présent sur le plan aromatique. Nous avons également déploré quelques défauts de fabrication préjudiciables (extinctions prématurées). Le tirage est pourtant d'abord aisé, permettant à la vitole d'exprimer des notes agréables de poussière de bois et de terre humide. Des fragrances cacaotées prennent assez vite le relais, conférant ainsi du moelleux et du fondu à la dégustation. Malheureusement, le *N° 1* va en rester là et n'évolue plus à partir du deuxième tiers. Moins riche et entreprenant que naguère, il doit désormais se ressaisir.

PARTAGAS

Petit Coronas Especiales
132 mm x Ø 16,67 mm • *Corona (eminentes)*
France : 4 € ; Allemagne : 3,80 € ; Andorre : 2,76 € ; Cuba : 1,89 € (2,35 CUC) ; Grande-Bretagne : 12,05 € (£8,10) ; Italie : 3,70 € ; Suisse : 3,03 € (5 FS)
Pour tous

Ce Partagas rustique et paysan arbore une allure naturelle, peu apprêtée, dans une cape légèrement fripée. À l'allumage, les touches boisées/herbacées sont toujours au rendez-vous. Elles ne brillent toutefois pas par leur profondeur, même lorsqu'elles sont appuyées par les notes de cuir tanné et de terre humide qui viennent en renfort dès le deuxième tiers. La puissance est suffisante mais un peu désordonnée. La construction trop lâche de la vitole en est probablement responsable. Un Partagas sans envergure.

PARTAGAS

Piramides – Édition limitée 2000
156 mm x Ø 20,64 mm • *Figurado (piramides)*
France : 13,20 €
Amateurs confirmés

Ce splendide cigare ne court pas toutes les civettes. Et pour cause ! Il s'agit d'une Édition limitée que certains spécialistes gardent jalousement dans leurs humidors. Très beau à regarder, bénéficiant d'une cape maduro presque nocturne, ce Partagas dégage force et promesses. À cru, il livre des épices et des senteurs d'étable. Après l'allumage, il se cale pour quelques bouffées sur un registre boisé puis bifurque vers des horizons plus larges : c'est le terroir cubain qui prédomine alors. Les variations gustatives jouent autour de la terre humide, du poivre vert, le tout complété par des effluves de champignon, de fleur de cuir et d'écurie. Le cigare est profond, onctueux et rassasiant. On ne peut que saluer cette grande présence olfactive entêtante, mais on lui reprochera un peu trop de linéarité. Destiné aux connaisseurs, ce havane peut étourdir tant la charge est impressionnante. Après un déjeuner hivernal. [Dégustation publiée dans le *Havanoscope 2004*]

PARTAGAS

Presidentes
158 mm x Ø 18,65 mm • *Figurado (tacos)*
France : 7,50 € ; Allemagne : 8,90 € ;
Andorre : 5,96 € ; Cuba : 4,39 € (5,45 CUC)
Pour tous

Le *Presidentes* est toujours un peu trop rude et mal dégrossi. Le démarrage est heurté, portant des arômes terreux et boisés sans distinction. La combustion est facile, le figurado s'avérant parfaitement ventilé. La puissance est cependant très fluctuante, l'équilibre n'est pas la carte maîtresse de ce Partagas. Nous avons donc droit à une fumée dense mais qui empâte vite le palais. Paradoxalement, si le havane se montre brutal et intempestif, il n'offre guère de longueur en bouche sinon des arômes poussiéreux et ennuyeux. Un programme présidentiel qui manque délibérément d'entrain !

PARTAGAS

Princess
127 mm x Ø 13,89 mm • *Demi-tasse (conchitas)*
France : 2,60 € ; Allemagne : 3,50 € ; Andorre : 2,06 € ;
Benelux : 2,80 € ; Cuba : 1,53 € (1,90 CUC) ; Italie : 3 €
Pour tous

Célébré l'an passé par un coup de cœur, ce demi-tasse est en très grande forme. Souple, généreux, affranchi de ses démons de mauvaise combustibilité, il s'épanouit dans un court mais intense concert de notes épicées et tourbées. Volontaire en bouche, il ne cède jamais à l'agressivité, offrant même une certaine longueur au final, avec des pointes crémeuses à souhait. Nous lui souhaitons de se maintenir longtemps à ce niveau.

PARTAGAS

Série D N° 1 – Édition limitée 2004
170 mm x Ø 19,84 mm • *Double corona (Partagas 16)*
France : 13,50 € ; Cuba : 8,26 € (10,25 CUC) ;
Grande-Bretagne : 29,15 € (£19,60) ;
Amateurs confirmés

Impossible de rester froid devant cette esthétique parfaite et cette somptueuse allure : la cape maduro nocturne est grasse et parfaitement lisse, mise en valeur par le double baguage doré de la série limitée et rouge Ferrari de la marque. À cru, la vitole exhale des touches profondes de poivre vert et d'étable. Parfaitement ventilée, elle offre rapidement une ouverture ample et majestueuse. La puissance est évidente, mais bien canalisée, presque bridée tant on sent qu'elle est prête à bondir et à s'étoffer. En bouche, le cigare livre des notes poivrées et boisées devenant, au fil de la dégustation, beaucoup plus terreuses et animales. Il conserve miraculeusement, en dépit d'une force nerveuse et musclée, tous ses atouts aromatiques. Le havane donne dans le moelleux et le suave, tout en avouant une évidente tonicité. Sensuel et macho, mais parfaitement équilibré. On ne peut que recommander cette pièce aromatique, du début jusqu'au final pleine et roborative. On ne peut que s'incliner devant tant de maestria et souhaiter que le *Série D N° 1* revienne au catalogue cubain. [Dégustation publiée dans le *Havanoscope 2005*]

Pour chaque cigare, nous mentionnons les pays où on le trouve et à quels prix. Quand un pays n'est pas mentionné, cela signifie en principe que le havane n'y est pas officiellement commercialisé.

PARTAGAS

Série D N° 2 – Édition limitée 2003

156 mm x Ø 19,84 mm • *Grand robusto (robustos 2)*

France : 12 € ; Cuba : 5,80 € (7,20 CUC)

Amateurs et amateurs confirmés

Peu d'amateurs l'ont sans doute dégusté, car ce Partagas produit en série limitée – la double bague caractéristique aide à le reconnaître – est presque introuvable. Doté d'une cape maduro lisse, il est porteur à cru de senteurs poivrées extrêmement alléchantes. Le démarrage est souple et cadencé. La vitole dispense alors des senteurs de poussière de terre et de cèdre de bonne facture. Elle se densifie par la suite, adoptant un registre plus animal avec de riches touches de suint. L'ensemble est puissamment charpenté, long en bouche, copieux, presque étourdissant. Il ne manque pas grand-chose à ce *Série D N° 2* pour arracher la note suprême. Il en est tout près. [Dégustation publiée dans le *Havanoscope 2004*]

PARTAGAS

Série D N° 3 – Édition limitée 2001

143 mm x Ø 18,26 mm • *Corona gorda (coronas gordas)*

France : 13 € ; Cuba : 4,87 € (6,05 CUC)

Amateurs confirmés

Ce corona gorda est lui aussi une Édition limitée. Bien présenté dans sa cape maduro, il dégage à cru des notes épicées de premier ordre. Facile à mettre en route, le *Série D N° 3* montre beaucoup de puissance au démarrage, puis laisse très vite éclore des senteurs de terre et de gibier. L'évolution, extrêmement harmonieuse, est soutenue par une force qui ne se dément jamais. Les arômes, affirmés, se succèdent à un rythme presque étourdissant : on passe ainsi du musc à la terre, du poivre au miel. Chaque bouffée est parfaitement maîtrisée grâce à un réglage parfait. La construction et le choix des feuilles ont manifestement fait l'objet d'une attention sourcilleuse de la part des Cubains. Le résultat est là : un havane de très haute volée et d'un lumineux équilibre qui renoue avec la meilleure des traditions cigarières. Intense et jubilant. L'expression unique de la Vuelta Abajo. [Dégustation publiée dans le *Havanoscope 2004*]

PARTAGAS

Série D N° 3 – Édition limitée 2006
143 mm x Ø 18,26 mm • *Corona gorda (coronas gordas)*
France : 13 € ; Cuba : 5,72 € (7,10 CUC) ;
Grande-Bretagne : 21,12 € (£14,20) ; Italie : 11,50 €
Amateurs et amateurs confirmés

Ce Partagas est réjouissant à l'œil. Bien proportionné, il présente une cape maduro qui manque cependant légèrement de gras. La prise en bouche est facile et l'allumage très simple. Le cigare dispose d'un bon volume de fumée, portée par un tirage parfait. Les premières bouffées sont marquées par des arômes boisés/épicés assez profonds, sans aucune agressivité. Le tout est agrémenté et heureusement arrondi par des pointes chocolatées. Moelleuse et avenante, puis plus franchement crémeuse et équilibrée, cette Édition limitée offrira encore un peu de cuir tanné et de café torréfié avant l'extinction. Une belle vitole, un petit peu linéaire, mais dotée d'une réelle personnalité. [Dégustation publiée dans le *Havanoscope 2007*]

PARTAGAS

Série D N° 4
124 mm x Ø 19,84 mm • *Robusto (robustos)*
France : 11,60 € ; Allemagne : 8,70 € ; Andorre : 7 € ;
Benelux : 9,90 € ; Cuba : 4,59 € (5,70 CUC) ;
Espagne : 8,95 € ; Grande-Bretagne : 18,15 € (£12,20) ;
Italie : 9,50 € ; Suisse : 7,51 € (12,40 FS)
Amateurs confirmés

Bien que certains exemplaires testés aient offert un démarrage moins « explosif » qu'à l'habitude, ce superbe robusto drapé de maduro, bien huilé, soyeux et lisse, reste au sommet. Ainsi, d'emblée, la fumée est bien présente. La palette aromatique se colore immédiatement de teintes boisées et épicées. La puissance est évidente, d'abord feutrée puis sans cesse grandissante. C'est pourquoi le *Série D N° 4* s'adresse définitivement à des amateurs expérimentés, gourmands d'accélérations violentes et de fumée débridée. La dégustation est intense et nerveuse : humus, cuir et poivre vert s'installent généreusement. La fumée est corsée, ample, exubérante même. Certes, certains amateurs la trouveront trop envahissante, mais c'est sur l'absence de concession que ce Partagas a assis sa réputation. Une pièce majeure dans l'univers du havane.

PARTAGAS

Série du Connaisseur N° 1
192 mm x Ø 15,08 mm • *Grand panatella (delicados)*
France : 11 € ; Allemagne : 11,10 € ; Andorre : 7,60 € ;
Benelux : 11,90 € ; Cuba : 5,52 € (6,85 CUC) ;
Italie : 11 € ; Suisse : 8,84 € (14,60 FS)
Amateurs

À la baisse l'an passé, ce grand panatella conserve ses quatre bagues. Il a offert une dégustation intéressante et équilibrée mais manquant de complexité pour retrouver le rang suprême. Toujours doté d'une belle allure (cape maduro fine et soyeuse), le *Connaisseur N° 1* démarre sur des chapeaux de roue. La fumée est ample et généreuse. Le havane offre alors un festival d'arômes (bois précieux, poivre vert, miel, cuir). Par la suite, il se fait plus miellé et terreux, puis plus nettement animal (notes de suint). On relève également la présence de jolies pointes d'agrumes et de fruits secs. De la rondeur et une vraie sensualité, une construction impeccable et d'excellentes sensations. On regrette juste que cette dégustation savoureuse manque un peu d'épaisseur et de profondeur.

Les prix donnés pour le Benelux valent pour la Belgique et les Pays-Bas. Pour le Luxembourg, compter 5 % de moins en moyenne.

PARTAGAS

Série du Connaisseur N° 2

166 mm x Ø 15,08 mm • *Grand panatella (parejos)*

France : 8,70 € ; Allemagne : 8,60 € ;

Benelux : 9,10 € ; Cuba : 4,51 € (5,60 CUC) ;

Italie : 8,50 € ; Suisse : 6,78 € (11,20 FS)

Amateurs et amateurs confirmés

Ce magnifique havane fait toujours honneur au terroir cubain. Peu soucieux des modes, ce grand panatella au module suranné a joué une partition sans aucune fausse note, alliant profondeur aromatique, suavité, rythme et construction parfaite. On en redemande. À l'œil, la cape colorado ne souffre d'aucun défaut. Au toucher, cette longue et mince vitole est souple et soyeuse. Dès les premières bouffées, après une attaque franche et nerveuse, le havane s'arrondit et se civilise. Le voilà distillant de superbes touches de terre humide et de bois précieux. La puissance se développe à un juste niveau sans jamais hausser le ton, ni créer de bémols. Au cœur du fumage, le *N° 2* devient moelleux et suave. Les arômes boisés/épicés, miellés/chocolatés sont magnifiquement fondus. Une pièce en tout point exceptionnelle, subtile et musclée à la fois. Dans la très grande lignée cubaine.

PARTAGAS

Série du Connaisseur N° 3

143 mm x Ø 13,89 mm • *Panatella (carlotas)*

France : 8 € ; Allemagne : 7,60 € ; Andorre : 5,60 € ;

Benelux : 8 € ; Cuba : 4,07 € (5,05 CUC) ;

Grande-Bretagne : 13,09 € (£8,80) ;

Italie : 7,50 € ; Suisse : 5,69 € (9,40 FS)

Pour tous

Élancé et élégamment habillé, le *Connaisseur N° 3* est d'un abord appétissant. Une fois allumé, il offre une bonne présence aromatique et une robustesse évidente. Les arômes boisés et terreux se manifestent rapidement, marqués néanmoins par un léger piquant. La puissance est suffisante et porte une palette aromatique dense : touches boisées et animales, sous-bois et suint. Toutefois, compte tenu de son format, on aimerait plus d'évolution chez ce Partagas sincère et vigoureux, toujours installé dans une excellente moyenne.

PARTAGAS

Série P N° 2
156 mm x Ø 20,64 mm • *Figurado (piramides)*
France : 11 € ; Allemagne : 10,50 € ;
Andorre : 7,56 € ; Benelux : 11,30 € ;
Cuba : 5,32 € (6,60 CUC) ; Espagne : 9,45 ;
Grande-Bretagne : 22,76 € (£15,30) ;
Italie : 11,50 € ; Suisse : 8,48 € (14 FS)
Amateurs

Cet obus est une pièce soignée à l'allure authentique, mariage de modernité un peu lisse et de rusticité maduro. L'allumage est nerveux et sec. Puis le cigare grimpe quatre à quatre les étages de la puissance pour s'arrêter comme les ascenseurs à l'ancienne : fermement. La fumée est alors emplie d'arômes boisés et terreux. Le tout marque de son empreinte le palais grâce à une force bien charpentée. Incontestablement, nous avons affaire à un havane « de terroir ». Les bouffées se suivent à un bon rythme, mais l'équilibre d'ensemble est respecté. De jolies touches briochées et torréfiées (moka) complètent une dégustation qui pourra souvent apparaître comme roborative. Du nerf et une vraie personnalité. Nous le conseillerons plutôt en hiver, après une longue marche en campagne.

Les prix en euros et en monnaies étrangères que nous indiquons sont ceux pratiqués au moment de la parution du Havanoscope *(octobre 2007). Tous ces cigares sont à la merci de hausses qui peuvent intervenir au cours de l'année 2008, aussi bien en France qu'à l'étranger.*

PARTAGAS

Shorts ▼

110 mm x Ø 16,67 mm • *Très petit corona (minutos)*
France : 5 € ; Allemagne : 5,40 € ; Andorre : 2,83 € ;
Benelux : 5,50 € ; Cuba : 2,54 € (3,15 CUC) ;
Espagne : 3,15 € ; Grande-Bretagne : 10,86 € (£7,30) ;
Italie : 5,50 € ; Suisse : 4,12 € (6,80 FS)
Pour tous

La dégringolade continue, et c'est navrant. Privé d'une bague l'an passé pour son manque de caractère, le *Shorts* chute encore, incapable d'assurer une ligne aromatique cohérente (acide et âcre à la fois) et surtout trop chaotique dans son tempo : agressif à l'entame, il sombre soudain dans l'atonie, puis revient à la violence, pour s'assagir encore… On ne se sait plus sur quel pied danser, malgré un potentiel gustatif animal et épicé qui se réveille au final. Trop déconcertant et lassant.

PARTAGAS

Super Partagas ▲

140 mm x Ø 15,87 mm • *Corona (coronas)*
France : 3,30 € ; Allemagne : 3,30 € ; Andorre : 2,77 € ;
Benelux : 3,70 € ; Cuba : 1,89 € (2,35 CUC) ;
Espagne : 3,70 € ; Suisse : 2,91 € (4,80 FS)
Amateurs

Par rapport au module dégusté l'an passé, honorable mais discret, on a l'impression de savourer un avatar doué de superpouvoirs. Flamboyant dès l'entame dans un festival d'épices (poivre noir, muscade, genièvre) et d'herbes aromatiques (thé vert, mousse), le havane orchestre son évolution avec fermeté et maestria : encore plus de chair, de puissance, d'animalité (étable et sueur de cheval). Puis, après l'effort dans l'écurie, le réconfort du salon : arômes crémeux et suaves de moka et de vanille, saveurs briochées. Du grand art, et une transfiguration qui étonne autant qu'elle ravit. Une pièce qui a obtenu un coup de cœur dans notre sélection 2007 des « Meilleurs cigares à moins de six euros », et qui gagne une bague supplémentaire.

Les havanes sont, dans leur grande majorité, faits à la main. Lorsqu'il s'agit de cigares faits à la machine, nous le précisons.

POR LARRAÑAGA

Après bien des frayeurs, Por Larrañaga semble avoir retrouvé une certaine stabilité. Certes, la marque, dotée d'une gamme courte, est loin d'être au pinacle et pourrait certainement montrer davantage d'ambition. Son mini-panatella Juanitos conserve avec bonheur l'avantage acquis la saison passée. Pour le reste, Por Larrañaga cultive des petits modules sans grande personnalité mais tout à fait convenables. Une marque un peu poussiéreuse mais dotée d'un excellent rapport qualité/prix.

POR LARRAÑAGA

Cette marque fut fondée en 1834 par un Espagnol venu de Guipuzcoa, au nord de la péninsule, Ignacio Larrañaga. Tout d'abord installé au 94 de la rue O'Reilly, il déménagea au 58 de la rue San Miguel en 1840. La marque sera achetée en 1875 par Antonio Rivero Martinez. La fabrique fut la première à produire des cigares mécanisés. C'était en même temps une manufacture d'excellente renommée. La qualité de ses *torcedores* était telle qu'on l'appelait « l'université du havane ». Le créateur du *Lanceros* de Cohiba, Eduardo Rivera, y était rouleur avant 1959, de même que ceux qui l'ont aidé à développer cette école de *torcedoras* qui devait devenir la manufacture El Laguito. « On est en paix avec un Larrañaga, au calme avec un Henry Clay », affirme Rudyard Kipling dans *Les Fiancés*. Les Henry Clay ont disparu, il nous reste les Por Larrañaga, fabriqués aujourd'hui dans la manufacture La Corona.

POR LARRAÑAGA

Juanitos

106 mm x Ø 11,51 mm • *Mini-panatella (chicos)*

France : 1,20 €

Pour tous

Il avait repris des couleurs l'an passé, et il les conserve dans cette édition. Le *Juanitos* n'est pas un grand havane, mais il s'avère agréable à fumer, volontaire et bien construit. Une fumée généreuse et souple porte des notes de terre et de café. Un soupçon de poivre se mêle à la danse à mi-parcours, ajoutant à la bonne tenue de ce mini-panatella très honorable. Un havane effacé mais valeureux et sympathique.

POR LARRAÑAGA

Lolas en Cedro

129 mm x Ø 16,67 mm • *Petit corona (petit coronas)*

France : 2,40 € ; Cuba : 1,65 € (2,05 CUC)

Fait à la machine • Pour tous

Remonté à deux bagues la saison passée, ce havane fabriqué à la machine, sous Cellophane et feuille de cèdre, conserve sa notation. Dans l'ensemble, le Por Larrañaga se révèle peu expressif et en panne d'imagination. L'allumage est aisé. Le mélange, un peu sec, livre des touches terreuses légèrement poussiéreuses. Du café torréfié rejoint en route la séance de dégustation. Le final demeure, en revanche, le point faible de cette vitole : la chute de puissance favorise une fumée âcre et acide. Un très modeste petit corona.

Les prix en euros et en monnaies étrangères que nous indiquons sont ceux pratiqués au moment de la parution du Havanoscope *(octobre 2007). Tous ces cigares sont à la merci de hausses qui peuvent intervenir au cours de l'année 2008, aussi bien en France qu'à l'étranger.*

Pour chaque cigare, nous mentionnons les pays où on le trouve et à quels prix. Quand un pays n'est pas mentionné, cela signifie en principe que le havane n'y est pas officiellement commercialisé.

POR LARRAÑAGA

Montecarlos

159 mm x Ø 13,10 mm • *Panatella (deliciosos)*

France : 3,10 € ; Allemagne : 4 € ; Andorre : 2,12 € ; Cuba : 1,93 € (2,40 CUC) ; Italie : 3,50 €

Pour tous

Continuant à peaufiner ses atouts, ce panatella persiste dans la bonne voie. Bien charpenté, agréablement pourvu d'arômes tourbés au démarrage, il gagne en chair et en profondeur au fil de la dégustation. Sans verser dans la nervosité excessive, il maintient toujours sa garde, s'entourant de notes de champignon et d'épices de toute beauté. On apprécie sincèrement son enthousiasme et sa rigueur de construction.

POR LARRAÑAGA

Panetelas

127 mm x Ø 14,68 mm • *Petit panatella (vegueritos)*

France : 2,30 € ; Allemagne : 3 € ;
Cuba : 0,97 € (1,20 CUC) ; Suisse : 1,45 € (2,40 FS)

Pour tous

Sans conteste, une vitole douée pour le succès, qui confirme le retour en grâce du label : déjà très bien notée depuis plusieurs années, elle parvient aujourd'hui à une grande plénitude. Des saveurs sucrées charment d'abord le palais avant de faire place à plus d'épices (poivre noir) et de cuir qui se combinent avec subtilité à des effluves animaux en fin de parcours. Un sans-faute gustatif, que l'on a plutôt coutume d'apprécier chez des modules plus trapus. La combustion lente, la puissance orchestrée et la rondeur sont de la partie.

POR LARRAÑAGA

Petit Coronas ▲

129 mm x Ø 16,67 mm • *Petit corona (marevas)*
France : 5,10 € ; Andorre : 3,56 € ;
Cuba : 2,66 € (3,30 CUC) ;
Italie : 5 € ; Suisse : 4,24 € (7 FS)
Pour tous

Un joli cocktail bien équilibré de saveurs miellées, de bois de cèdre et de touches fruitées, soutenu par une force bien présente mais sans excès. L'ensemble est avenant et doux, destiné en priorité aux palais délicats. Le plaisir est court mais laisse une excellente impression. Le *Petit Coronas* gagne encore une bague cette année. Une réussite de plus au sein de cette marque, décidément en forme.

PUNCH

L'une des marques cubaines les plus emblématique ne subit pas cette année d'oscillations majeures. Ses valeurs sûres – Churchills, Double Coronas, Punch Punch... *– conservent leur position. Ces cigares assurent presque à eux seuls le maintien du label à un excellent niveau. Les caractéristiques – pièces terreuses, charnues et longues en bouche – sont parfaitement respectées. Signalons, toutefois, la descente inexorable du mini-panatella* Margaritas *qui, il y a quelques saisons encore, était considéré comme une « petite perle » du havane.*

PUNCH

1840 serait la première date connue de la marque Punch, enregistrée par un Allemand nommé Stockmann. Son nom pourrait être celui d'une marionnette très connue alors en

Angleterre et que l'on retrouve sur les *vistas* du label. Manuel Lopez Fernandez (de la société Juan Valle) en devient propriétaire en 1884 et fait gravir au cigare les premières marches de l'ère moderne. Abandonnant toute référence générale au luxe, au terroir et à la fabrique, il conçoit un produit dont la saveur et la mise en valeur commerciale sont adaptées au public auquel il est destiné : l'amateur anglais. De 1898 à 1922, grâce à la direction inventive et énergique de Manuel, la marque connaît son apogée. En 1930, Punch intègre le groupe Fernandez Palicio. Avec celles de Belinda, de La Escepción et de Hoyo de Monterrey, la fabrication de Punch s'effectuera alors dans la fabrique de la rue Rayo jusqu'à l'avènement de la révolution.

PUNCH

Churchills

178 mm x Ø 18,65 mm • *Churchill (julieta 2)*
France : 12 € ; Allemagne : 12,50 € ; Andorre : 8,47 € ; Cuba : 6,69 € (8,30 CUC) ; Espagne : 12,10 € ; Grande-Bretagne : 24,39 € (£16,40) ; Italie : 13 € ; Suisse : 10,41 € (17,20 FS)
Amateurs

Ce Punch classique avait décroché un coup de cœur l'an passé. Il confirme cette année son aisance, son confort et son équilibre. Esthétiquement sans reproche, habillé d'une cape sombre et lisse parfaitement posée, il en impose sans être ostentatoire. En bouche, il offre un démarrage souple, ample et plein. La fumée affiche un bon volume, portant des arômes boisés et terreux. Par la suite, le *Churchills* évoque le cuir tanné, les épices. Il s'arrondit dès le deuxième tiers grâce à de subtiles pointes chocolatées. Il lui manque encore un peu de souffle et de complexité en fin de fumage pour réellement triompher. Une pièce de choix qui, généralement, figure en bonne place dans la cave de tout amateur.

Abréviations utilisées : € : euro ; £ : livre anglaise ; FS : franc suisse ; CUC : peso convertible.

PUNCH

Coronas

142 mm x Ø 16,67 mm • *Corona (coronas)*

France : 8 € ; Allemagne : 7,60 € ; Cuba : 3,95 € (4,90 CUC) ; Grande-Bretagne : 14,73 € (£9,90) ; Suisse : 6,18 € (10,20 FS)

Pour tous

Nous apprécions depuis longtemps la régularité de cette vitole, bien fabriquée, agréable à regarder, aromatiquement homogène. L'allumage est rapide et facile. La palette aromatique, faite de saveurs terreuses, boisées, légèrement poivrées, est certes sommaire, mais le fumage est souple et entreprenant. Doté d'une bonne construction, le *Coronas* réussit une montée en puissance équilibrée. Le tirage est aisé de bout en bout. Ce Punch n'est pas un monstre de complexité et de densité gustative, mais il offre beaucoup d'agrément.

PUNCH

Coronations

129 mm x Ø 16,67 mm • *Petit corona (petit coronas)*

France : 4,10 € ; Allemagne : 6 € ;
Andorre : 3,24 € ; Cuba : 3,42 € (4,25 CUC) ;
Grande-Bretagne : 11,16 € (£7,50)

Pour tous

Ce petit corona confortable au tirage, agréablement ventilé, se consume avec générosité et vigueur. Ceci expliquant cela, on note une construction interne parfaite et un bon équilibre arômes/puissance : saveurs boisées mâtinées de réglisse et de cacao, puis arômes de fruits secs et de pain grillé. Plus nerveuse dans sa deuxième partie, la vitole cède un peu à l'excitation, mais se reprend vite et finit dans une virtuose démonstration gustative. Trois bagues bien méritées, félicitations !

PUNCH

Double Coronas

194 mm x Ø 19,45 mm • *Double corona (prominentes)*
France : 13 € ; Allemagne : 13,80 € ; Andorre : 9,96 € ;
Benelux : 14,20 € ; Cuba : 7,25 € (9 CUC) ;
Espagne : 12,60 € ; Grande-Bretagne : 27,81 € (£18,70) ;
Italie : 16 € ; Suisse : 11,38 € (18,80 FS)
Amateurs et amateurs confirmés

Il figure depuis longtemps parmi les valeurs sûres du havane. Il affiche de la prestance sans arrogance et une personnalité poids lourd. Impossible de l'ignorer dans les civettes, où il trône souvent en majesté. Sa construction est le plus souvent rigoureuse. D'où un toucher exemplaire, souple et parfaitement homogène. En bouche, le *Double Coronas* démarre lentement et déploie progressivement son éventail aromatique, par étapes parfaitement graduées. On apprécie cette mécanique de précision, portée par une puissance correcte, jamais envahissante. Les touches de bois exotique jouent avec un peu de poivre vert et d'humus. Passé le deuxième tiers, le Punch s'arrondit, en exhalant des notes de pain grillé et de miel. La fumée est suave mais ne manque pas d'épaisseur. Des saveurs lactées et torréfiées donnent du fondu au final. On pousse facilement ce grand havane dans ses derniers retranchements : il ne demande que ça ! Un cigare de haute volée, distingué, savoureux, long en bouche et apaisant. Du grand art cubain.

PUNCH

Margaritas ▼

121 mm x Ø 10,32 mm • *Mini-panatella (carolinas)*
France : 3,70 € ; Allemagne : 3,20 € ;
Andorre : 2,46 € ; Cuba : 2,22 € (2,75 CUC) ;
Grande-Bretagne : 6,99 € (£4,70)
Pour tous

Encore du moins bien pour ce *Margaritas*, naguère au sommet. La descente aux enfers aura été régulière et implacable. On se demande pourquoi une pièce si subtile et élégante a pu être délaissée à ce point. Force est de constater que la vitole est de moins en moins soignée. En bouche, après un démarrage très franc, des problèmes de tirage rendent très souvent l'exercice périlleux. L'amertume écrase alors les arômes caractéristiques de poivre vert et de cacao. Le cigare a beau s'arrondir un peu au troisième tiers, il se délite trop vite, conjuguant arômes de papier brûlé et cendre noiraude. Dommage.

PUNCH

Petit Coronas del Punch

129 mm x Ø 16,67 mm • *Petit corona (marevas)*
France : 5,80 € ; Allemagne : 5,20 € ; Andorre : 3,60 € ;
Cuba : 3,06 € (3,80 CUC) ; Espagne : 4,50 €
Pour tous

Un module en petite forme, qui ne confirme pas complètement l'impression favorable de l'an passé. Trop retenu dans sa démonstration olfactive, il reste monocorde (herbes et terre mouillées) et devient peu à peu lassant. Sa charpente étant néanmoins de bonne facture, il donne le change en offrant une combustion régulière et un tirage aisé. Ce n'est donc pas infâmant, mais c'est insuffisant pour faire un bon cigare.

PUNCH

Petit Coronations

117 mm x Ø 15,87 mm • *Petit corona (coronitas)*
France : 5 € ; Allemagne : 4,75 € ; Andorre : 2,55 € ;
Cuba : 3,02 € (3,75 CUC) ; Espagne : 3,40 € ;
Grande-Bretagne : 9,82 € (£6,60) ; Italie : 4,10 €
Pour tous

Un très léger mieux pour ce tube, insuffisant toutefois pour lui faire gagner une bague. À l'œil, le Punch conserve son allure rustique et sa cape grossière. Le remplissage est correct. La vitole livre à cru des notes poussiéreuses. Après un allumage un peu brutal, le tirage, facile, laisse éclore des notes de cuir. La puissance, bien calée, porte par la suite des touches de café torréfié puis de noisette grillée. Le petit corona a l'avantage de s'arrondir au fil des bouffées, s'acheminant vers un final plus rond et plus calme. Une pièce modeste, aux arômes disparates et trop superficiels.

PUNCH

Petit Punch

102 mm x Ø 15,87 mm • *Très petit corona (perlas)*

France : 4,60 € ; Allemagne : 5,10 € ; Andorre : 2,81 € ; Cuba : 2,58 € (3,20 CUC) ; Grande-Bretagne : 9,67 € (£6,50) ; Suisse : 4,12 € (6,80 FS)

Amateurs

Vigueur de l'attaque, rusticité affirmée, puissance assumée, voilà un module parfaitement bien dans sa peau de *gentleman farmer*. Palais délicats s'abstenir ? Que nenni ! Ce gros bourru est en réalité un tendre qui se cache, avec ses saveurs briochées et caramélisées, sous les arômes terreux et giboyeux annoncés. Plus on avance, et plus on dirait un singulier petit déjeuner mêlant croissants et fromage de brebis, lait vanillé et calvados. Un module contrasté et chaleureux qui vaut le détour.

PUNCH

Punch Punch

143 mm x Ø 18,26 mm • *Corona gorda (coronas gordas)*

France : 10 € ; Allemagne : 9,50 € ; Andorre : 5,94 € ; Benelux : 10,30 € ; Cuba : 4,87 € (6,05 CUC) ; Espagne : 7,90 € ; Grande-Bretagne : 18,15 € (£12,20) ; Italie : 9 € ; Suisse : 7,51 € (12,40 FS)

Amateurs

Ce corona gorda est indémodable et régulier. La cape est huileuse et la belle couleur maduro très engageante. Le cigare est sensuel, livrant à cru des notes d'épices et de miel. Dès les premières bouffées, le havane déploie, comme à son habitude, un bouquet d'arômes chaleureux évoquant le bois, les épices et le cuir. La puissance, sourde, est aux aguets, mais elle est bien contenue grâce à une *liga* judicieuse. À mi-fumage, le Punch devient terreux, enrobé de notes grillées et torréfiées. Le tempo est rapide et rythmé. Au final, la vitole est parfaitement rassasiante. Elle pourra même paraître un peu rude et trop terreuse au goût de certains. Grande persistance en bouche. Attention, cette pièce pleine de franchise demande une certaine expérience.

PUNCH

Royal Coronations
145 mm x Ø 17,07 mm • *Grand corona (conservas)*
France : 7,10 € ; Allemagne : 5,50 € ;
Andorre : 4,28 € ; Cuba : 3,75 € (4,65 CUC)
Pour tous

Ce tube confirme sa prestation en demi-teinte de l'an passé. Un peu mieux fagoté que naguère, il est facile à mettre en route. Bien ventilé, le tirage est aisé. La fumée porte rapidement des fragrances herbacées et boisées. Cette tonalité végétale domine toute la dégustation. La puissance trop limitée de ce grand corona et son manque d'expressivité le rendent rapidement ennuyeux et poussif. On peine à avancer, d'autant que la vitole empâte le palais dès le troisième tiers. Peu avenant, mollasson et monocolore, le *Royal Coronations* n'est guère à l'honneur d'une marque appréciée des amateurs. Décevant.

PUNCH

Royal Selection N° 11
143 mm x Ø 18,26 mm • *Corona gorda (coronas gordas)*
France : 10 € ; Allemagne : 9,45 € ; Andorre : 5,92 € ;
Benelux : 10,30 € ; Cuba : 4,87 € (6,05 CUC) ;
Grande-Bretagne : 18,30 € (£12,30) ;
Italie : 9,30 € ; Suisse : 7,63 € (12,60 FS)
Amateurs

Le *Royal Seleccion N° 11* conserve sans la moindre difficulté sa quatrième bague. On apprécie toujours autant les qualités de cœur et les atouts aromatiques de ce beau corona gorda.

À l'œil, il a de l'allure avec une cape soignée, satinée et soyeuse. En début de fumage, il confirme ses bonnes dispositions. Le tirage est généreux, juste perturbé par une pointe d'amertume rapidement dissipée. Les notes épicées, très chaudes, battent la chamade puis, soudain, le Punch s'arrondit et se civilise. La puissance, réelle, porte alors une palette aromatique épicée et balsamique. Les touches grillées et cacaotées complètent la dégustation. Joliment giboyeuse puis boisée au final, la vitole offre un final long en bouche. De la consistance, du corps et du caractère : l'une des valeurs sûres du moment.

PUNCH

Royal Selection N° 12
129 mm x Ø 16,67 mm • *Petit corona (marevas)*
France : 6,30 € ; Allemagne : 6,40 € ; Andorre : 3,60 € ;
Benelux : 6,50 € ; Cuba : 3,06 € (3,80 CUC) ;
Italie : 6,20 € ; Suisse : 4,97 € (8,20 FS)
Amateurs

Le *Royal Selection N° 12* ne démérite pas. Il se montre tout à la fois constant, charmeur et rassasiant. Ce Punch a toutes les qualités d'un module plus imposant. Après un démarrage aisé, il livre des arômes de cèdre très francs et très présents. Puis la vitole évolue vers une tonalité plus musquée et épicée. La fumée est souple, ronde et régulière. Le tirage est aisé et homogène, signant ainsi une construction attentive. La montée en puissance est réelle mais parfaitement dosée, et le final ne témoigne d'aucune agressivité. Un havane très réussi, qui peut commencer à ambitionner une quatrième bague.

La majorité des havanes dégustés dans ce guide, c'est notamment le cas de toutes les grandes pièces, ont été mis en boîte entre octobre et décembre 2006. Seules les pièces mineures ou à rotation beaucoup plus lente peuvent provenir de millésimes antérieurs.

Les havanes sont, dans leur grande majorité, faits à la main. Lorsqu'il s'agit de cigares faits à la machine, nous le précisons.

PUNCH

Super Selection N° 1

155 mm x Ø 16,67 mm • *Grand corona (coronas grandes)*
France : 9,80 € ; Allemagne : 8,50 € ; Andorre : 5,96 € ;
Benelux : 9,90 € ; Cuba : 4,39 € (5,45 CUC) ;
Suisse : 6,90 € (11,40 FS)
Amateurs

Pas de changement pour ce grand corona alerte et séduisant. Il conserve son excellente notation et confirme ses qualités d'attaque et de cœur. Le Punch offre ainsi un démarrage très nerveux, à la limite de l'agressivité. Après ce coup de poing, il se calme et délivre des arômes tendres de terre humide et d'épices (poivre vert). Par la suite, la vitole s'arrondit, et le fumage devient confortable sans être uniforme. Les notes grillées et briochées du troisième tiers sont les bienvenues. Elles flattent agréablement le palais. Le cigare est alors fondu, suave même. Il ne lui manque qu'un brin de complexité pour accéder à la note suprême. Un excellent havane d'après-déjeuner.

QUAI D'ORSAY

Depuis longtemps entre deux eaux, l'« exception française » du havane demeure dans une moyenne correcte. Pas de changement radical au sein de ce catalogue parfois boudé par les amateurs. Le vaisseau amiral de la marque, le churchill Imperiales, *se maintient à un excellent niveau. Nous regrettons au passage la chute du* Gran Corona, *parvenu depuis deux saisons en milieu de tableau. Quai d'Orsay reste donc un label fragile, toujours sur le fil du rasoir. Voilà des années que nous encourageons cette marque, à l'excellent rapport qualité/prix.*

QUAI D'ORSAY

Les cigares Quai d'Orsay ont été créés en 1973 à l'initiative de la Seita à destination du marché français. D'où leur nom, qui fait référence à l'adresse de la Seita à l'époque. Leur *liga* plutôt suave et leur cape généralement claire en font des précurseurs du havane moderne, ce qui devrait permettre à ce label élégant de sortir de la confidentialité à laquelle il était injustement condamné.

QUAI D'ORSAY

Coronas Claro ▲

142 mm x Ø 16,67 mm • *Corona (coronas)*

France : 7,10 € ; Andorre : 4,67 € ;

Cuba : 3,62 € (4,50 CUC)

Pour tous

Cape claire et satinée de belle apparence. Le toucher est souple. À cru, quelques touches herbacées sont assorties de pointes poivrées. Si le corona commence dans la discrétion, en dispensant des arômes boisés discrets, il se fait plus gourmand et plus rond dès le deuxième tiers. Des notes de café et de pain grillé agrémentent une dégustation équilibrée, élégante, mais qui manque un peu d'envergure. On aimerait un peu plus de puissance et d'amplitude, mais le parcours n'est pas dénué de charme. Les débutants apprécieront.

QUAI D'ORSAY

Gran Corona ▼

155 mm x Ø 16,67 mm • *Grand corona (coronas grandes)*

France : 7,90 € ; Andorre : 5,10 € ;

Cuba : 4,63 € (5,75 CUC) ; Suisse : 7,27 € (12 FS)

Pour tous

Il ne parvient pas à se maintenir en milieu de tableau, après deux saisons passées à ce niveau. Ce havane *French style* avoue un nez herbacé et torréfié (café). Une fois allumé, le *Gran Corona* commence bien avec une palette aromatique gourmande d'épices et de bois précieux. De la tourbe, du moka et du pain grillé sont au rendez-vous. La puissance, hélas ! manque vite à l'appel. Trop étranglée, sans amplitude, elle ne parvient pas à porter longtemps les arômes. Il s'ensuit donc une dégustation un peu maigre et lassante. Dommage pour cette vitole, qui mérite mieux.

QUAI D'ORSAY

Imperiales
178 mm x Ø 18,65 mm • *Churchill (julieta 2)*
France : 11,70 € ; Andorre : 9,86 € ;
Cuba : 6,16 € (7,65 CUC)
Amateurs et amateurs confirmés

Ce churchill tient toujours parfaitement son rang. Les dernières dégustations témoignent d'une bonne santé, en dépit d'une cape d'aspect fragile, très claire, fine et soyeuse. À cru, le Quai d'Orsay offre des touches poivrées et végétales bien marquées. L'allumage est facile, homogène et bien maîtrisé. Les arômes apparaissent lentement mais avec assurance. Les touches de bois précieux sont vite complétées par des notes animales, du cuir et du suint. Suivent de la tourbe et du poivre vert. La vitole se fait toujours plus ronde et profonde, riche, gracieuse et complexe. Au troisième tiers, elle est subtile et parfaitement moelleuse. Encore un effort, et l'*Imperiales* gagnera sa cinquième bague. Il ne manque ni de charisme, ni de personnalité.

QUAI D'ORSAY

Panetelas
178 mm x Ø 13,10 mm • *Panatella (ninfas)*
France : 6 € ; Andorre : 4,93 € ; Cuba : 4,03 € (5 CUC)
Pour tous

Dotée cette année d'une très bonne combustibilité, cette vitole racée et équilibrée peut enfin déployer ses qualités. Des nuances sucrées de vanille mêlées à des épices plus capiteuses (poivre) lui confèrent en effet une belle personnalité. La puissance est suffisante, même si certains trouveront son évolution un peu monocorde. Le module s'avère très agréable au goût et jamais lassant. Son regain de vertu par rapport à l'an passé lui assure sa troisième bague.

QUINTERO

Saison après saison, Quintero hisse son modeste pavillon. Les variations sont toujours anecdotiques, la marque continuant à présenter un catalogue homogène et sans prétention de cigares élaborés à partir de tripes courtes. Pour autant, le label est mieux que médiocre et propose de convenables havanes de secours.

QUINTERO

Londres Extra

123 mm x Ø 15,87 mm • *Petit corona (standard)*

France : 2 € ; Allemagne : 2,70 € ; Andorre : 1,32 € ; Benelux : 2,16 € ; Cuba : 1,17 € (1,45 CUC) ; Espagne : 1,75 € ; Suisse : 1,57 € (2,60 FS)

Pour tous

Ce petit corona est décidément bien accroché à sa double bague. D'aspect rustique, le *Londres Extra* peut décliner un allumage brutal et irritant. Par la suite, il livre des notes herbacées et terreuses. Un boisé beaucoup plus riche fait son apparition et de l'amertume peut venir conclure la dégustation. Une vitole sans surprise et très linéaire. Sa régularité et son petit prix sont à souligner.

Les prix donnés pour le Benelux valent pour la Belgique et les Pays-Bas. Pour le Luxembourg, compter 5 % de moins en moyenne.

QUINTERO

L'aventure de cette marque commence en 1924, à Cienfuegos, l'un des principaux ports cubains. Agustin Quintero, aidé de son frère, ouvre une fabrique artisanale (*chinchal*). Elle prendra son essor en 1940 grâce au concours du frère aîné et deviendra Quintero y Hermano. Son marché principal était l'Espagne. Fabriqués à la machine depuis les années 1980, ces havanes en tripe courte sont dorénavant roulés de nouveau à la main.

QUINTERO

Nacionales ▼

140 mm x Ø 15,87 mm • *Corona (nacionales)*

France : 2,20 € ; Allemagne : 3,10 € ; Andorre : 1,19 € ; Benelux : 2,35 € ; Cuba : 1,05 € (1,30 CUC) ; Italie : 2,60 € ; Suisse : 1,57 € (2,60 FS)

Pour tous

Prestation moins réussie pour ce *Nacionales*, pourtant engageant. La cape est généralement soignée et bien posée. En bouche, la vitole débute sur des saveurs toastées (pain grillé et café torréfié) assez goûteuses et précises. Malheureusement, cette bonne impression ne dure guère car la puissance s'avère trop vite défaillante. La combustion devient capricieuse. Ne survivent que des nuances herbacées assez pauvres jusqu'à un final plat et quasi immobile. Le *Nacionales* (qui prend le nom de *Brevas* lorsqu'il est vendu en fagot) doit se ressaisir.

Les prix en euros et en monnaies étrangères que nous indiquons sont ceux pratiqués au moment de la parution du Havanoscope *(octobre 2007). Tous ces cigares sont à la merci de hausses qui peuvent intervenir au cours de l'année 2008, aussi bien en France qu'à l'étranger.*

Pour chaque cigare, nous mentionnons les pays où on le trouve et à quels prix. Quand un pays n'est pas mentionné, cela signifie en principe que le havane n'y est pas officiellement commercialisé.

QUINTERO

Panetelas

127 mm x Ø 14,68 mm • *Petit panatella (vegueritos)*

France : 1,90 € ; Allemagne : 2,20 € ; Andorre : 0,97 € ; Benelux : 1,85 € ; Cuba : 0,89 € (1,10 CUC) ; Espagne : 1,15 € ; Suisse : 1,33 € (2,20 FS)

Pour tous

Pas de changement pour ce Quintero effacé mais bien fabriqué et affable. Après un démarrage assez franc, le havane exhale des arômes végétaux et boisés. Si l'expression est simpliste, elle est portée par une puissance de bon niveau, quoique inégalement canalisée. Il n'y a pas de quoi en faire un plat : ce petit panatella est peu causant, mais aucun défaut sérieux n'est à signaler.

QUINTERO

Puritos

106 mm x Ø 11,51 mm • *Mini-panatella (chicos)*

France : 1 € ; Cuba : 0,48 € (0,60 CUC) ; Suisse : 0,67 € (1,10 FS)

Fait à la machine • Pour tous

Un léger mieux sur le plan esthétique mais, pour le reste, le *Puritos* conserve ses caractéristiques : aucune agressivité en début de fumage, et la vitole révèle très vite des notes d'herbe mouillée et de terreau assorties de quelques pointes poussiéreuses. Le tirage est aisé mais la puissance flanche vite : du coup, les arômes déjà fluets s'amincissent encore et le cigare devient pâteux. Final toujours très heurté. On peut se passer de ce *Puritos*.

Les havanes sont, dans leur grande majorité, faits à la main. Lorsqu'il s'agit de cigares faits à la machine, nous le précisons.

RAFAEL GONZALEZ

Prestation en demi-teinte pour ce beau label assoupi. Depuis plusieurs saisons, Rafael Gonzalez a un peu trop tendance à s'endormir sur ses lauriers. Dommage, car la marque dispose d'un grand potentiel et d'une image de marque prestigieuse : produits soignés, raffinés et abordables. Son Lonsdales, *considéré comme l'un des plus intéressants du marché, ne parvient pas à retrouver sa bague perdue. Au chapitre des mauvaises nouvelles, ajoutons la dégringolade du* Panetelas *et la chute du* Coronas Extra. *Une reprise en main s'impose.*

RAFAEL GONZALEZ

L'histoire de cette marque constitue un vrai casse-tête. Les recherches les plus récentes mentionnent l'acquisition de La Flor de Gonzalez par la compagnie El Rey del Mundo en 1936. Il semble que l'existence du marquis Rafael Gonzalez, grand d'Espagne dont le nom figure toujours sur le couvercle de la boîte, soit une pure légende. L'identité de ce personnage aurait été formée par deux patronymes : celui d'un certain Marques et celui d'un certain Rafael Gonzalez, tous deux *tabaqueros* de la Vuelta Abajo. En 1940, le nom devint La Flor de Rafael Gonzalez, avant – toujours sous le contrôle d'El Rey del Mundo – de prendre sa forme actuelle de La Flor de Rafael Gonzalez Marques. Éteinte dans les années qui suivent la révolution, la marque reprit de la vigueur dès 1965 en se présentant comme la sœur jumelle d'El Rey del Mundo.

RAFAEL GONZALEZ

Cigarritos
115 mm x Ø 10,32 mm • *Mini-panatella (laguito N° 3)*
France : 3,50 € ; Allemagne : 3,60 € ;
Andorre : 1,99 € ; Benelux : 3,90 € ;
Cuba : 1,85 € (2,30 CUC) ; Suisse : 2,66 € (4,40 FS)
Amateurs

Légère amélioration pour ce mini-panatella, qui semble avoir entendu nos avertissements. L'amertume de départ a disparu, et sa palette s'est enrichie d'arômes plus boisés. En revanche, la puissance est montée d'un cran, et il faut le déguster avec lenteur et prudence. Heureusement, la bonne combustion de la vitole n'oblige pas à un excès de tirage. Un module à redécouvrir.

RAFAEL GONZALEZ

Coronas Extra ▼
143 mm x Ø 18,26 mm • *Corona gorda (coronas gordas)*
France : 8,40 € ; Allemagne : 7,80 € ; Andorre : 5,04 ;
Cuba : 4,23 € (5,25 CUC) ; Grande-Bretagne : 16,36 € (£11) ;
Suisse : 6,42 € (10,60 FS)
Pour tous

Ce cigare est décidément bien capricieux. Après avoir connu quatre puis trois bagues, nous observons cette année une nouvelle perte de vitesse. Affichant moins d'allant, de richesse aromatique et de nervosité, ce beau havane doit se ressaisir pour retrouver son véritable niveau. Drapée dans une cape maduro assez sèche, la vitole offre à l'allumage des touches de poussière de bois. Le tirage, très ventilé, permet rapidement l'expression de touches boisées et herbacées. Par la suite, le Rafael Gonzalez présente des notes de cuir tanné, de suint et de gibier intéressantes mais bien trop fugaces. Naguère vigoureux et même un peu macho, le *Coronas Extra* montre, semble-t-il, une ambition beaucoup plus mesurée. Le tempo est plus hésitant, et les arômes moins marqués. Il est temps de remettre les pendules à l'heure : cette pièce vaut bien mieux que sa notation actuelle.

RAFAEL GONZALEZ

Lonsdales
165 mm x Ø 16,67 mm • *Lonsdale (cervantes)*
France : 7,80 € ; Allemagne : 8 € ; Andorre : 4,72 € ;
Cuba : 4,35 € (5,40 CUC) ; Espagne : 5,90 € ;
Grande-Bretagne : 15,77 € (£10,60) ;
Suisse : 6,54 € (10,80 FS)
Pour tous

Pas de changement pour ce Rafael Gonzalez à la cape fine et à la compacité assez dense. À cru, il délivre des touches miellées. Le démarrage n'est jamais très ample, et il arrive qu'un roulage trop serré perturbe les premières bouffées. Les notes boisées et miellées offrent une partition tout en rondeur. Le cigare est souple et doux. D'autant plus, que les touches de cacao ajoutent toujours plus de fondu. La fumée est facile et plaisante bien que monocorde. Malgré une longueur en bouche limitée, voilà une vitole sympathique, parfaitement rythmée et agréable.

RAFAEL GONZALEZ

Panetelas
117 mm x Ø 13,49 mm • *Demi-tasse (panetelas)*
France : 3,40 € ; Allemagne : 4,10 € ;
Cuba : 2,13 € (2,65 CUC) ; Suisse : 2,79 € (4,60 FS)
Pour tous

En chute l'an passé, après avoir déjà décliné en 2006, le *Panetelas* continue sa descente aux enfers du havane. Le voilà désormais affecté de la note la plus basse. Il faut dire que ce Rafael Gonzalez, en totale perte de vitesse, multiplie les mauvais points. Esthétiquement, il laisse à désirer : la cape est nervurée et grossière, le remplissage très approximatif. En bouche, la fumée est rapidement lourde et empâtante, libérant une vilaine cendre noirâtre signe d'une *liga* médiocre. La suite de la dégustation n'a rien d'une séance de rattrapage : le cigare délivre des arômes désagréables d'ammoniaque et de papier brûlé. La puissance hoquette et joue au *stop and go*. Décidément, non !

Les prix en euros et en monnaies étrangères que nous indiquons sont ceux pratiqués au moment de la parution du Havanoscope *(octobre 2007). Tous ces cigares sont à la merci de hausses qui peuvent intervenir au cours de l'année 2008, aussi bien en France qu'à l'étranger.*

RAFAEL GONZALEZ

Panetelas Extra
127 mm x Ø 14,68 mm • *Petit panatella (vegueritos)*
France : 2,20 € ; Allemagne : 3,05 € ;
Andorre : 1,18 € ; Cuba : 1,01 € (1,25 CUC) ;
Espagne : 1,35 € ; Italie : 2,20 € ;
Suisse : 1,57 € (2,60 FS)
Pour tous

Un cigare qui progresse, pour notre plus grande satisfaction. Déjà remarqué dans le *Havanoscope 2007*, il confirme sa bonne forme dans un joli sans-faute : gamme aromatique évolutive (du boisé au musc en passant par le poivre noir), combustion bien maîtrisée, longueur en bouche agréable. La puissance est moyenne et conviendra aux palais délicats. À essayer impérativement.

RAFAEL GONZALEZ

Petit Coronas
129 mm x Ø 16,67 mm • *Petit corona (marevas)*
France : 5,30 € ; Allemagne : 5,10 € ;
Andorre : 2,79 € ; Cuba : 2,46 € (3,05 CUC) ;
Espagne : 3 € ; Grande-Bretagne : 11,30 € (£7,60) ;
Italie : 5,50 € ; Suisse : 4,24 € (7 FS)
Pour tous

Pas de changement pour ce *Petit Coronas*, qui manque singulièrement d'expression et de charisme. Habillé d'une cape lisse et terne, le havane ne délivre que des touches de poussière de terre sans aucune envergure. Les notes herbacées puis torréfiées (café) qui suivent sont tout aussi maigrelettes et faméliques. La combustion est bonne mais l'ensemble limité. Les bouffées se suivent donc et se ressemblent étrangement : plates et monocolores. Prix beaucoup trop élevé au regard de la prestation offerte.

RAFAEL GONZALEZ

Slenderellas
175 mm x Ø 11,11 mm • *Slim panatella (panetelas largas)*
France : 4,70 € ; Cuba : 2,22 € (2,75 CUC) ;
Suisse : 4 € (6,60 FS)
Pour tous

Très agréable à l'œil dans sa cape sombre et lisse, ce slim panatella fait d'emblée bonne impression. Confirmation apportée en bouche par une combustion parfaite (toujours délicate avec ce type de module si fin) et un tirage fluide. Au premier tiers, la puissance est sensible, et les saveurs torréfiées se déploient. Puis, à mi-parcours, ce sont des arômes très épicés qui prennent le dessus. La force tend alors à s'assagir, parallèlement à l'apparition d'un registre sucré (vanille, caramel). Un beau module, qui fait un peu tout à l'envers, mais a néanmoins frôlé la troisième bague cette année.

RAMON ALLONES

Saison après saison, Ramon Allones nous a habitués à des pièces raffinées, riches sur le plan aromatique, complexes et exigeantes. La marque conserve tout son brio cette année. Notons les excellents parcours du double corona Gigantes *ou du robusto* Allones Specially Selected.
Ces vitoles, bien qu'ultraclassiques, ont la faculté rare de nous surprendre encore et toujours. La notoriété de ce label n'est en rien usurpée.

RAMON ALLONES

Deux frères d'origine galicienne, Ramon et Antonio Allones, lancent en 1846 ce label qui fut le premier à décorer de *vistas* (représentant les armes de la maison d'Espagne) ses boîtes de cigares fabriquées dans un atelier de La Havane, La Eminencia. Ramon Allones fut un vrai novateur, qui a fait du havane un symbole de luxe. La firme détenait l'une des plus belles *fincas* de la Vuelta Abajo, El Corojo, dans le village de San Luis.
De 1903 à 1905, Ramon anime, avec son frère Antonio, le Front du refus organisé par certains propriétaires de l'île pour résister aux menées de l'American Tobacco Company, mais il doit céder la marque en 1911 à la société britannique Hunters. Du coup, l'Angleterre s'assurait l'exclusivité mondiale pour la commercialisation de la marque. En 1932, les Ramon Allones passèrent sous le contrôle de la famille Cifuentes (Partagas), mais le Royaume-Uni garda le monopole de la marque. Pendant longtemps, les cigares Ramon Allones ne purent se dénicher qu'en Angleterre.

RAMON ALLONES

Allones Specially Selected

124 mm x Ø 19,84 mm • *Robusto (robustos)*

France : 9,50 € ; Allemagne : 7,20 € ; Andorre : 6,40 € ; Benelux : 8,50 € ; Cuba : 3,99 € (4,95 CUC) ; Espagne : 8 € ; Grande-Bretagne : 16,81 € (£11,30) ; Italie : 8,50 € ; Suisse : 6,54 € (10,80 FS)

Amateurs

La présentation de ce beau robusto est toujours impeccable : bague rouge et or, cape chocolat soyeuse et bien posée, corps souple et régulier. L'allumage est placide. Le cigare, au tirage aisé, déploie de jolis arômes boisés et de moka. La puissance monte progressivement sans jamais occuper le devant de la scène.

Dès la fin du premier tiers, le havane adopte son rythme de croisière : une fumée sans à-coups, ample et aromatique. À ce train-là, le *Specially Selected* ne manque ni de nervosité, ni d'entrain. Les arômes boisés et torréfiés du troisième tiers, bien marqués, sont un modèle du genre. Il ne manque à cette vitole très bien tournée qu'un catalogue aromatique un peu plus fourni, qui lui donnerait plus de densité. À conseiller.

RAMON ALLONES

Gigantes
194 mm x Ø 19,45 mm • *Double corona (prominentes)*
France : 12,90 € ; Allemagne : 12,50 € ; Andorre : 9 € ;
Benelux : 13,50 € ; Cuba : 6,97 € (8,65 CUC) ;
Grande-Bretagne : 27,52 € (£18,50) ;
Italie : 13 € ; Suisse : 11,14 € (18,40 FS)
Amateurs confirmés

Prestation superbe, parcours sans faute, démonstration impeccable… Pas de surprise : le *Gigantes* n'a eu aucun mal à séduire les dégustateurs du *Havanoscope*. Ce double corona présente toujours une cape maduro impeccablement étirée, à l'allure majestueuse. Le démarrage est lent et cérémonieux. Les premières bouffées paraissent ainsi un peu lointaines, avant de porter des notes boisées et terreuses. La puissance monte alors par paliers, réglée comme une mécanique de précision. Le havane gagne en densité mais aussi en suavité. Les touches chocolatées, torréfiées (moka) et épicées (poivre vert) se succèdent sans temps mort. Le *Gigantes* est parfaitement ventilé, maîtrisé, toujours plus goûteux et entreprenant. La *liga* de ce cigare, dosée à la perfection, lui confère une remarquable amplitude. Quelle générosité et quel charisme ! L'un des meilleurs doubles coronas du moment.

Les prix donnés pour le Benelux valent pour la Belgique et les Pays-Bas. Pour le Luxembourg, compter 5 % de moins en moyenne.

La majorité des havanes dégustés dans ce guide, c'est notamment le cas de toutes les grandes pièces, ont été mis en boîte entre octobre et décembre 2006. Seules les pièces mineures ou à rotation beaucoup plus lente peuvent provenir de millésimes antérieurs.

RAMON ALLONES

Small Club Coronas

110 mm x Ø 16,67 mm • *Petit corona (minutos)*
France : 4,50 € ; Allemagne : 4,90 € ;
Andorre : 2,83 € ; Cuba : 2,38 € (2,95 CUC) ;
Grande-Bretagne : 10,11 € (£6,80) ;
Italie : 5,30 € ; Suisse : 3,75 € (6,20 FS)
Amateurs

Peu d'évolution pour ce module, qui se maintient dans une bonne moyenne, confirmant sa rusticité et son entrain. Très boisé d'abord, puis empyreumatique jusqu'au final, il a hélas ! une propension au désordre et à la confusion côté puissance. Parfois rassasiant, puis trop cérémonieux, on est prié de s'adapter. L'ensemble ne démérite pas, mais ne retrouve pas non plus le brio qu'il manifestait jadis.

ROMEO Y JULIETA

En apparence, Romeo y Julieta cultive la stabilité : les arômes boisés sont au rendez-vous et la régularité est respectée. À y regarder de plus près, le label marque quelques points supplémentaires : deux cigares classés à cinq bagues contre un seul en 2007 ; beau parcours du Short Churchills, *des* Exhibicion N° 2 *et* N° 3 *ou encore de l'historique* Cazadores. *Les chutes, quant à elles, sont enregistrées sur des cigares plutôt modestes, aux positions fragilisées depuis quelques saisons. Le label continue donc à présenter un catalogue un peu monocolore mais précis et très apprécié par une clientèle d'aficionados.*

ROMEO Y JULIETA

Belicosos

140 mm x Ø 20,64 mm • *Figurado (campanas)*
France : 11 € ; Allemagne : 9,80 € ; Andorre : 6,64 € ;
Cuba : 5,16 € (6,40 CUC) ; Espagne : 8,30 € ;
Espagne : 8,30 € ; Grande-Bretagne : 19,93 € (£13,40) ;
Italie : 10,50 € ; Suisse : 8,11 € (13,40 FS)
Amateurs

Un peu moins d'allant pour cette superbe vitole drapée de maduro gras et soyeux. Quelques soucis de construction – roulage trop serré – sont à l'origine de sa rétrogradation. Il n'y a rien d'inquiétant cependant tant ce havane dispose d'une marge de manœuvre et de progression importantes. À cru, l'obus offre des arômes chocolatés et des senteurs d'étable. Les premières bouffées sont comme toujours généreuses, évoquant le bois précieux et le moka. Par la suite, le Romeo distille des pointes de café torréfié et de cuir tanné. La puissance est bien présente et parfaitement canalisée quand la construction est à la hauteur. Dans le pire des cas, le *Belicosos* se montre trop fermé, et les arômes peinent à s'exprimer. Attention à ces défauts techniques qui ont perturbé les dégustateurs. À suivre.

ROMEO Y JULIETA

Cazadores ▲

162 mm x Ø 17,07 mm • *Lonsdale (cazadores)*
France : 7,40 € ; Allemagne : 9,50 € ; Benelux : 7,90 € ;
Cuba : 4,23 € (5,25 CUC) ; Espagne : 5,80 € ;
Grande-Bretagne : 16,66 € (£11,20) ;
Italie : 7,50 € ; Suisse : 5,09 € (8,40 FS)
Amateurs

Grâce à sa régularité et à son fort potentiel, le *Cazadores* grimpe d'un échelon. Il s'agit là d'une note d'encouragement pour un cigare un brin désuet, vestige du passé, quand les pièces produites à Cuba affichaient une expression virile. Doté d'une belle cape fine et soyeuse, le havane annonce la couleur à cru : animalité complexe, poivre et musc. En bouche, les premières bouffées délivrent un peu d'amertume. Très vite, le lonsdale acquiert de la puissance et se cale dans un registre aromatique terreux. Il demeure linéaire mais la force qui pouvait devenir écrasante se fait intelligemment discrète. Certes, cette vitole rustique manque de complexité, de profondeur et de fondu, mais elle a une sacrée personnalité. À vos fusils !

ROMEO Y JULIETA

Cedros de Luxe N° 1
165 mm x Ø 16,67 mm • *Lonsdale (cervantes)*
France : 8,30 € ; Allemagne : 9,60 € ; Andorre : 5,43 € ; Benelux : 9,70 € ; Cuba : 4,83 € (6 CUC) ; Espagne : 7,25 € ; Grande-Bretagne : 17,85 € (£12) ; Suisse : 7,51 € (12,40 FS)
Pour tous

En chute l'an passé, le *Cedros de Luxe N° 1* se stabilise et conserve cette année sa notation. Une fois allumé, le havane délivre des notes boisées, assez élégantes, rejointes par des touches herbacées (fougère). Peu de vitalité et d'entrain pendant la dégustation. Le cigare reste moyen, en dépit d'un deuxième tiers qui s'épice un peu. La vitole, facile et modeste, demeure néanmoins confortable et prend des accents un peu plus profonds lors du troisième tiers. La dégustation s'est montrée un peu plus engageante que l'an passé, mais le lonsdale n'a toujours pas trouvé la bonne carburation.

ROMEO Y JULIETA

Cedros de Luxe N° 2
142 mm x Ø 16,67 mm • *Corona (coronas)*
France : 7,70 € ; Allemagne : 8,60 € ; Andorre : 4,80 € ; Benelux : 8,50 € ; Cuba : 4,27 € (5,30 CUC) ; Espagne : 6,15 € ; Grande-Bretagne : 15,62 € (£10,50) ; Suisse : 6,66 € (11 FS)
Pour tous

Havane classique et régulier, le *Cedros de Luxe N° 2* débute souplement, comme à son habitude, sur des arômes floraux et boisés.

La puissance est convenable, permettant l'émergence de nuances torréfiées dès le deuxième tiers. La vitole est ronde, équilibrée mais un brin ennuyeuse malgré quelques arômes terreux au troisième tiers. Une pièce très honorable mais qui manque de souffle et d'ambition.

ROMEO Y JULIETA

Cedros de Luxe N° 3

129 mm x Ø 16,67 mm • *Petit corona (marevas)*

France : 7,40 € ; Allemagne : 6,70 € ; Andorre : 3,88 € ; Benelux : 6,90 € ; Cuba : 3,26 € (4,05 CUC) ; Espagne : 4,35 € ; Grande-Bretagne : 12,64 € (£8,50) ; Italie : 6,50 € ; Suisse : 4,84 € (8 FS)

Pour tous

Après avoir longtemps été en perte de vitesse et avoir frôlé le pire, le *Cedros de Luxe N° 3* se reprend cette année. Certes, la progression est ténue et fragile mais elle mérite d'être soulignée. La véritable notation de ce Romeo y Julieta se situerait donc autour de deux bagues et demie. Le petit corona est hâtivement habillé : une fois la feuille de cèdre ôtée, il affiche une cape maduro assez grossièrement nervurée. Le toucher est ferme. À cru, la vitole exprime des arômes d'étable, de pain grillé et de poivre. Après un allumage bref et un peu tendu (touches d'âcreté et d'amertume), le tirage se normalise. Par la suite, les arômes de bois précieux dominent, accompagnés de touches balsamiques et épicées mal organisées. Toujours assez chaotique, le *puro* s'est cependant étoffé en puissance et en dynamisme. Cela ne suffit pas encore à lui valoir une bague supplémentaire.

La majorité des havanes dégustés dans ce guide, c'est notamment le cas de toutes les grandes pièces, ont été mis en boîte entre octobre et décembre 2006. Seules les pièces mineures ou à rotation beaucoup plus lente peuvent provenir de millésimes antérieurs.

ROMEO Y JULIETA

Churchills

178 mm x Ø 18,65 mm • *Churchill (julieta 2)*

France : 13,50 € ; Allemagne : 12,50 € ; Andorre : 9,40 € ; Benelux : 15,30 € ; Cuba : 8,62 € (10,70 CUC) ; Espagne : 12,60 € ; Grande-Bretagne : 24,39 € (£16,40) ; Italie : 16 € ; Suisse : 10,66 € (17,60 FS)

Amateurs

Cet ultraclassique est aussi un modèle de régularité. Nous le retrouvons presque à l'identique, année après année, avec cette propension à dépasser la moyenne sans jamais pouvoir atteindre le sommet. Habillé d'une cape maduro qui manque un peu de gras, il ne délivre aucune agressivité au démarrage. On apprécie vite sa tonalité majeure faite de notes boisées et épicées. La puissance est réelle mais jamais dévastatrice. Dès le deuxième tiers, le havane file d'un bon train vers des arômes de terre humide et de café torréfié. Ce style ultraclassique manque certes d'exubérance malgré un rythme soutenu. Un churchill entreprenant et séduisant cependant.

ROMEO Y JULIETA

Coronas

142 mm x Ø 16,67 mm • *Corona (coronas)*

France : 8 € ; Allemagne : 7,90 € ; Andorre : 4,80 € ; Cuba : 4,27 € (5,30 CUC) ; Grande-Bretagne : 15,62 € (£10,50) ; Suisse : 6,18 € (10,20 FS)

Pour tous

Trouver ce *Coronas* relève du parcours du combattant. Cette pièce serait-elle en sursis dans le catalogue Habanos ? Certes, le marché des coronas est encombré, mais le Romeo y Julieta y tire parfaitement son épingle du jeu. Bien fabriqué, soigné, il délivre dès l'attaque des arômes végétaux et boisés avant d'évoquer la terre humide puis de s'arrondir plaisamment à l'aide de saveurs miellées. Souple, avenant, très accessible pour les débutants, il serait dommage de le voir disparaître. À suivre.

ROMEO Y JULIETA

Deux Asturiens, Inocencio Alvarez et Manin Garcia, créent en 1873 la marque Romeo y Julieta. Volupté, séduction, tragédie, le choix de ce nom s'inscrit dans le goût romantique de l'époque. Lorsqu'il rachète la marque en 1903, don Pepin Rodriguez, personnage légendaire et charismatique du havane, comprend l'impact commercial qu'il peut tirer du symbole. Aussi ce génie du commerce, considéré à l'époque comme le meilleur vendeur de havanes du monde, envisage-t-il même d'acquérir le palais des Capulet, à Vérone, pour le transformer en magasin à cigares. Son neveu Hipolito poursuivra le développement de la marque en la modernisant. « J'irai à Santiago avec la rose de Roméo et Juliette », chante aussi le poète Garcia Lorca. Dans les années 1950, la marque Romeo y Julieta, connue dans le monde entier, s'était fait une spécialité des cigares figurados. C'est à la fabrique Romeo y Julieta, anciennement située au 852 de la rue Belascoain, qu'étaient élaborés les fameux churchills destinés au Premier Ministre britannique, sir Winston. Aujourd'hui, la manufacture n'existe plus et les cigares qui y étaient roulés sont pour le moment répartis dans les autres fabriques de La Havane.

ROMEO Y JULIETA

Coronitas en Cedro
129 mm x Ø 15,87 mm • *Corona (petit cetros)*
France : 3 € ; Allemagne : 3,60 € ; Andorre : 2,47 € ;
Cuba : 1,85 € (2,30 CUC) ; Espagne : 3,30 €
Pour tous

Pas de changement de cap pour ce cigare passe-partout. Bénéficiant d'une construction correcte, le *Coronitas* est facile à mettre en route. Il exhale et livre quasi instantanément des senteurs de bois précieux et d'herbe humide. La fumée est présente mais se fait de plus en plus légère. Au cours de la dégustation, la palette aromatique se rétrécit encore et la puissance décline. Le corona cherche alors trop ses marques et devient évanescent. Sympathique jusqu'au deuxième tiers, en panne à l'amorce du final. Petit prix.

ROMEO Y JULIETA

Escudos – Édition limitée 2007
141 mm x Ø 19,84 mm • *Grand robusto (gorditos)*
France : 11,70 €
Amateurs

Ce bon gros havane se drape de maduro du meilleur effet. La cape est lisse et soyeuse. Après avoir offert à cru un sympathique bouquet végétal, le Romeo y Julieta livre d'emblée du bois précieux et des épices. On reconnaît vite à ce stade les caractéristiques de la marque. L'empreinte aromatique est bien marquée, la puissance confortable. Au fil des bouffées, le cigare ajoute à sa palette des touches riches de terre humide, de feuillage et de champignon. Le tout manque de suavité et de complexité, mais le tempo est excellent, les arômes bien calibrés et agréables, la puissance maîtrisée. Une vitole sympathique et bien tournée.

ROMEO Y JULIETA ***non dégusté***

Exhibicion N° 2 – Édition limitée 2000
194 mm x Ø 19,45 mm • *Double corona (prominentes)*
France : 25,60 €

Les prix en euros et en monnaies étrangères que nous indiquons sont ceux pratiqués au moment de la parution du Havanoscope *(octobre 2007). Tous ces cigares sont à la merci de hausses qui peuvent intervenir au cours de l'année 2008, aussi bien en France qu'à l'étranger.*

ROMEO Y JULIETA

Exhibicion N° 3 ▲

143 mm x Ø 18,26 mm • *Corona gorda (coronas gordas)*

France : 9,70 € ; Allemagne : 10,50 € ; Andorre : 6,30 € ;
Cuba : 4,95 € (6,15 CUC) ; Espagne : 8,40 € ;
Grande-Bretagne : 18,30 € (£12,30) ; Italie : 9,30 € ;
Suisse : 7,75 € (12,80 FS)

Amateurs

Dès les premières bouffées, le Romeo lance son numéro de charme : la puissance, bien présente, porte des arômes fins de café torréfié et de fleurs séchées. Puis, dès le deuxième tiers, la vitole se recentre autour d'un axe terreux, nuancé de poivre vert et de cuir tanné. La fumée est homogène, équilibrée, moelleuse même au troisième tiers. Le havane est très chaleureux, parfaitement typé. Il monte régulièrement en puissance sans nervosité excessive. Une pièce mélodieuse et longue en bouche, qui exprime une réelle cubanité : complexe mais facile d'accès, bien présente mais élégante. Une partition qui lui vaut les encouragements du comité de dégustation.

ROMEO Y JULIETA

coup de cœur

Exhibicion N° 4 ▲

127 mm x Ø 19,05 mm • *Robusto (hermosos N° 4)*

France : 8,50 € ; Allemagne : 8,20 € ; Andorre : 6,20 € ;
Benelux : 8,90 € ; Cuba : 4,23 € (5,25 CUC) ;
Espagne : 8,10 € ; Grande-Bretagne : 16,21 € (£10,90) ;
Italie : 8,80 € ; Suisse : 6,66 € (11 FS)

Amateurs

Ce beau robusto est l'une des valeurs sûres du marché. Sa présence aromatique, surtout aux premier et deuxième tiers, est enivrante. On a le plus grand plaisir à déguster un tel havane, parfaitement construit, rigoureux et bien cadencé. Il nous est apparu encore plus rond qu'à l'habitude, sa puissance étant parfaitement dosée. Un tel parcours lui vaut un bel encouragement et une notation à la hausse. Facile à allumer, il est vite régulier et plein. La fumée est abondante, a de la mâche.

L'*Exhibicion N° 4* déploie d'abord un éventail aromatique richement boisé, puis s'oriente vers de profondes notes chocolatées, miellées puis pâtissières. Un peu de cuir, de tourbe et de café torréfié en fin de course concluent un parcours extrêmement savoureux et sans faute. Amateurs, à vos civettes ! Coup de cœur.

ROMEO Y JULIETA

Hermosos N° 1 – Édition limitée 2003
167 mm x Ø 19,05 mm • *Churchill (hermosos N° 1)*
France : 14 € ; Cuba : 5,48 € (6,80 CUC)
Amateurs

Doté d'une belle architecture et d'une cape lisse et bien posée, ce churchill dispose d'une attaque franche et nette. Les premières bouffées livrent des arômes boisés assez rustiques, toniques et vigoureux. Au fil des bouffées, la ligne aromatique (bois, terre, herbe mouillée) se dessine à merveille. Elle est toutefois malmenée par une puissance de plus en plus hégémonique, qui tend à jouer au rouleau compresseur. Mais ce cigare « de chasse » tient néanmoins la route et plaira aux amateurs de produits sincères et affirmés. Les amateurs de rondeur tempérée peuvent passer leur tour. [Dégustation publiée dans le *Havanoscope 2006*]

ROMEO Y JULIETA

Hermosos N° 2 – Édition limitée 2004
157 mm x Ø 19,05 mm • *Corona gorda (hermosos)*
France : 13 € ; Cuba : 6,61 € (8,20 CUC) ;
Grande-Bretagne : 24,39 € (£16,40)
Amateurs et amateurs confirmés

Ce corona gorda n'avait pas pu être noté dans le *Havanoscope 2005*, son arrivée sur le marché étant trop récente. Un contretemps annonciateur de bonnes nouvelles pour ce havane roulé dans une cape sombre et luisante, au toucher moelleux. En bouche, il ne tarde guère à afficher ses capacités de séduction et sa vitalité. Les premières bouffées sont faciles, mais la puissance est déjà aux aguets. Les arômes de bois et de poivre s'entremêlent, puis laissent la place à des notes plus terreuses. Par la suite, le Romeo déploie avec finesse boisé et épicé, jouant sur un registre chaleureux et inventif. L'ensemble est rond, long, moelleux, presque suave. On se laisse prendre au jeu de cette belle vitole à la personnalité affirmée et au rythme parfait. Nous l'avons aimée au point de lui accorder un coup de cœur. Il reste à espérer que toute la production, après ce feu d'artifice baptismal, soit bien du même tonneau. [Dégustation publiée dans le *Havanoscope 2006*].

ROMEO Y JULIETA
Mille Fleurs
129 mm x Ø 16,67 mm • *Petit corona (petit coronas)*
France : 3 € ; Allemagne : 3 € ;
Andorre : 2,60 € ; Benelux : 3,60 € ;
Cuba : 2,01 € (2,50 CUC) ; Suisse : 3,03 € (5 FS)
Pour tous

De beaux arômes floraux au démarrage, rapidement parasités par une certaine agressivité. Heureusement, ce désagrément disparaît au deuxième tiers à la faveur d'une combustion plus policée. Une palette d'arômes boisés assez riche peut alors se déployer jusqu'au dernier tiers, quelque peu linéaire toutefois. L'ensemble reste cependant de bonne tenue. L'éclaircie constatée l'an passé chez ce *Mille Fleurs* semble durable. Il lui revient de la consolider dans le temps.

ROMEO Y JULIETA
Petit Coronas ▼
129 mm x Ø 16,67 mm • *Petit corona (marevas)*
France : 6,30 € ; Allemagne : 6,20 € ; Andorre : 3,40 € ;
Benelux : 6,50 € ; Cuba : 3,10 € (3,85 CUC) ;
Espagne : 4,20 € ; Grande-Bretagne : 11,90 € (£8) ;
Italie : 6 € ; Suisse : 4,78 € (7,90 FS)
Pour tous

Le *Petit Coronas* est en baisse après avoir été longtemps abonné à la double bague. Le prix de cette vitole, il faut le souligner, n'est pas totalement étranger à sa notation tant le rapport qualité/prix lui est défavorable. La cape, nous y sommes habitués, n'est pas engageante : elle est négligée et grossièrement nervurée. La montée en puissance s'avère lente et laborieuse. On aimerait un peu plus de nerf et de vivacité. Herbacé, terreux et torréfié, le havane joue un numéro gustatif modeste. Le corps est vite défaillant, laissant place à des saveurs brûlées peu engageantes. Final paresseux. Copie à réviser.

ROMEO Y JULIETA

Petit Julietas

100 mm x Ø 11,91 mm • *Mini-panatella (entreactos)*

France : 3,10 € ; Allemagne : 4 € ;
Cuba : 1,93 € (2,40 CUC) ;
Grande-Bretagne : 6,40 € (£4,30) ;
Italie : 3,80 € ; Suisse : 2,54 € (4,20 FS)

Pour tous

En vitesse de croisière depuis quelques années, ce mini-panatella garde de l'intérêt grâce à sa gamme végétale et boisée bien présente. Une tendance à la linéarité et une puissance souvent trop retenue l'empêchent de briguer les sommets, mais l'ensemble reste facile d'accès et sans défaut majeur.

ROMEO Y JULIETA

Petit Piramides – Édition limitée 2005

127 mm x Ø 19,84 mm • *Figurado (petit piramides)*

France : 12,10 € ; Cuba : 6,04 € (7,50 CUC)

Amateurs

Romeo y Julieta livre ici une pièce particulièrement réussie sur le plan esthétique : la cape maduro aux reflets nocturnes, grasse et soyeuse à souhait, enveloppe une architecture tout aussi vigoureuse que trapue. Bien que le toucher soit un peu dur, l'allumage se fait sans difficulté et révèle un tirage parfait. Les premières bouffées donnent tout de suite le tempo : la vitole est puissante, légèrement agressive même. Les arômes, tout d'abord essentiellement boisés, sont précis et goûteux. Par la suite, cet obus de poche va évoluer, toujours avec franchise, vers des touches plus nettement épicées. Le poivre vert se fait alors conquérant, avant de laisser prospérer des notes profondes de cuir tanné et de gibier. La puissance est toujours au rendez-vous, presque écrasante parfois. Il faut donc attendre le milieu du deuxième tiers pour que le havane donne davantage de moelleux et d'apaisement. Par la suite, il se montrera un peu trop linéaire. Ce *Petit Piramides*, un tour de force pour les *torcedores*, est une excellente nouveauté bien qu'il manque un peu de profondeur et de complexité aromatique. Essayez-le. Il n'y en aura peut-être pas pour tout le monde ! [Dégustation publiée dans le *Havanoscope 2006*].

ROMEO Y JULIETA

Petit Princess ▼

102 mm x Ø 15,87 mm • *Très petit corona (perlas)*
France : 4,60 € ; Allemagne : 4,70 € ;
Andorre : 3,18 € ; Cuba : 2,66 € (3,30 CUC) ;
Espagne : 3,55 € ; Grande-Bretagne : 9,82 € (£6,60) ;
Suisse : 3,88 € (6,40 FS)
Pour tous

Un peu moins d'allant pour ce cigare jusqu'ici homogène et régulier. Nous avons décelé chez ce modeste Romeo moins de vivacité et de franchise que naguère. L'attaque s'est révélée très légère et peu causante en dépit d'un tirage correct. La couleur aromatique est essentiellement boisée puis terreuse. La puissance est fantasque, et le module peut devenir irritant en fin de fumage. Le *Petit Princess* demeure en retrait.

La majorité des havanes dégustés dans ce guide, c'est notamment le cas de toutes les grandes pièces, ont été mis en boîte entre octobre et décembre 2006. Seules les pièces mineures ou à rotation beaucoup plus lente peuvent provenir de millésimes antérieurs.

Pour chaque cigare, nous mentionnons les pays où on le trouve et à quels prix. Quand un pays n'est pas mentionné, cela signifie en principe que le havane n'y est pas officiellement commercialisé.

ROMEO Y JULIETA

Regalias de Londres

117 mm x Ø 15,87 mm • *Petit corona (coronitas)*
France : 3,10 € ; Allemagne : 3,70 € ;
Andorre : 2,36 € ; Cuba : 1,89 € (2,35 CUC) ;
Italie : 3,50 € ; Suisse : 2,36 € (3,90 FS)
Pour tous

Ennuyeux et fade, le *Regalias* est en chute. Simplissime, il ne quitte pas son modeste registre végétal, limité et peu attractif. À mi-parcours, quelques notes boisées apparaissent, vite étouffées par une puissance mal contrôlée, envahissante. La vitole devient pâteuse et desséchante. Aucune finesse et fort peu d'intérêt aromatique : ce Romeo traverse une mauvaise passe. À suivre.

ROMEO Y JULIETA

Robustos – Édition limitée 2001

124 mm x Ø 19,84 mm • *Robusto (robustos)*
France : 13,20 € ; Cuba : 4,27 € (5,30 CUC)
Amateurs et amateurs confirmés

Cette magnifique pièce de précision cubaine est un peu supérieure au robusto de la même marque, pourtant déjà très bien noté. Elle vaut également le double à l'achat. Dans sa cape nocturne, pourvu de la classique double bague des Éditions limitées, ce robusto manifeste d'emblée une excellente puissance. Il livre des parfums distincts de bois ciré, de cuir, de cacao et d'épices. Ce festin, porté par une force affirmée mais harmonieuse, continue tout au long de la dégustation. Précis et musclé, le Romeo offre des effluves giboyeux avant de se replier sur des épices sensuelles et généreuses au troisième tiers. Délicat et envoûtant. Un havane de très haute volée, qui symbolise toutes les vertus du terroir cubain et le savoir-faire de ses *torcedores*. [Dégustation publiée dans le *Havanoscope 2004*].

ROMEO Y JULIETA

Romeo N° 1 ▼

140 mm x Ø 15,87 mm • *Corona (cremas)*
France : 5,10 € ; Allemagne : 5,70 € ; Andorre : 3,44 € ; Benelux : 5,40 € ; Cuba : 2,82 € (3,50 CUC) ; Espagne : 4,30 € ; Grande-Bretagne : 16,36 € (£11) ; Italie : 5,20 € ; Suisse : 4,48 € (7,40 FS)
Pour tous

Déception cette année avec le *N° 1*. Très bien mis dans sa robe colorado grasse à souhait, ce corona est doté d'un excellent remplissage. Au vu de son apparence extérieure, on en espère autant pour l'intérieur. Hélas ! la déconvenue vient vite : poussif dès les premières bouffées, le cigare s'engorge peu à peu et renvoie les plaisirs de l'olfaction à plus tard. Un regain de personnalité le secoue au deuxième tiers (arômes de mousse de chêne et d'humus), soutenu par un léger mieux dans la combustion, mais le mal est fait. Un cas d'école de mauvaise construction dont nous avions souligné les prémices l'an passé. Il chute cette année.

ROMEO Y JULIETA

Romeo N° 2

129 mm x Ø 16,67 mm • *Petit corona (petit coronas)*
France : 4,70 € ; Allemagne : 6,50 € ; Andorre : 3,34 € ; Benelux : 4,90 € ; Cuba : 2,46 € (3,05 CUC) ; Espagne : 4,45 € ; Grande-Bretagne : 13,68 € (£9,20) ; Italie : 4,70 € ; Suisse : 3,63 € (6 FS)
Pour tous

Désormais bien arrimé à ses quatre bagues, ce petit corona est en passe de devenir un classique. Nous l'aimons comme il est, régulier, élégant, bien pourvu en puissance et sans sautes d'humeur. Sa gamme aromatique est idéalement définie : paille mouillée et mousse de chêne dans un premier temps, tourbe et cacao par la suite. Nous lui souhaitons toujours plus de constance, et lui prédisons un avenir radieux chez les amateurs de petits modules.

ROMEO Y JULIETA

Romeo N° 3 ▼

117 mm x Ø 15,87 mm • *Petit corona (coronitas)*

France : 4 € ; Allemagne : 4 € ; Andorre : 2,80 € ; Benelux : 4,20 € ; Cuba : 2,30 € (2,85 CUC) ; Espagne : 3,50 € ; Grande-Bretagne : 11,60 € (£7,80) ; Italie : 4,20 € ; Suisse : 3,27 € (5,40 FS)

Pour tous

Une regrettable plongée dans les abîmes pour ce *Romeo N° 3*. Négligé dans sa tenue (cape nervurée et rêche), il peine à démarrer et s'égare dans une débauche de poussière amère. De la terre remuée et un peu de chêne viennent peu à peu rassurer le palais, mais les sensations restent en retrait. Plus vaillante en combustibilité par la suite, la vitole récupère de son aplomb en offrant d'agréables senteurs animales qui lui correspondent mieux. Cette prestation mitigée lui fait perdre une bague.

ROMEO Y JULIETA

Short Churchills

124 mm x Ø 19,80 mm • *Robusto (robustos)*

France : 8,80 € ; Allemagne : 8,90 € ; Andorre : 6 € ; Benelux : 9,50 € ; Cuba : 4,35 € (5,40 CUC) ; Espagne : 8,50 € ; Grande-Bretagne : 17,70 € (£11,90) ; Italie : 9,30 € ; Suisse : 7,51 € (12,40 FS)

Amateurs

Toujours aussi appétissant, le *Short Churchills* est manifestement soigné et chouchouté par les *torcedores* cubains. Drapé dans une cape maduro du plus bel effet, il bénéficie d'un toucher soyeux et régulier. Le démarrage est déjà gourmand avec des arômes herbacés et boisés francs et riches qui persisteront jusqu'au final. À la fin du premier tiers, le robusto se fait davantage épicé.

Il manque alors un peu de fondu, mais on apprécie une fumée dense et bien structurée, des saveurs souples, épicées et miellées, bien canalisées. Séduisante et entreprenante, la vitole offre un final paisible, essentiellement végétal, assorti de pointes de moka torréfié. Arrivé l'an passé sur le marché, ce havane confirme ses bonnes dispositions et son dynamisme. Une pièce originale dotée d'une réelle personnalité, pas très loin des cinq bagues.

ROMEO Y JULIETA

Sport Largos
117 mm x Ø 13,89 mm • *Demi-tasse (sports)*
France : 2,60 € ; Allemagne : 3,50 € ; Andorre : 2,08 € ;
Benelux : 2,80 € ; Cuba : 1,65 € (2,05 CUC) ;
Italie : 3 € ; Suisse : 1,57 € (2,60 FS)
Pour tous

C'est avec plaisir que nous le retrouvons, toujours pimpant et bien disposé. Sa finesse et sa grande générosité de cœur sont ses meilleurs atouts : assez puissant pour réveiller un palais endormi, il claironne sans complexe des notes vives de poivre et d'agrumes, vite associées à un boisé très perceptible. Un court mais intense moment de plaisir.

SAINT LUIS REY

Quasiment en chute libre ces deux dernières saisons, grande perdante dans les pages du Havanoscope 2007, *la marque Saint Luis Rey aurait-elle enfin réussi à actionner son parachute ? On peut le penser, en considérant les excellentes prestations d'au moins deux de ses produits phares.*
Le Churchills *renoue ainsi avec les préceptes du label : onctuosité, souplesse, longueur en bouche. Il lui permet de revenir dans le club fermé des marques à cinq bagues. Saluons également la remise à niveau, parfaitement justifiée, du* Série A. *En dépit de l'accident du* Petit Coronas *et du* Regios, *Saint Luis Rey donne à nouveau des raisons d'espérer. Un redressement, encore très fragile, à confirmer.*

SAINT LUIS REY

Deux théories s'affrontent pour l'origine du nom : le roman américain paru en 1927 sous le titre *The Bridge of San Luis Rey* ou bien le village de San Luis, le terroir le plus fameux de la Vuelta Abajo avec San Juan. Quoi qu'il en soit, Saint Luis Rey est une marque récente, créée en 1938 à la demande de deux importateurs anglais, Michael Keyser et Nathan Silverstone. En 1960, un nouveau contrat fut signé entre Cuba et la société Silverstone, accordant à cette dernière l'exclusivité de la distribution du label et uniquement en Angleterre. Cette exclusivité prit fin en 1990 permettant aux Saint Luis Rey d'être présents partout dans le monde. Dans les années 1980, les Cubains mirent sur le marché allemand une marque presque homonyme, San Luis Rey, qui entretint longtemps une certaine confusion avec la première. Elle disparut en 2000.

SAINT LUIS REY

coup de cœur

Churchills ▲
178 mm x Ø 18,65 mm • *Churchill (julieta 2)*
France : 10,90 € ; Allemagne : 10,50 € ;
Andorre : 8,66 € ; Cuba : 6,16 € (7,65 CUC)
Amateurs confirmés

« Tout près de la note suprême », écrivions-nous dans le *Havanoscope 2007*. Voilà qui est chose faite : les dernières dégustations de ce Saint Luis Rey le situent désormais au meilleur niveau. Le *Churchills* a effectué un sans-faute, s'étant débarrassé du final fantasque de l'an passé. Très beau à l'œil, c'est toutefois en bouche que ce havane donne le meilleur de lui-même. Les premières bouffées, souples et ordonnées, distillent des saveurs charnues de bois, de cuir et de tourbe. Des effluves miellés et crémeux arrondissent vite l'ensemble et donnent une grande suavité à la palette gustative. Au cours du fumage, des notes de cacao lacté puis un peu de moka torréfié ajoutent à la densité et à la complexité de ce cigare opulent. Un magnifique churchill, rigoureux et copieux. Coup de cœur.

SAINT LUIS REY

Coronas

142 mm x Ø 16,67 mm • *Corona (coronas)*
France : 7,10 € ; Allemagne : 6,90 € ;
Andorre : 4,51 € ; Cuba : 3,46 € (4,30 CUC)
Amateurs

Reclassé à quatre bagues l'an passé, le *Coronas* campe sur ses positions sans parvenir à retrouver l'air des sommets. Nous voilà aux prises avec un havane de belle et bonne facture. Les premières bouffées demeurent riches et pleines : elles sont marquées par des touches terreuses et épicées. La puissance augmente légèrement au cours du premier tiers mais conserve un niveau raisonnable. Par la suite, le Saint Luis Rey s'arrondit en s'enrichissant de nuances miellées au miel et au crémeux. Hélas ! comme l'an passé, la puissance prend le dessus à partir du deuxième tiers, ce qui déséquilibre un peu la dégustation. Un havane qui n'en demeure pas moins une pièce très respectable.

SAINT LUIS REY

Double Coronas

194 mm x Ø 19,45 mm • *Double corona (prominentes)*
France : 12,90 € ; Cuba : 6,77 € (8,40 CUC)
Amateurs et amateurs confirmés

Un double corona raffiné, à l'allure souveraine, qui offre du début à la fin un excellent confort de fumage. Nous sommes ici en voiture Pullman : voyage tranquille garanti. L'allumage est facile, le tirage aisé mais un peu lointain en raison de la longueur du module. Aussi est-ce assez paresseusement que les arômes se mettent en place. Bois, miel et chocolat se succèdent dans un tempo mesuré et poli. Cette musique de chambre demeure jusqu'au final. D'aucuns trouveront ce havane un peu fastidieux et monotone. Amateurs de sensations fortes, passez votre chemin : ce Saint Luis Rey langoureux et savoureux est réservé à ceux qui ont le temps.

SAINT LUIS REY

Lonsdales

165 mm x Ø 16,67 mm • *Lonsdale (cervantes)*
France : 7,80 € ; Allemagne : 8 € ;
Cuba : 4,35 € (5,40 CUC) ; Suisse : 6,54 € (10,80 FS)
Pour tous

Il était en chute l'an passé, et l'on ne peut pas dire que l'embellie soit au rendez-vous. La prestation d'ensemble est correcte mais manque de relief et de persuasion. Bien proportionné mais creux au toucher, le *Lonsdales* est très facile à mettre en route. Il se consume ensuite aisément (trop ?), jamais agressif, délivré de l'amertume trop marquée des précédentes livraisons. Le panorama est malheureusement un peu plat, surtout marqué par des arômes boisés. Seules quelques nuances de café torréfié et de cacao viennent relever la palette aromatique. Aucune surprise et un manque de nervosité évident qui confine parfois à l'apathie. Peut mieux faire.

Signification des bagues

1. Médiocre
2. Moyen
3. Bon
4. Excellent
5. Exceptionnel

À côté des bagues, une flèche montante ▲ indique la progression de ce cigare par rapport à sa notation dans le Havanoscope 2007. *Inversement, une flèche descendante ▼ signale sa baisse.*

SAINT LUIS REY

Petit Coronas

129 mm x Ø 16,67 mm • *Petit corona (marevas)*

France : 5,80 € ; Allemagne : 5,15 € ;

Andorre : 3,35 € ; Cuba : 2,78 € (3,45 CUC) ;

Italie : 5,40 €

Pour tous

Cette production est depuis quelques années sur le déclin. Le *Petit Coronas* voit ainsi sa notation amputée d'une bague après avoir offert une prestation trop linéaire et parfois franchement ennuyeuse. Joli à regarder, le havane affiche pourtant un bon démarrage avec des arômes d'épices et de bois précieux. Un peu de poivre et d'humus sont également au rendez-vous. Hélas ! ces sensations vertueuses se dissipent aussi vite qu'elles sont apparues. Le cigare manque alors de consistance, de chair. Il s'avère mal vertébré et beaucoup trop prévisible. Un peu barbant, à vrai dire... C'est dommage !

SAINT LUIS REY

Regios

127 mm x Ø 19,05 mm • *Robusto (hermosos N° 4)*

France : 7,80 € ; Allemagne : 7,20 € ;

Andorre : 5,68 € ; Cuba : 3,95 € (4,90 CUC) ;

Suisse : 6,05 € (10 FS)

Pour tous

Le *Regios* semblait bien accroché à ses quatre bagues. Il s'est pourtant montré moins convaincant qu'à son habitude, ne parvenant pas à rééditer ses prouesses de rondeur et de moelleux. À l'allumage, il s'entache de bouffées piquantes peu agréables. Ce défaut disparu, nous retrouvons les beaux arômes boisés et réglissés avant que les nuances empyreumatiques (pain grillé) ne dominent. Passé le deuxième tiers, la vitole reste sur la réserve, n'évolue plus guère et se banalise. Nous continuons néanmoins à conseiller ce cigare (bon rapport qualité/prix), même si nous regrettons son manque de tonus.

SAINT LUIS REY

Série A

143 mm x Ø 18,26 mm • *Corona gorda (coronas gordas)*
France : 9,20 € ; Allemagne : 9,20 € ;
Cuba : 4,23 € (5,25 CUC) ;
Italie : 8,50 € ; Suisse : 6,42 € (10,60 FS)
Amateurs

Le *Série A*, en forme cette année, regagne ses quatre bagues. Ce très beau corona gorda a en effet retrouvé ses marques avec un spectre aromatique riche et enjoué. À l'allumage, il est immédiatement savoureux : les arômes de cèdre, de poussière de terre et d'épices sont très présents. Après le premier tiers, le cigare devient plus dense, plus profond. La puissance, de bon niveau, porte d'abord des arômes miellés et cacaotés avant de jouer une partition giboyeuse plus virile. La construction est sans défaut, le tempo parfait, la longueur en bouche impressionnante. Une pièce de choix, représentative de la qualité du terroir cubain.

SAN CRISTOBAL DE LA HABANA

*La jeune marque a su évoluer, élargissant son catalogue ces dernières années tout en maintenant une bonne qualité d'ensemble. En dépit des ennuis récurrents de son double corona (*El Morro*), le label parvient à naviguer toujours dans la bonne moyenne. Saluons au passage l'excellente prestation du corona* Oficios*, dernier-né de la gamme : il confirme ses promesses et donne à San Cristobal de La Habana un coup de frais. Une marque qui prend des risques et que nous continuons à encourager. Nous apprécions son côté « laboratoire du havane ».*

Abréviations utilisées : € : euro ; £ : livre anglaise ; FS : franc suisse ; CUC : peso convertible.

SAN CRISTOBAL DE LA HABANA

El Morro

180 mm x Ø 19,84 mm • *Double corona (pacos)*

France : 13,50 € ; Allemagne : 12 € ; Andorre : 9,15 € ; Benelux : 14,60 € ; Cuba : 7,57 € (9,40 CUC) ; Espagne : 12,20 € ; Grande-Bretagne : 26,48 € (£17,80) ; Italie : 13,50 € ; Suisse : 9,81 € (16,20 FS)

Pour tous

Rien ne va plus pour ce double corona qui n'a jamais réussi à asseoir sa personnalité et à imposer une personnalité aromatique. *El Morro* démarre confortablement, avec un tirage aisé qui permet l'expression de notes boisées simples et nettes. Ensuite, hélas ! dès la fin du premier tiers, alors qu'on attend une évolution aromatique plus complexe, le cigare se ferme. Le tirage devient difficile (construction hasardeuse ?), ce qui favorise une trop grande amertume. Cette tonalité persiste et empire jusqu'à rendre la vitole presque désagréable. Les défauts constatés l'an passé ont empiré. Un havane à revoir et à reconstruire d'urgence.

SAN CRISTOBAL DE LA HABANA

El Principe

110 mm x Ø 16,67 mm • *Très petit corona (minutos)*

France : 5 € ; Allemagne : 5,60 € ; Andorre : 3,24 € ; Benelux : 5,40 € ; Cuba : 2,62 € (3,25 CUC) ; Espagne : 3,60 € ; Grande-Bretagne : 10,71 € (£7,20) ; Italie : 5,50 € ; Suisse : 4,12 € (6,80 FS)

Pour tous

Bravo à ce « Prince », qui brille de plus en plus en attendant une couronne encore plus étincelante. Sans esbroufe, il étonne une nouvelle fois par sa richesse de corps et son goût exquis. Puissant mais sans excès, il favorise lentement un équilibre force/arômes réservé aux plus grands : pain d'épice au démarrage, il s'autorise des incursions vers l'épicé et le tourbé, pour s'installer dans une dominante boisée très longue en bouche. Une pièce gourmande et généreuse, qui a mérité un coup de cœur dans notre sélection 2007 des « Meilleurs cigares à moins de six euros ».

SAN CRISTOBAL DE LA HABANA

La Fuerza
141 mm x Ø 19,84 mm • *Gordito (gorditos)*
France : 10,80 € ; Allemagne : 9 € ; Andorre : 6,88 € ;
Benelux : 11,10 € ; Cuba : 5,72 € (7,10 CUC) ;
Espagne : 8,10 € ; Grande-Bretagne : 21,57 € (£14,50) ;
Italie : 10,50 € ; Suisse : 7,87 € (13 FS)
Pour tous

Le San Cristobal se maintient à son niveau, la véritable notation étant toutefois légèrement en deçà des trois bagues. Allure carrée et cape lisse, il offre des premières bouffées très poussiéreuses avant de décliner des touches herbacées puis tourbées. La puissance est réelle sans être agressive. Les touches boisées entrent alors dans la danse. Les bouffées s'enchaînent avec rondeur mais sans véritable éclat. Nous avons ici affaire à un havane honnête, mais qui manque singulièrement de panache et d'ambition. Attention à cette mollesse, qui pénalise le gordito : il doit faire un réel effort pour se maintenir dans la moyenne.

SAN CRISTOBAL DE LA HABANA

La Punta
140 mm x Ø 20,64 mm • *Figurado (campanas)*
France : 11 € ; Allemagne : 10,50 € ; Andorre : 7,14 € ;
Benelux : 10,80 € ; Cuba : 5,11 € (6,35 CUC) ;
Espagne : 8,40 € ; Grande-Bretagne : 19,93 € (£13,40) ;
Italie : 10,50 € ; Suisse : 7,99 € (13,20 FS)
Pour tous

En chute l'an passé, ce San Cristobal n'est pas en mesure de remonter la pente cette année. Moins soigné qu'à ses débuts, ce *La Punta* s'est montré beaucoup trop terne. Après quelques notes herbacées à cru, il conserve ce registre végétal à l'allumage. Il touche ensuite à des arômes d'humus, de sous-bois et de terre fraîche. À l'amorce du deuxième tiers, le havane manque de chair et de relief en dépit de quelques touches caramélisées et torréfiées. La suite de la dégustation est terne. La vitole se fait donc ennuyeuse et extrêmement plate. Ni la rondeur, ni la vigueur ne sont au rendez-vous. Un mélange aromatique à revoir et à tonifier pour cette pièce qui peut mieux faire.

SAN CRISTOBAL DE LA HABANA

Mercaderes
167 mm x Ø 19,05 mm • *Churchill (hermosos N° 1)*
France : 13 € ; Andorre : 8,92 € ;
Cuba : 7,01 € (8,70 CUC) ; Italie : 12,60 €
Amateurs

Il avait été recentré l'an passé, rejoignant ainsi la moyenne du tableau. Il ne la quittera pas cette année et ne regagnera pas le palier supérieur. Le churchill, assez imposant, bien roulé dans une cape cacao, est facile à mettre en route. Il exhale une fumée dense, qui a de la mâche et de la présence. Les touches boisées et terreuses entrent dans la ronde. Très vite, cependant, le *Mercaderes* adopte un rythme de croisière, plus lent et plus mou. Le boisé s'accorde un peu d'épicé, la fumée reste ample, mais elle perd de sa nervosité. Il en résulte une combustion aisée, confortable, agréable mais apathique. Cette pièce, au demeurant soignée, manque un peu de hargne pour convaincre vraiment les amateurs.

SAN CRISTOBAL DE LA HABANA

Muralla
180 mm x Ø 21,43 mm • *Figurado (rodolfo)*
France : 16,60 € ; Andorre : 10,62 € ;
Cuba : 9,30 € (11,55 CUC) ; Italie : 16 €
Amateurs

Le figurado, flamboyant lors de son lancement il y a deux ans, avoue moins de cran et de témérité que naguère. À l'œil, il reste un monument, un havane hors norme : dimensions XXL et cape obscure. Toutefois, cette présentation ombrageuse se révèle vite n'être qu'une apparence. Après un allumage facile et souple, la puissance n'est pas au rendez-vous. Les arômes boisés et de terre humide sont plaisants mais un peu minces. Des notes de café torréfié égayent la dégustation à l'amorce du troisième tiers, mais on attend davantage de maestria et de densité d'une pièce d'un tel gabarit. Sans être déplaisant, le *Muralla* est un brin frimeur et déconcertant. Il fleure bon La Vieille Havane sans toutefois jouer la carte d'une authentique rusticité. À essayer.

SAN CRISTOBAL DE LA HABANA

coup de cœur

Oficios ▲
135 mm x Ø 17,07 mm • *Corona (dalias cortas)*
France : 8,30 € ; Andorre : 4,97 € ;
Cuba : 4,47 € (5,55 CUC) ; Italie : 8,40 €
Amateurs

Parti il y a deux saisons sur de bonnes bases, ce corona confirme ses excellentes dispositions. Il a offert une agréable dégustation, presque sans faute, si ce n'est une ligne aromatique un peu courte, et mérite donc une bague supplémentaire. L'*Oficios* se présente sous une cape colorado, huileuse et appétissante. La double bague « Casa del Habano » (vous ne le trouverez normalement que dans ces établissements) lui donne un côté luxueux. Les premières notes révèlent du moka, un peu de bois précieux et de la tourbe humide. La fumée est ample et odorante. Le tirage est bon. Le cigare monte graduellement en puissance et devient corsé. Sa cubanité ne fait aucun doute : forte personnalité et style délié. Le deuxième tiers, bien charpenté, livre du café torréfié, puis des notes de réglisse. La mécanique est solide et ne se dérègle pas. Jusqu'au bout, le havane sollicite l'amateur. Il est franc, chaleureux et généreux. Coup de cœur.

La majorité des havanes dégustés dans ce guide, c'est notamment le cas de toutes les grandes pièces, ont été mis en boîte entre octobre et décembre 2006. Seules les pièces mineures ou à rotation beaucoup plus lente peuvent provenir de millésimes antérieurs.

SANCHO PANZA

La marque confirme le redressement enregistré la saison passée. Après une période un peu agitée, Sancho Panza paraît revenir à de meilleurs sentiments. Certes, le label ne dispose pas encore de vitole à cinq bagues, mais il jouit d'une stabilité enviable. Remarquons au passage le retour sur le devant de la scène du très beau lonsdale Molinos, *qui retrouve son panache d'antan.*

SANCHO PANZA

Au contraire des grandes marques que le XXe siècle propulsera sur les sentiers de la gloire, Sancho Panza conservera longtemps les stigmates de sa naissance obscure. Son nom est mentionné dès 1848 parmi une cohorte d'autres qui laisseront peu de souvenirs. Enregistrée sous le nom patronymique d'Emilio Ohmstedt, un négociant d'origine allemande qui avait fait fortune dans l'import/export, Sancho Panza ne donnera lieu à aucune débauche décorative. Pas de *vista*, une bague à l'austérité terne, le label est peu présent dans la compétition commerciale que se livrent alors les marques. En 1870, Sancho Panza passe en toute discrétion sous la coupe de la compagnie Salvador Paret, laquelle, ruinée, vend peu après toutes ses marques presque à l'encan. Sancho Panza aurait disparu si Manuel Alonzo, de la maison Munoz, Alonzo et Cia, ne s'était obstiné à la faire renaître. La malchance est parfois tenace, et les pérégrinations du valet de don Quichotte reprennent au début des années 1920. Ramon Allones acquiert la marque pour la rétrocéder ensuite à la maison Cifuentes, qui la revend, en 1931, à El Rey del Mundo. C'est l'époque où furent créés les fleurons de la marque, le *Sanchos* et le *Molinos*. Dans les années 1950, Sancho Panza était devenu le havane le plus en populaire en Espagne. L'obstination à survivre de Sancho Panza avait triomphé.

SANCHO PANZA

Bachilleres ▲

116 mm x Ø 15,87 mm • *Très petit corona (franciscanos)*
France : 4,60 € ; Allemagne : 4,90 € ;
Cuba : 2,74 € (3,40 CUC) ; Suisse : 3,88 € (6,40 FS)
Pour tous

Ce très petit corona nous offre un joli sursaut d'orgueil. Les dernières productions paraissent en effet bien mieux fagotées et plus goûteuses que les précédentes. À l'œil, le havane conserve son allure paysanne avec sa cape « nature » très nervurée. Après avoir délivré à cru des notes mentholées, il présente un allumage brutal. La puissance grimpe vertigineusement avant de se stabiliser. Apparition de jolies notes tourbées, complétées au deuxième tiers par des pointes grillées et briochées. Le final est rond et équilibré, le *Bachilleres* parvenant à retomber sur ses pieds sans la moindre agressivité. Une dégustation sympathique.

SANCHO PANZA

Belicosos

140 mm x Ø 20,64 mm • *Figurado (campanas)*
France : 10,50 € ; Allemagne : 9,50 € ; Andorre : 5,80 € ;
Cuba : 4,91 € (6,10 CUC) ; Espagne : 7,25 € ;
Grande-Bretagne : 18,74 € (£12,60) ;
Italie : 10 € ; Suisse : 7,39 € (12,20 FS)
Pour tous

Pas de changement pour cet obus très classique et très soigné. Il présente généralement une cape fine et soyeuse colorado aux nuances caramel. À cru, les notes sont essentiellement terreuses. Une fois allumé, le havane offre un tirage soutenu et confortable. Les arômes boisés mènent la danse, accompagnés de touches de moka torréfié et d'humus. Le tirage peut apparaître parfois un peu serré, mais la combustion demeure correcte. Belle combinaison à partir du deuxième tiers, grâce à des notes de cuir, de poivre et de fruits secs (noix). Le rythme est bon, mais l'évolution aromatique toujours trop limitée.

Sans doute la puissance est-elle trop étriquée, ne permettant qu'un troisième tiers sans grande personnalité. Une pièce intéressante mais un peu inachevée.

SANCHO PANZA

Coronas
142 mm x Ø 16,67 mm • *Corona (coronas)*
France : 7,10 € ; Allemagne : 7,10 € ; Andorre : 4,20 € ;
Cuba : 3,67 € (4,55 CUC) ; Suisse : 5,81 € (9,60 FS)
Pour tous

Pas de changement notable pour cette vitole. Elle conserve donc son classement, un peu généreux certes, mais nous récompensons la régularité de ce *Coronas* généreux et doté d'un excellent rapport qualité/prix. En bouche, il délivre des arômes francs d'humus, de fougère et d'herbe fraîchement coupée. La puissance progresse raisonnablement, mais à un bon rythme, et maintient jusqu'au bout un bon rapport corps/arômes. Le final est onctueux, chocolaté, presque crémeux. Un savoureux moment de dégustation et de détente.

SANCHO PANZA

Coronas Gigantes
178 mm x Ø 18,65 mm • *Churchill (julieta 2)*
France : 11,70 € ; Allemagne : 11,80 € ; Andorre : 8,40 € ;
Cuba : 6,36 € (7,90 CUC) ; Espagne : 10,50 € ;
Grande-Bretagne : 21,86 € (£14,70)
Amateurs et amateurs confirmés

Ce superbe Sancho Panza confirme avec brio qu'il est en pleine forme. Il est même passé tout près de la consécration suprême cette année, ne ratant la cinquième bague qu'à cause d'un manque de complexité et de longueur en bouche. Dans tous les cas, bravo pour ce numéro de charme ! Appétissant dans sa cape chocolat ultralisse, le *Coronas Gigantes* se met aisément en route. Il exprime au démarrage de subtiles senteurs terreuses, légèrement teintées de poivre. Quelques touches de bois précieux, de cacao et de réglisse ponctuent la dégustation. La puissance, bien posée, va crescendo, mais n'occupe jamais une position dominante. Malgré un troisième tiers trop peu évolutif, cette vitole se distingue par son équilibre et son harmonie. L'un des meilleurs churchills du moment.

SANCHO PANZA

Molinos ▲

165 mm x Ø 16,67 mm • *Lonsdale (cervantes)*
France : 8,60 € ; Allemagne : 8,50 € ; Andorre : 4,80 € ;
Cuba : 4,35 € (5,40 CUC) ; Espagne : 6 € ;
Grande-Bretagne : 16,06 € (£10,80) ;
Italie : 8,80 € ; Suisse : 6,90 € (11,40 FS)
Amateurs

Bonne nouvelle : le *Molinos*, pour le moins malmené ces dernières saisons, semble reprendre des couleurs. Il franchit à nouveau un palier et renoue avec sa prestigieuse réputation. Il lui faudra désormais confirmer cette sympathique progression. La cape colorado n'est pas toujours du plus bel effet, mais elle ne manque pas de gras, ni de soyeux. En bouche, le havane offre une attaque prometteuse. Très vite, des notes de bois précieux et de sous-bois se mettent en place. Le tirage apparaît excellent, la fumée est riche et rassasiante. La progression est idéale, l'équilibre puissance/arômes respecté. Des touches torréfiées ainsi que du cuir se joignent à la palette, accompagnées au troisième tiers par des pointes cacaotées très denses. La vitole, bien ventilée de bout en bout, est goûteuse et harmonieuse. Il ne lui manque à nouveau que ce « coup de rein » final, ce supplément de puissance, pour réellement s'imposer. À suivre.

Pour chaque cigare, nous mentionnons les pays où on le trouve et à quels prix. Quand un pays n'est pas mentionné, cela signifie en principe que le havane n'y est pas officiellement commercialisé.

SANCHO PANZA

Non Plus

129 mm x Ø 16,67 mm • *Petit corona (marevas)*

France : 5,80 € ; Allemagne : 5 € ; Andorre : 3,20 € ;
Cuba : 2,82 € (3,50 CUC) ; Espagne : 4 € ;
Grande-Bretagne : 11,30 € (£7,60) ;
Italie : 5,50 € ; Suisse : 4,48 € (7,40 FS)

Pour tous

« Hélas ! » est le mot qui vient d'emblée à la bouche. Il avait opéré une salutaire remise en question mais elle a été de courte durée. Heurté dès l'entame, trop chargé en poussière, le *Non Plus* peine longtemps à déployer ses arômes de sous-bois humide et de lichen qui lui avaient valu un encouragement l'an passé. Malgré une amélioration perceptible à mi-parcours, sa force est trop brutale et sa typicité trop faible pour le sauver d'un déclassement. Un module irrégulier et instable.

SANCHO PANZA

Sanchos

235 mm x Ø 18,65 mm • *Especial (gran corona)*

France : 19,60 € ; Allemagne : 21,80 € ; Andorre : 12,60 € ;
Cuba : 11,12 € (13,80 CUC) ; Espagne : 15,75 € ;
Grande-Bretagne : 34,81 € (£23,40) ;
Italie : 20 € ; Suisse : 19,01 € (31,40 FS)

Amateurs confirmés

Cet interminable especial n'est pas un fantaisiste. Sans surprise, il conserve son rang. Nous avons retrouvé un *Sanchos* immuable, drapé comme à son habitude dans une cape colorado aux reflets caramel. À l'allumage, la vitole livre d'emblée des touches végétales et fleuries. Les épices, les touches d'humus puis quelques effluves chocolatés participent à une fête tranquille. Au cœur du deuxième tiers, le *puro* devient onctueux et suave. La fumée est ample, généreuse. Un havane posé, seigneurial, destiné à des occasions exceptionnelles. Remarquable fabrication.

TRINIDAD

Trinidad, délibérément vouée au haut de gamme, au luxe et à une clientèle triée sur le volet, conserve ses positions. Ses produits sont généralement très soignés, parfois exceptionnels comme l'historique Fundadores *qui donne un cigare à cinq bagues au label. Nous sommes ici dans la haute couture du cigare. À noter également, l'excellente prestation du petit corona* Reyes, *hautement recommandable et tout près de la note suprême. Nous recommandons chaleureusement ces pièces, certes onéreuses, mais bénéficiant de tout le savoir-faire cubain.*

TRINIDAD

Longtemps confidentielle avec une seule vitole, le *Fundadores*, la marque fait référence à la ville de Trinidad, la première fondée à Cuba. Pendant vingt ans, seuls quelques privilégiés, hôtes du Minrex, le ministère des Relations extérieures, pouvaient déguster ce cigare mythique conçu dès 1969 comme une doublure du *Lanceros* de Cohiba. Lorsqu'il fut enfin proposé au public, en 1998, ce havane mystérieux ne connut pas le succès escompté. Incarnant une génération de havanes moins rassasiants, plus tendres, et desservi par un prix très lourd, il a dérouté les amateurs. Pour dynamiser le label, les responsables cubains ont créé en 2004 trois autres modules, à la *liga* légèrement renforcée : le *Coloniales*, le *Reyes* et le *Robustos Extra* qui fut, avec une bague originale, le havane à l'honneur de la 10e Nuit de *L'Amateur de Cigare*. Les quatre vitoles de la marque Trinidad sont désormais fabriquées dans la ville de Pinar del Rio, au cœur de la Vuelta Abajo.

TRINIDAD

Coloniales
132 mm x Ø 17,46 mm • *Corona (coloniales)*
France : 12 € ; Allemagne : 10,30 € ;
Andorre : 5,50 € ; Benelux : 12,50 € ;
Cuba : 4,83 € (6 CUC) ; Espagne : 6,20 € ;
Grande-Bretagne : 16,96 € (£11,40) ;
Italie : 9,50 € ; Suisse : 9,08 € (15 FS)
Amateurs

Plutôt bien fabriqué, le corona est toujours aussi entreprenant au démarrage : dès l'attaque, il exhale des fragrances végétales et poivrées portées par une puissance réelle et croissante. Des senteurs d'humus et de champignon apparaissent à mi-fumage, mais l'expression aromatique demeure un peu restreinte. Un corps trop présent dès le deuxième tiers prive ce Trinidad de l'équilibre et du fondu que l'on attendrait de lui. Un peu raide mais ne manque pas de tenue.

TRINIDAD

Fundadores
192 mm x Ø 15,87 mm • *Grand panatella*
(Laguito N° 1 especial)
France : 17,10 € ; Allemagne : 20 € ;
Andorre : 10,20 € ; Benelux : 19,40 € ;
Cuba : 8,78 € (10,90 CUC) ; Espagne : 12 € ;
Grande-Bretagne : 28,86 € (£19,40) ;
Italie : 18 € ; Suisse : 18,77 € (31 FS)
Amateurs confirmés

Long fuseau couleur chocolat, ce havane fastueux continue à surpasser les autres grands panatellas cubains, offrant une prestation de rêve, qui allie arômes complexes, évolutivité et puissance parfaitement dosée. Le *Fundadores* entre vite en besogne, égrenant les saveurs terreuses, boisées et légèrement épicées. De savoureuses touches crémeuses de chocolat et de miel donnent ce qu'il faut de fondu et de moelleux à la dégustation. Le rythme est vif, réglé comme du papier à musique. Le Trinidad s'exprime dans un registre classique du terroir cubain mais avec une densité peu commune. Jamais hésitant, il avance d'un bon pas, confortable et suave. Il marque impeccablement le palais sans l'agresser, est opulent et distingué. Une somptueuse mécanique de précision. Notez qu'il est relativement facile de trouver des millésimes anciens : n'hésitez pas, le *Fundadores* est un havane de garde.

TRINIDAD

Ingenios – Édition limitée 2007
167 mm x Ø 16,67 mm • *Lonsdale (cervantes)*
France : 18,10 €
Amateurs

Voilà un beau havane aux apparences ultraclassiques : la cape maduro est relativement rustique et manque un peu de gras. La mise en route ne manque pas d'énergie : le cigare est d'emblée franchement boisé et puissant. Le tirage, excellent, sert une palette aromatique *a priori* très attrayante : le poivre blanc est tout à la fois luxueux et luxuriant. Les notes boisées (cèdre rouge) flattent également le palais. On regrette toutefois, à compter du deuxième tiers, un manque de moelleux et de profondeur. Le Trinidad n'est pas assez suave pour magnifier ses arômes. Du coup, la fumée s'avère trop uniforme. Un peu de rudesse et de piquant sont parfois présents au troisième tiers. De la franchise, mais mériterait davantage de densité et d'élégance.

Vitolas de galera

Dans les manufactures cubaines, les havanes sont classés selon leur taille (diamètre, longueur et poids) en 80 catégories. Ce « nom de galère » que les Cubains nomment vitola de galera *est généralement différent du nom de module couramment utilisé par les amateurs. Dans cette édition, nous l'avons ajouté entre parenthèses à côté du vocable courant.*

TRINIDAD

Reyes

110 mm x Ø 15,87 mm • *Petit corona (reyes)*

France : 8 € ; Allemagne : 7,20 € ; Andorre : 4,15 € ; Benelux : 8,40 € ; Cuba : 3,46 € (4,30 CUC) ; Espagne : 5 € ; Grande-Bretagne : 11,30 € (£7,60) ; Italie : 6,70 € : Suisse : 5,45 € (9 FS)

Amateurs

Coup de cœur l'an passé, le *Reyes* n'est pas très loin des cinq bagues. Il a offert une prestation de haute volée, manquant un peu de complexité en fin de fumage pour décrocher la note suprême. Esthétiquement, nous avons (re)découvert un cigare soigné, à la cape un peu plus claire (nuance caramel) que par le passé. Bonne compacité. Présence à cru d'arômes herbacés. Les premières bouffées sont extrêmement plaisantes : touches boisées, de moka et d'épices. La corpulence est au rendez-vous, mais la fumée demeure très équilibrée. Les épices (poivre vert) servent de fil rouge à la dégustation, touchant au cuir et au café fraîchement torréfié. De la rondeur et du moelleux. Un excellent havane, tout à la fois entreprenant et confortable. Belle fabrication.

TRINIDAD

Robustos Extra

155 mm x Ø 19,84 mm • *Grand robusto (dobles)*

France : 19 € ; Allemagne : 16 € ; Andorre : 11,08 € ; Benelux : 21,50 € ; Cuba : 9,55 € (11,85 CUC) ; Espagne : 12,60 € ; Grande-Bretagne : 31,53 € (£21,20) ; Italie : 18 € ; Suisse : 16,95 € (28 FS)

Amateurs

Le *Robustos Extra*, habillé d'une cape claire et grasse, avoue un toucher souple et un remplissage homogène, signes d'une construction soignée. En bouche, il commence sur un registre herbacé, avec des notes de fougère et de bois humide. D'une corpulence modérée mais équilibrée, il évolue ensuite sereinement, dans un tempo parfaitement maîtrisé. La fumée, abondante et ronde, s'enrichit de notes crémeuses, pâtissières. Le troisième tiers, empyreumatique, emprunte au pain grillé et au café torréfié. Ce Trinidad de haut rang, bien qu'un peu convenu, est en passe de devenir un classique du catalogue cubain.

TROYA

Une gamme réduite à sa plus simple expression. Troya, vieux label cubain, fabrique des cigares « machine » sans grande personnalité. Ses vitoles dont la production végète sont aujourd'hui quasiment invisibles dans le monde du cigare.

TROYA

Coronas Club

123 mm x Ø 15,87 mm • *Petit corona (standard)*

France : 1,96 € ; Cuba : 1,41 € (1,75 CUC)

Fait à la machine • *Pour tous*

Ce discret *Coronas Club* sous tube nous a offert cette année sa prestation habituelle : peu spectaculaire mais parfaitement honnête. En bouche, après un démarrage neutre et plat, il délivre des notes terreuses et boisées. La puissance, très limitée, ne porte que des arômes au spectre étroit, peu marqués mais jamais désagréables. Pas de défaut majeur donc pour cette vitole sans histoire et passe-partout. Un havane de dépannage.

Les prix en euros et en monnaies étrangères que nous indiquons sont ceux pratiqués au moment de la parution du Havanoscope *(octobre 2007). Tous ces cigares sont à la merci de hausses qui peuvent intervenir au cours de l'année 2008, aussi bien en France qu'à l'étranger.*

TROYA

Ce label modeste et peu connu fut créé 1932 par la firme Martinez y Cia. Huit modules existaient alors. Il n'en demeure plus que deux aujourd'hui, qui sont fabriqués à la machine dans l'usine ICT de La Havane.

TROYA

Universales
134 mm x Ø 15,08 mm • *Petit panatella (universales)*
France : 1,60 € ; Cuba : 1,01 € (1,25 CUC)
Fait à la machine • Pour tous

Ce petit panatella conserve son rang et ne parvient pas à remonter au classement. Nous avons retrouvé une vitole rustique, habillée d'une cape assez grossière. Après quelques notes de poussière de terre à cru, elle adopte un registre floral évanescent. L'évolution se construit ensuite autour d'arômes de tourbe et de poussière de bois. Mais l'ensemble ne parvient jamais à s'imposer, tant la puissance est évasive. Ni bon ni mauvais, mais un manque d'expression flagrant.

VEGAS ROBAINA

Un coup de mou en 2006, une remise à niveau en 2007, une superbe éclaircie en 2008. Le redressement – attendu – de Vegas Robaina est en tout point remarquable. Cette jeune marque, au catalogue resserré, montre beaucoup de dynamisme. Elle propose des produits désormais bien assis dans le monde du havane, reconnus pour leur générosité et le soin apporté à leur fabrication. Les pièces les plus courues – Don Alejandro, Clasicos, Familiar *– sont toutes à la hausse ! Vegas Robaina, empreinte de modernité, affiche une santé éclatante. C'est le moment d'essayer ces havanes souples et moelleux.*

VEGAS ROBAINA

coup de cœur

Clasicos ▲

165 mm x Ø 16,67 mm • *Lonsdale (cervantes)*
France : 9,90 € ; Allemagne : 10,50 € ; Andorre : 5,92 € ;
Benelux : 10,70 € ; Cuba : 5,11 € (6,35 CUC) ;
Espagne : 7,40 € ; Grande-Bretagne : 17,70 € (£11,90) ;
Italie : 9,50 € ; Suisse : 7,99 € (13,20 FS)
Amateurs

Manifestement, les dernières livraisons de ce lonsdale sont plus soignées que les précédentes. Nous avons retrouvé le *Clasicos* que nous aimons : nerveux, vif, entreprenant, riche en arômes. Nous saluons cette tonicité retrouvée par une bague supplémentaire. À l'œil, le havane au corps carré reste une vitole distinguée, habillée d'une cape fine et grasse. En bouche, le cigare est d'emblée moelleux. Les arômes boisés sont épaulés par des touches de cuir, d'épices, de chocolat et de noisette fraîche. La palette est riche, évolutive et suave après le deuxième tiers. Le final est apparu, en revanche, un peu moins festif et expressif. Le *Clasicos* reprend enfin des couleurs et retrouve ses lettres de noblesse. À (re)découvrir d'urgence. Coup de cœur.

VEGAS ROBAINA

Don Alejandro

194 mm x Ø 19,45 mm • *Double corona (prominentes)*
France : 14,80 ; Allemagne : 15 € ; Andorre : 9,96 € ;
Benelux : 16 € ; Cuba : 7,73 € (9,60 CUC) ;
Espagne : 12,45 € ; Grande-Bretagne : 28,71 € (£19,30) ;
Italie : 14 € ; Suisse : 12,11 € (20 FS)
Amateurs

Du mieux pour ce double corona qui jouait jusque-là en milieu de tableau. Le *Don Alejandro* a montré davantage de profondeur et de maturité qu'à l'accoutumée. Lui qui péchait jusqu'alors par un manque chronique d'amplitude, s'est révélé cette fois plus tonique et entreprenant. Toujours élégamment fabriqué – bien que ce ne soit pas l'un des plus beaux doubles coronas du marché cubain –, ce Vegas Robaina est vite entré dans le match avec un allumage facile. Assez puissant et plutôt charnu, il livre alors des touches boisées et animales. Un peu de terre humide renforce l'empreinte gustative, trop émoussée dans les précédentes productions. On aime alors ce cigare bien élevé et bien construit, vivace et moelleux, bien que peu évolutif à la sortie du deuxième tiers. Le géant est sorti de sa réserve et de sa torpeur, ce qui lui vaut une bague supplémentaire. Le réveil est réjouissant !

VEGAS ROBAINA

Familiar ▲

142 mm x Ø 16,67 mm • *Corona (coronas)*
France : 9,20 € ; Allemagne : 9,50 € ; Andorre : 5,16 € ;
Benelux : 9,50 € ; Cuba : 4,55 € (5,65 CUC) ;
Espagne : 6,30 € ; Grande-Bretagne : 15,32 € (£10,30) ;
Italie : 8,20 € ; Suisse : 7,27 € (12 FS)
Pour tous

Ce corona très régulier, bien arrimé en milieu de tableau, est dans de bonnes dispositions. Il mérite donc un coup de pouce et un coup de chapeau. Habillé d'une cape fine d'un joli brun caramel, le *Familiar* livre à cru des notes boisées. En début de fumage, il s'organise autour d'arômes réglissés puis plus franchement herbacés. Il est harmonieux, équilibré, même lorsque apparaissent des pointes terreuses plus corpulentes. Passé le deuxième tiers, la tonalité est épicée (poivre vert) et grillée. Quelques saveurs briochées surgissent, apportant rondeur et fondu au terme de la dégustation. Il n'y a rien de déroutant dans ce bonhomme Vegas Robaina, au final nettement plus apaisé que naguère. Une pièce facile, aimable, enjouée. Nous la recommandons.

La majorité des havanes dégustés dans ce guide, c'est notamment le cas de toutes les grandes pièces, ont été mis en boîte entre octobre et décembre 2006. Seules les pièces mineures ou à rotation beaucoup plus lente peuvent provenir de millésimes antérieurs.

Les prix en euros et en monnaies étrangères que nous indiquons sont ceux pratiqués au moment de la parution du Havanoscope *(octobre 2007). Tous ces cigares sont à la merci de hausses qui peuvent intervenir au cours de l'année 2008, aussi bien en France qu'à l'étranger.*

VEGAS ROBAINA

Depuis des lustres, on n'avait pas assisté à un tel événement : un Cubain vivant donnant son nom à des cigares. Lancées en juin 1997 en Espagne, cinq vitoles de cette nouvelle marque de havanes font leur entrée sur le marché français en septembre 1998. Elles portent le nom de celui qui, à Cuba, est considéré comme le meilleur *veguero* : don Alejandro Robaina. Petit-fils, fils, père et grand-père de *tabaqueros*, Alejandro Robaina a hérité de la *finca* familiale, Cuchilla de Barbacoa, une petite propriété de 18 hectares à San Luis, où la famille s'est installée en 1845, et que l'État vient d'agrandir en offrant à don Alejandro une dizaine d'hectares supplémentaires. Paradoxe de la situation : Cuba, pays socialiste, a voulu rendre hommage aux *vegueros* privés qui constituent l'ossature de la production de tabac. La famille Robaina, qui s'est spécialisée dans la culture de feuilles de cape sous *tapados*, obtient des résultats uniques. À Cuchilla de Barbacoa, l'on vient en pèlerinage pour contempler la « légende vivante du havane » qu'incarne don Alejandro. Plus de 70 % de sa production sont agréés pour l'exportation, alors que la plupart des *fincas* dépassent rarement les 20 ou 30 %. À lui tout seul, le patriarche de San Luis « habille » plus d'un million de havanes !

Les prix donnés pour le Benelux valent pour la Belgique et les Pays-Bas. Pour le Luxembourg, compter 5 % de moins en moyenne.

VEGAS ROBAINA

Famosos

127 mm x Ø 19,05 mm • *Robusto (hermosos N° 4)*
France : 8,70 € ; Allemagne : 9,70 € ; Andorre : 5,88 € ; Benelux : 9,10 € ; Cuba : 4,35 € (5,40 CUC) ; Espagne : 7,35 € ; Grande-Bretagne : 16,66 € (£11,20) ; Italie : 8 € ; Suisse : 6,78 € (11,20 FS)
Pour tous

Pas de changement de notation pour ce beau cigare qui continue à manquer d'inventivité et de fantaisie. En bouche, il se montre un peu trop uniforme en délivrant dès l'attaque de riches fragrances boisées puis herbacées. Un peu moins rond que par le passé, le *Famosos* a le tort de demeurer trop en retrait. Il manque jusqu'au final de présence et de densité. À son crédit pourtant, une évolution crémeuse vers des notes briochées et torréfiées (moka) et une remarquable régularité. L'équilibre puissance/arômes n'est jamais pris en défaut. Ce Vegas Robaina bien né et bien élevé a donc beaucoup d'atouts, et il triompherait aisément s'il sortait de sa réserve.

VEGAS ROBAINA

Unicos

156 mm x Ø 20,64 mm • *Figurado (piramides)*
France : 12,40 € ; Allemagne : 11,30 € ; Andorre : 7,40 € ; Benelux : 11,90 € ; Cuba : 5,84 € (7,25 CUC) ; Espagne : 9,25 € ; Grande-Bretagne : 22,61 € (£15,20) ; Italie : 11 € ; Suisse : 9,81 € (16,20 FS)
Pour tous

Jadis flamboyant, l'*Unicos* ne renoue pas avec le succès. Malgré de prometteuses senteurs d'étable à cru, il va se caler au démarrage sur des notes surtout boisées et miellées. Souplesse et placidité dominent. La fumée gagne en volume mais pas en consistance. Elle demeure un peu trop simpliste malgré les arômes de pain grillé qui accompagnent la dégustation dès le deuxième tiers. Du coup, la combustion est relativement ennuyeuse. Une pièce qui manque cruellement de complexité aromatique et de punch. On attend – toujours – mieux de cet *Unicos*. Du nerf, que diable !

VEGUEROS

Un peu moins d'allant pour ces cigares abordables. La fabrication semble un peu moins bien suivie, certains produits témoignant de roulages serrés. Du coup, les deux havanes phares de ce modeste et jeune label, les Especiales, *accusent le coup. Vegueros paraît végéter depuis son lancement à la fin des années 1990. La marque demeure inconnue du grand public et n'a pas de véritable positionnement. Un dossier à revoir.*

VEGUEROS

Especiales N° 1

192 mm x Ø 15,08 mm • *Grand panatella (laguito N° 1)*

France : 9 € ; Allemagne : 9,20 € ;

Cuba : 5,60 € (6,95 CUC) ;

Espagne : 7 € ; Suisse : 7,75 € (12,80 FS)

Pour tous

En chute l'an passé, il continue à marquer le pas. La production se montre irrégulière, certains cigares se révélant quasiment impossibles à fumer en raison d'un roulage trop serré. Ce défaut, souvent inhérent à ce type de module longiligne, s'est hélas ! trop souvent répété. En bouche, dès lors que l'allumage est facile, le havane livre son lot d'arômes boisés. La palette aromatique, qui n'évolue guère, est trop étroite pour être vraiment attrayante, et un soupçon d'amertume vient ternir encore le tableau. Il manque à ce Vegueros de la chair et du charme. Autant de qualités qu'il possédait à son lancement et désormais évanouies. Une pièce qui doit se ressaisir.

VEGUEROS

Especiales N° 2 ▼

152 mm x Ø 15,08 mm • *Panatella (laguito N° 2)*
France : 8 € ; Allemagne : 8,20 € ;
Cuba : 4,43 € (5,50 CUC) ; Suisse : 5,83 € (9,80 FS)
Pour tous

Ce panatella, toujours habillé de claro, ne sauve pas la mise cette année. En dépit d'un allumage toujours vif et franc, il manque vite de relief. Sa construction, trop rigide pour un tel module, ne facilite pas l'expressivité et nuit à l'amplitude aromatique. Le cigare emprunte immédiatement au terreux et dispense quelques notes boisées. Mais la fumée est sèche et décharnée, malgré une puissance correcte. Ni fondu ni rondeur, l'*Especiales N° 2* manque cruellement de confort. Rugueux, sans aucune sensualité, il a joué cette fois un numéro en dessous de la moyenne. À suivre.

VEGUEROS

Dès l'origine fabriquée à Pinar del Rio pour les touristes qui visitaient la manufacture, cette marque prit son essor en 1996 à l'initiative d'un exportateur canadien. D'abord rassemblés en fagots et roulés dans une feuille de palme, les Vegueros sont bien vite mis en boîte et en étui de façon plus conforme aux exigences de l'exportation. Cela ne suffit pas à leur assurer le succès. Ces vitoles discrètes, à la présentation rustique et aux formats désuets, n'ont pas tout à fait trouvé leur public. Quatre modules existent, tous commercialisés sous leur nom de *galera*.

VEGUEROS

Marevas

129 mm x Ø 16,67 mm • *Petit corona (marevas)*
France : 5,80 € ; Allemagne : 4,80 € ;
Cuba : 2,66 € (3,30 CUC) ; Suisse : 4,24 € (7 FS)
Pour tous

Le *Marevas* (comme le *Seoane* qui suit) est aujourd'hui très difficile à trouver dans les civettes européennes. Deux vitoles qui semblent en sursis dans une marque qui n'a jamais vraiment réussi à trouver ses marques. Toujours sympathique à l'œil dans une cape assez soignée, le *Marevas* avoue dès l'attaque une force mal contrôlée qui nuit à la dégustation. De plus, un tiraqe assez poussif et une tendance à l'extinction ne plaide pas en faveur de cette vitole naguère aimable mais aujourd'hui en perdition. Elle ne sauve sa deuxième bague que d'extrême justesse

VEGUEROS

Seoane

126 mm x Ø 13,10 mm • *Petit panatella (seoane)*
France : 3,60 € ; Allemagne : 4 € ;
Cuba : 1,77 € (2,20 CUC) ; Suisse : 3,51 € (5,80 FS)
Pour tous

Comme le *Marevas*, le *Seoane* se fait extrêmement rare dans les civettes. C'est dommage, car le petit panatella est une vitole recommandable pour les néophytes. Son module de petite dimension, sa légèreté, son crémeux en font un havane très facile d'accès. Une fumée un peu gracile mais plaisante porte tout au long du fumage des senteurs boisées et chocolatées équilibrées jusqu'à un final discret. Passe-partout.

havanoscope 2008

les adresses

quelles fabriques **visiter à Cuba**

Dorénavant, vous devez réserver à l'avance vos visites dans les fabriques. Pour ce faire, adressez-vous au bureau de vente de votre hôtel. Pour visiter la fabrique Partagas, réservez vos entrées à l'hôtel le plus proche, le Saratoga, situé dans la Vieille Havane, place de la Fraternidad, à gauche du Capitole.*
Par Stéphane Ferrux

** Les fabriques que nous recensons ici roulent des havanes destinés à l'exportation. Dans le cas contraire, lorsqu'elles travaillent uniquement pour la consommation nationale, nous le précisons.*

LA HAVANE

Partagas (Francisco Pérez German)

Calle Industria N° 520 2 entre Dragones y Barcelona,
Centro Habana
Tél. : 862 37 72
Visites guidées en espagnol, français et anglais, de la « cathédrale » du cigare, comme on l'appelle à Cuba !
Réservation et paiement dans les bureaux de tourisme.
Du lundi au vendredi : 9 h-11 h et 12 h 30-14 h 30
Entrée : 10 CUC

On y trouve la plus fameuse boutique de cigares au monde.

La Corona (Miguel Fernández Poig)

Calle 20 de Mayo N° 520 entre Martha Abreu y Línea del ferrocarril, Cerro
Tél. : 873 0131/35
Visites guidées en espagnol, français et anglais. Réservation et paiement dans les bureaux de tourisme. Du lundi au vendredi : 9 h-11 h et 12 h 30-14 h 30. Entrée : 10 CUC

Une petite boutique à disposition. La boutique Corona de la Vieille Havane, face au musée de la Revolucion, n'existe plus.

H. Upmann

Calle 23, entre 14 et 16

Tél. : 835 13 70/71

Visite guidée en français avec Arnold. Réservation et paiement dans les bureaux de tourisme. Du lundi au vendredi : 9 h-14 h 30 avec une pause de 30 min à 11 h. Entrée : 10 CUC

C'est la plus grande manufacture de La Havane avec ses 700 employés (650 chez Partagas) et son équipement moderne : revêtement de sol sécurisé, climatisation, surveillance vidéo. Au hasard de la visite, on vous parlera peut-être même en français. En effet, on y exige des jeunes employés un certain niveau de culture générale.

À noter : Arnold, le guide, vous fera une visite « spéciale VIP » si vous venez de la part de *L'Amateur de Cigare*.

PINAR DEL RÍO

Francisco Donatien (Vegueros)

Maceo Inicio N° 157, près du parc de l'Independencia

Tél. : (048) 773069

Du lundi au vendredi : 9 h 30-12 h 30 et 13 h 30-15 h 30. Samedi et dimanche : 9 h-12 h. Entrée : 5 CUC

Fermé jusqu'à nouvel avis. Cette fabrique était la plus visitée des touristes voyageant en groupe. Elle est remplacée par la visite de la fabrique de Consolacion del Sur (pas de téléphone), du lundi au samedi de 9 h à 16 h.

À Cuba, les touristes payent obligatoirement en CUC, le peso cubain convertible. L'euro est accepté uniquement dans la station balnéaire de Varadero. En dehors de ce site, il est donc indispensable de changer à l'aéroport ou dans les nombreux points de change de l'île – dans tous les grands hôtels notamment. Sachez que 1,36 CUC = 1 euro. Le CUC est indexé sur le cours dollar/euro.

El Vizcaino

Calle Candelaria, province de Pinar del Río

Tél. : (048) 98236

Du lundi au vendredi : 9 h 30-11 h 30 et 13 h-15 h. Réserver depuis le centre touristique de Soroa (agence Cubanacan).

Entrée : 5 CUC

La petite ville de Candelaria se trouve entre Las Terrazas et Soroa, soit à 100 km environ de La Havane. De nouveau opérationnelle, après travaux, depuis octobre 2007.

El Despalillo de Viñales

À la sortie de Viñales, direction Cueva del Indio

Se renseigner auprès de Manolo au musée de la ville (bureau de Patrimonio). Tél. : (048) 93395

Visites guidées en espagnol.

Du lundi au vendredi : 9 h 30-16 h. Entrée : 2 CUC

Étape de l'écotage (retrait de la veine centrale des feuilles de tripe) et de la fermentation avant la mise en ballot. Une visite utile pour comprendre le processus de fabrication entre le *veguero* et la fabrique.

El Despalillo de Viveros

San Juan y Martínez, Pinar del Río

Pas de téléphone

Du lundi au vendredi : 9 h 30-16 h. Entrée : 3 CUC

San Juan y Martinez est une bourgade spécialisée dans la culture du tabac. Elle forme avec San Luis et la ville de Pinar del Río ce que les spécialistes nomment « le triangle d'or ».

CIENFUEGOS

El Coloso N° 2 Quinteros y Hermanos

Calle C No. 5014 entre 50 y 52, Cienfuegos

Tél. : (043) 517711

Pas vraiment de visite guidée organisée, mais une présentation par un responsable. Entrée : 2 CUC

Production pour le marché national. Fabrique en cours de rénovation, jusqu'à nouvel avis.

TRINIDAD

Pino Guinar

Calle Anastasia Cardenas

Les cigares fabriqués sont destinés à la consommation nationale. La manufacture ne se visite pas, même si certains, parfois, forcent la porte. Nous vous conseillons plutôt de profiter d'une autre étape de votre séjour à Cuba pour découvrir une fabrique.

MANICARAGUA

UEB Torcido Manicaragua

Calle Juan Bruno Zayas N° 24 Sur, Manicaragua

Tél. : (042) 491719

Du lundi au vendredi : 8 h-11 h et 13 h-16 h

CIEGO DE ÁVILA

Fábrica de tabaco : Carlos Rodríguez Cariaga

Calle Maceo S-N entre Libertad e Independencia, Ciego de Ávila

Du lundi au vendredi : 8 h-11 h et 13 h-16 h. Entrée : 2 CUC

Les cigares fabriqués sont destinés à la consommation nationale.

Fábrica de Tabaco La Casita Criolla

Calle Martí N° 109, Chambas, Ciego de Ávila

Du lundi au vendredi : 8 h-11 h et 13 h-16 h. Entrée : 2 CUC

Les cigares fabriqués sont destinés à la consommation nationale.

CAMAGÜEY

Fábrica de Tabaco El Surco

Calle San Ramón N° 323 entre Libertad y San José, Camagüey

Du lundi au vendredi : 8 h-11 h et 13 h-16 h

Bureau commercial de CATEC à Camaguey : (032) 252982

Entrée : 2 CUC

Les cigares fabriqués sont destinés à la consommation nationale.

HOLGUÍN

Fábrica Jesus Feliu Leyva

Calle 5ta e/3ra y 7ma, Reparto Peralta, Holguín
Du lundi au vendredi : 8 h-11 h et 13 h-16 h
Réservation en appelant CATEC (demander Odalys) :
(024) 423265. Entrée : 2 CUC

GIBARA

Fábrica Hilda Torres

Calle Donato Màrmol, Gibara
Du lundi au vendredi : 8 h-11 h et 13 h-16 h
Réservation en appelant CATEC (demander Odalys) :
(024) 423265. Entrée : 2 CUC

SANTIAGO

Celia Sánchez Manduley

Camino Viejo del Cobre, Quartier Marimón,
Complejo Industrial Celia, Sánchez Manduley
Tél. : (022) 652334
Du lundi au vendredi : 8 h 30 et 15 h 30. Entrée : 5 CUC

Une manufacture intéressante et peu connue, qui roule notamment les Montecristo et José L. Piedra. Il est conseillé de téléphoner au préalable. Acheter les tickets d'entrée en centre-ville, à l'agence Cubanacan, en face de l'hôtel *Casa Granda*.

César Escalante

Calle Alameda (avenue du port) N° 703

Située à côté de la *Casa del Habano* de Santiago, la fabrique ne se visite pas. Si vous y tenez, essayez en demandant au responsable de la boutique.

où acheter
vos cigares

Paradoxalement, acheter ses cigares à Cuba peut s'avérer plus compliqué qu'en Europe. Pour s'y retrouver, d'ouest en est de la grande île, voici les adresses les plus intéressantes. Nous les avons sélectionnées pour l'accueil et le conseil, le cadre de la boutique et la fiabilité des havanes qui y sont vendus. Quoi qu'il en soit, attendez-vous à vivre une expérience mémorable dans ces lieux magiques du havane et n'hésitez pas à en visiter plusieurs afin de découvrir leur singularité.
Par Stéphane Ferrux

À LA HAVANE

Fábrica Partagas

Casa del Habano
Calle Industria N° 520, Habana Vieja
Tél. : 866 80 60
Du lundi au vendredi : 9 h-19 h. Samedi et dimanche : 9 h-17 h

Installés à l'entrée de la fabrique Partagas, la boutique et son responsable, le fameux et inébranlable Abel Esposito, accueillent vedettes et personnalités en visite dans la capitale cubaine. Il est commode et naturel d'entrer ici après la visite de la célèbre fabrique, les deux établissements étant néanmoins des entités indépendantes. Vous y trouverez tous les havanes – pas seulement les vitoles fabriquées chez Partagas –, et si quelque chose manque, on vous le commandera. Leopoldina est la *torcedora* spécialisée en figurados ; n'hésitez pas à lui commander quelques-unes de ses œuvres. L'endroit est accueillant avec son bar, sa mezzanine ainsi que l'arrière-boutique agencée en fumoir, dont l'entrée est réservée aux clients de marque, donc à vous ! Préférez les horaires de fin d'après-midi, souvent moins fréquentés.

La Triada

Fortaleza San Carlos de la Cabaña

Tél. : 864 91 54

Du lundi au samedi : 9 h-17 h. Dimanche : 9 h-14 h

Située dans la forteresse de La Cabaña, qui fut jadis une école d'artillerie, la boutique se trouve juste à l'entrée du fort. L'entrée du parc, normalement payante – c'est un endroit de promenade face à la baie de La Havane –, vous sera accessible en donnant le sésame : « Je vais à la Triada ». C'est surtout pour le cadre et pour son célèbre *torcedor* que cette visite vaut la peine. Car, côté cigare, ne demandez rien d'extravagant et contentez-vous d'achats sans risque. Derrière le comptoir, José Cueto, *torcedor* de plus de cinquante ans d'expérience, reste fidèle à la boutique. On a du mal à suivre ses records du cigare le plus long du monde (on en est à plus de 20 m). Vous pourrez contempler ses pièces géantes au-dessus du bar. On lui doit également le *Salomon N° 2* et les *Diademas* les plus authentiques de la capitale. Il est recommandé de téléphoner avant votre visite si vous désirez rencontrer le maître.

La Corona

Boutique de la fabrique Corona

Calle 20 de Mayo N° 520 entre Martha Abreu y Línea del ferrocarril, Cerro

Du lundi au vendredi : 9 h-17 h

On y trouve au moins un module de chaque marque, et Romeo y Julieta ainsi que Cohiba au complet. Excellent accueil et bonne conservation des vitoles. La boutique d'origine, dans la Vieille Havane, n'existe plus.

Hotel Parque Central Boutique Cuaba

Calle Neptuno entre Prado y Zulueta, Habana Vieja

Tél. : 868 18 38

Tous les jours : 9 h-18 h

Au cœur de la Vieille Havane, l'hôtel *Parque Central* reste la référence des établissements de luxe de la capitale. Une réussite architecturale mêlant vestiges coloniaux et lignes modernes. On accède par l'escalier du patio central à la boutique située en mezzanine. Elle est organisée en fumoir confortable. Un coin idéal pour une dégustation entre connaisseurs. Olga Campos, directrice, et Cari, son assistante, proposent un large choix de vitoles à la pièce. Bonne hygrométrie et conseils permettent un achat de qualité.

Hotel Condes de Villanueva

Casa del Habano
Calle Mercaderes esq. Amargua, Habana Vieja
Tél. : 862 92 93
Du lundi au samedi : 10 h-19 h. Dimanche : 10 h-19 h

Discrète, blottie au cœur d'un petit hôtel colonial du XVIIIe siècle, situé près de la Plaza de Armas, cette boutique est un écrin consacré au dieu Havane. Dirigé par Yeside Cairo et Antonio Hevia, l'endroit s'enorgueillit de la présence d'un *torcedor* très doué, Reinaldo Gonzales, qui élabore à la demande d'intéressantes pièces pour les amateurs. Déguster un *puro* dans le patio fait partie des moments privilégiés qu'offre cet hôtel de charme.

Fábrica Romeo y Julieta

Belascoaín Nº 852 entre Peñalver y Desague, Centro Habana
Tél. : 870 47 97
Du lundi au samedi : 9 h-17 h. Dimanche : 9 h-13 h

Romeo y Julieta, l'une des plus anciennes fabriques du pays, a disparu, transformée en école de *torcedores*. Mais la célèbre boutique du même nom que dirige Eduardo Angulo reste fidèle au poste et à ses bons principes. Grâce à un accueil chaleureux et des conseils personnalisés, ce lieu est l'un des « incontournables » de la capitale. Le robusto de Hamlett Jaime, jeune *torcedor* spécialiste de ce module, est un trésor à prévoir dans vos valises de retour. En plus du cigare, vous pouvez aussi déguster un vrai café cubain et profiter d'un excellent rhum parmi ceux à l'honneur dans la boutique.

Hotel Nacional

Casa del Habano
Calle 21 esq. O, Vedado
Tél. : 873 35 64 (ext. 176)
Du lundi au samedi : 8 h 30-21 h. Dimanche : 8 h 30-18 h

Le *Nacional* est un pèlerinage, une des étapes incontournables de Cuba. Néanmoins, il faut être préparé pour l'apprécier : son côté vieillot, son service fantaisiste l'éloignent un peu des standards hôteliers internationaux. Les jardins offrent une vue splendide face à la mer. Large choix de vitoles, très bien conservées, dans la *tienda del tabaco* au sous-sol de l'hôtel. Vous repérerez facilement l'endroit : la *torcedora* Milagros vous accueillera en haut de l'escalier qui mène à la petite boutique. Maria Luisa Gonzalez, qui gère l'endroit, donne de précieux conseils.

Hotel Melia Cohiba

Casa del Habano
Ave. Paseo entre 1ra y 3ra,
Vedado
Tél. : 833 36 36 (ext. 2538)
Tous les jours : 9 h-2 h du matin pour le bar
et jusqu'à 20 h pour la boutique

La *casa del habano* du *Melia Cohiba*, gérée par Leopoldo Balmaseda, vaut le détour. Un concept unique à La Havane, à la fois bar, salon privé, espace Internet, scène de spectacle fréquentée par des jeunes musiciens de jazz ou représentants de la *trova* (troubadour) cubaine. Côté cigares, tout est parfait également : très bel humidor parfaitement achalandé et vente de nombreux accessoires. Téléphonez pour connaître la programmation des spectacles.

Casa del Habano 5ta y 16

Ave. 5ta. N° 1407 esq. 16,
Miramar
Tél. : 204 79 75
Du lundi au samedi : 10 h-18 h

Le plus grand magasin de cigares de La Havane. Un luxe de bon aloi pour un humidor de très grande capacité, qui s'étend le long des murs de la boutique. Un bar et un salon invitent à la dégustation. Osmany Rios et ses assistants vous conseilleront précisément et très amicalement. Le stock est impressionnant et permet de trouver des havanes de bonne maturation. La maison possède également un espace de spectacle, *jazz trova*... avec son bar. On vous offre un cigare avec votre entrée (5 CUC), petit corona sans prétention, mais le geste est très apprécié de tous, amateurs ou non. C'est l'endroit à la mode où se retrouve une jeunesse cubaine quelque peu élitiste, surtout les fins de semaine. Ouvert de 23 h à 5 h du matin.

El Aljibe

Ave. 7ma entre 24 y 26,
Miramar
Tél. : 204 10 12
Tous les jours : 12 h-24 h

C'est la boutique du célèbre restaurant de La Havane, qui affiche complet tous les soirs, avec son fameux poulet grillé aux haricots noirs ! Le point de vente de cigares est beaucoup plus modeste en taille, et la boutique entière n'est qu'un vaste humidor. Le choix y est sans cesse renouvelé. Intéressant pour les pannes de cigare la nuit.

La Escojida

Hotel Comodoro
Calle 84 y Mar,
Miramar
Tél. : 204 55 51 (ext. 1272)
Du lundi au samedi : 10 h-19 h 30.
Dimanche : 10 h-15 h

La petite boutique située dans le centre commercial de luxe de la capitale ronronne à un rythme paisible. Loin du flot touristique, les fidèles s'y croisent régulièrement. Le comptoir, le bar, la vitrine... tout y est de taille réduite. Mais ne vous fiez pas aux apparences, on y trouve absolument tout ! Laissez-vous conseiller par sa directrice, Ecaterina Font.

Hotel Melia Habana Tienda Robaina

Casa del Habano
Calle 1ra y 80,
Miramar
Tél. : 204 52 89
Tous les jours : 9 h-21 h

Située dans un hôtel cinq étoiles au décor tropical de cascades et de plantes exotiques, la boutique de cigares Robaina est dotée d'un grand bar et d'un salon de dégustation très confortable.

Un bon choix de vitoles, conservées dans les conditions requises. Manuel Briñoles, son directeur, sera à même de vous conseiller en toute confiance.
La fameuse *torcedora* Yolanda Medina est de retour dans cette boutique. Elle vous réalisera d'exceptionnels *Piramides*.

Club Habana

Casa del Habano,
Ave. 5ta entre 188 y 192,
Miramar
Tél. : 271 49 88
Du lundi au samedi : 10 h-19 h.
Dimanche : 10 h-14 h

Il s'agit de l'ancien yacht-club privé de La Havane, situé peu avant La Marina Hemingway, la seule plage de sable de La Havane. Aujourd'hui, c'est à nouveau un club, réservé aux étrangers vivant à Cuba. Enrique Mons gère l'une des boutiques de ce centre de loisirs pour VIP. Lorsqu'un client est insatisfait, il remplace immédiatement la boîte défectueuse. C'est unique à Cuba. Cela lui vaut une importante clientèle d'habitués et de fins connaisseurs. Ajoutez à cela un décor très accueillant avec un bar, un salon de dégustation, un humidor d'une rigueur exemplaire, un choix sans faille et un *torcedor* bénéficiant d'une matière première sélectionnée. Jorge Lopez vous réalisera par exemple des laguitos N° 1, sa spécialité. Une boutique dans le peloton de tête des meilleures *casas del habano* de la ville.

À PINAR DEL RIO

Casa del Habano

Calle Maceo 162
Tél. : (048) 772 244
Du lundi au vendredi : 8 h 30-16 h 30.
Samedi : 9 h-12 h

Face à la manufacture Francisco Donatien, une boutique selon les règles de l'art. Vous y trouverez l'ensemble des havanes dans des conditions de conservation correctes, un personnel accueillant, et – fort appréciable – un patio très frais avec un bar.

À VARADERO

Casa del Habano

Caracol , Calle 63 y 1ra avenida

Tél. : (045) 66 78 43. *Tous les jours : 9 h-19 h*

Seule enseigne de Varadero à posséder le label de Habanos SA. C'est la référence du havane à Varadero. Créé en 1985, l'établissement est *casa del habano* depuis 1995. Eva Martines, l'actuelle gérante, connaît bien le monde du cigare, et compte parmi sa clientèle bon nombre d'artistes cubains, de membres du corps diplomatique, résidents étrangers et autres personnalités politiques. De grands espaces mettent les vitoles en valeur, un étage a été aménagé en salon de dégustation, bar et boutique de rhums. N'hésitez pas à demander conseil à Alfonso, le *torcedor* des lieux.

Tienda el Monarca

Centre des Conventions Las Americas

Tél. : (045) 66 81 81 (ext. 251)

Tous les jours : 9 h-20 h 45

C'est le centre commercial de Varadero. Si vous êtes dans une phase « shopping », vous y passerez immanquablement. En flânant dans la galerie, vous trouverez la civette, en bois du sol au plafond, probablement le lieu de vente le plus fréquenté de Varadero. Le passage y est permanent, et les ventes sont importantes. On sort de son hôtel « *all inclusive* » pour venir chercher ses cigares ici. On y trouve toutes les vitoles connues et moins connues, aidé par les vendeurs expérimentés et par Leonardo Delgado, le très sympathique gérant des lieux.

À SANTIAGO DE CUBA

Casa del Habano

Fabrica de Tabaco de Santiago

Calle Jesús Menendez, Avenida del Puerto

Tél. : (022) 622 366. *Du lundi au samedi : 9 h-17 h*

Le plus grand choix de havanes dans la capitale de l'Oriente. Attention, vous ne trouverez pas dans cette *casa del habano* les Séries spéciales et autres Éditions limitées. Situé au rez-de-chaussée de la fabrique, l'endroit n'est pas facile d'accès. Les amateurs se verront proposer toutes sortes de cigares par les vendeurs clandestins, avant de pouvoir atteindre la porte d'entrée. À l'étage, un fumoir équipé d'un bar.

El Tivoli

Hotel Melia Santiago

Tél. : (022) 68 70 70. *Tous les jours : 8 h-20 h*

La boutique est petite mais bien arrangée. Dagni Lopez connaît bien ses cigares. Elle propose une sélection tout à fait honorable et un bon choix de pièces à l'unité. L'accueil est souriant, très aimable. Vous trouverez également des rhums et cafés cubains. L'hôtel, le plus cossu de Santiago, vous permettra de déguster confortablement votre vitole dans les jardins de la piscine ou au restaurant italien.

Outre ces deux principales civettes, nous pouvons signaler la boutique située sous l'hôtel *Casa Granda*, Parque Cespedez, dans le centre-ville de Santiago. Doté d'un rayon cigares, ce point de vente peut dépanner. C'est le cas également de la boutique du restaurant *Matamoro*, sur la Plaza Dolores (à Santiago, on l'appelle le « Boulevard »).

À TRINIDAD

Casa del Habano

Caracol. À l'angle des rues Maceo et Zerquera

Tél. : (041) 99 62 56. *Tous les jours : 9 h-19 h*

Elle est située dans le centre historique de Trinidad, très fréquenté dans la journée. La boutique est un peu en pagaille, mais les conditions de conservation sont bonnes. Un grand humidor renferme l'ensemble de la gamme Habanos. Pas de grand spécialiste mais des vendeuses très sympathiques. Mieux vaut entrer en sachant ce que l'on veut. Grand choix de rhums également. Vente à la pièce de toutes les vitoles, ainsi que de nombreux conditionnements par cinq.

EN PARCOURANT CUBA

En dehors de La Havane, capitale incontestée du havane, puis de Varadero, de Santiago et de Trinidad, déjà beaucoup plus modestes pour le nombre et la qualité de leurs boutiques dédiées aux cigares, il est possible de s'approvisionner dans les principaux sites touristiques de l'île. Les civettes sont généralement situées dans les grands complexes hôteliers. Elles n'ont rien de comparable avec les boutiques de la capitale mais pourront toujours vous dépanner.

où déguster
vos havanes

La grande majorité des civettes présentées dans les pages précédentes sont équipées d'un fumoir confortable où vous pourrez déguster en paix votre havane. Ce sont des lieux de prédilection pour les amateurs. Outre ces endroits spécialisés, voici notre sélection d'adresses cubaines – restaurants, bars –, privilégiées ou insolites.
Par Stéphane Ferrux

À LA HAVANE

LES RESTAURANTS

El Templete

Avenida del puerto à l'angle de la rue Narciso Lopez,
derrière l'hôtel Santa Isabel
Habana Vieja
Tél. : 866 88 07
Tous les jours : 12 h-24 h

L'un des deux seuls restaurants de La Havane tenu par un Européen, Arkaitz Echerte. Ce chef basque est installé depuis 2 ans dans la Vieille Havane, et il possède déjà une solide réputation. C'est l'un des meilleurs restaurants de la ville. Avec une cuisine simple, traditionnelle et goûteuse, il a convaincu les clients de passage aussi bien que les Cubains. Une exclusivité : les petites anguilles de Baracoa, que les Japonais viennent chercher jusqu'à Cuba. Et, dernière touche culturelle : chaque mois un artiste cubain est mis à l'honneur. Il expose ses toiles ou ses sculptures dans le restaurant et propose son menu, élaboré en collaboration avec Arkaitz.
Comptez environ de 30 à 40 CUC par personne, sans le vin.

Roof Garden du Sevilla

Hotel Sevilla
Trocadero N° 55 entre Prado y Zulueta,
Habana Vieja
Tél. : 860 85 60 (ext. 164)
Personne à contacter : Alfredo
Tous les jours : 19 h-22 h
Spécialité : cuisine française
Zone pour fumeurs avec une capacité de 40 places

Le *Sevilla* fut construit dans les années 1930, à la même époque que l'hôtel *Nacional* dont il fut le concurrent direct. Personnalités et clientèle internationale se rencontraient indifféremment dans l'un ou l'autre de ces établissements. Le *Roof Garden* fut un des hauts lieux de divertissements de cette époque. Dans cette immense salle de plus de 10 m de plafond, entièrement sculptée et peinte à la main, surplombant magnifiquement la ville grâce à de grandes baies vitrées, le *Roof* tente de préserver son image. L'influence française est perceptible dans la cuisine proposée et dans sa présentation (hôtel géré par Accor). Le tout est de bonne qualité : comptez environ 30 CUC par personne.

La Terraza de Cojimar

Calle Real y Candelaria, Cojimar
Tél. : 763 92 32 ou 763 94 86
Personne à contacter : Francisco García
Tous les jours : 11 h-23 h
Spécialité : paella

Hemingway laissait son bateau dans le petit port de Cojimar, bourgade qui lui inspira *Le Vieil Homme et la mer*. Construite à flanc de roche, la salle du restaurant *La Terraza* donne sur ce port de pêche. Lorsque vous y entrez, vous passez d'abord par le bar et devez goûter au « Don Gregorio », le cocktail qui porte le nom du capitaine de Hemingway. La cuisine est simple, principalement à base de produits de la mer, et le service sympathique. Après une excellente paella au poisson, assis à la table de « Papa » Hemingway, vous prendrez le temps de déguster un cigare... à condition que le vent soufflant de la mer se calme et permette d'ouvrir les fenêtres donnant sur la baie. Ce moment de détente vous coûtera environ 25 CUC par personne.

Lobby Bar du Parque Central

Hotel Parque Central
Calle Neptuno entre Prado y Zulueta, Habana Vieja
Tél. : 860 66 27 (ext. 1848)
Personne à contacter : René Leyva
Tous les jours : 8 h-3 h
Grande zone fumeurs

Bien que l'hôtel possède deux autres restaurants tout à fait honorables, l'amateur se sentira très à l'aise dans ce grand espace du *Lobby Bar* recréant l'ambiance d'un jardin tropical en plein centre de la cohue havanaise. Carte de tapas et plats légers, que vous adopterez pour un petit creux à n'importe quelle heure du jour et de la nuit. Une fin de soirée ou un déjeuner se déroulent ici à merveille, grâce à l'excellence du service, l'originalité de la cuisine proposée et les cigares que vous pourrez acquérir (la boutique ferme à 19 h). Comptez environ 15 CUC par personne.

La Ferminia

5ta avenida N° 18207 entre 182 y 184,
Rpto Flores, Playa
Tél. : 273 65 55
Personne à contacter : Zoraida Castillo

Une ancienne maison bourgeoise d'avant la révolution rappelant le style américain de La Havane de l'époque. Aujourd'hui, ce restaurant est le lieu de pratique de fin de cycle des étudiants en gastronomie d'une des plus importantes écoles du pays. Ici, le maître d'hôtel est appelé « prof » par les serveurs. Vous apprécierez le vaste jardin tropical. Spécialité du lieu : des brochettes de viande grillée à volonté. Une suggestion bienvenue en fin de séjour à Cuba, après un régime gastronomique local souvent monotone. Comptez environ 25 CUC par personne.

La Vicaria

5ta avenida, au niveau de la rue 180
Entrée par la rue 13. Rpto Flores, Playa
Tél. : 273 91 00
Tous les jours : 11 h-23 h

Une autre annexe de l'école hôtelière. Sur la terrasse et dans le jardin de cette maison résidentielle, donc en plein air, vous apprécierez le service, la cuisine très bon marché et la sympathique ambiance cubaine propice à une bonne dégustation en fin de déjeuner. Comptez environ 10 CUC par personne.

Al Medina

Oficio N° 12 entre Obispo y Obrapia,
Habana Vieja
Tél. : 867 10 41
Personne à contacter : José R. Menes
Tous les jours : 12 h-24 h ; cafétéria : 9 h-16 h
Plusieurs zones fumeurs

Le restaurant libanais de la Vieille Havane, au cœur du centre historique de la ville. Accueil sympathique et patio agréable, légèrement ombragé sous la treille. La « maison des Arabes » contiguë au restaurant illustre la présence mauresque à Cuba, à la fin du XIXe siècle. N'y recherchons pas trop le respect de la tradition culinaire proche-orientale, mais plutôt une cuisine dépaysante, différente du standard cubain. Au 2e étage, également en terrasse, une déclinaison de l'établissement en « version populaire », avec un service plus basique, des plats uniques, simples mais bien élaborés, à des prix minimums. Brochette de poulet, légumes, riz et une boisson pour 4 CUC. Carte traditionnelle dans le patio : comptez 15 CUC par personne.

Rancho Palco

Calle 19 y 140, Quartier Cubanacán
Tél. : 208 93 46
Personne à contacter : Maître Jorge Luis
Tous les jours : 12 h-23 h
Spécialité : viande rouge

Un *ranchon* (paillote cubaine) en pleine jungle, et pourtant situé dans le quartier le plus huppé de la capitale. Tranquille, à l'abri des regards indiscrets, c'est le rendez-vous des dirigeants cubains et étrangers. L'endroit est très spacieux, en plein air, même si les inconditionnels de la fraîcheur auront un « aquarium » (espace vitré climatisé) où se restaurer, mais sans cigare. Pour ceux qui aiment le climat tropical, la terrasse est idéale. Un service impeccable et une cuisine correcte. Comptez de 15 à 25 CUC par personne.

El Polinesio

Hotel Tryp Habana Libre
Calle 23 entre L y M, Vedado
Tél. : 834 61 30
Personne à contacter : Antonio, maître d'hôtel
Tous les jours : 12 h-23 h
Spécialité : cuisine au feu de bois

Ambiance bambou, bois tressé, senteurs exotiques : c'est le style des restaurants *Trader Vic's*, une chaîne américaine datant des années 1950. Le *Hilton* de 1958 (aujourd'hui *Habana Libre*) accueillait déjà dans son sous-sol ce restaurant exotique. Rien n'a changé depuis. Les fours à bois, centre de la cuisine proposée dite polynésienne, trônent entre le bar (fumeurs) et la salle de restaurant (non-fumeurs). L'endroit le plus chic de la grande époque communiste des années 1980 peine pour maintenir sa réputation malgré une cuisine agréable et copieuse. Les vins ne sont pas en reste, avec une carte bien fournie et les conseils avisés du sommelier des lieux, qui, de surcroît, est grand amateur de havanes. Comptez entre 7 et 15 CUC le plat de résistance.

LES *PALADARES*

À côté des établissements traditionnels, nous vous suggérons quelques restaurants privés, appelés *paladares*. L'ambiance y est souvent familiale, parfois anachronique, toujours étonnante. Leur capacité étant réduite, leur survie précaire, téléphonez auparavant pour réserver.

La Casa

Calle 30 N° 865 entre 26 y 41, Nuevo Vedado
Tél. : 881 70 00
Personne à contacter : Alejandro Robaina
Spécialités : brochette de poulet aux champignons, poisson aux amandes

Ce n'est pas le maître des capes (même s'ils sont parents) mais le fils du patron. Il accueille avec une attention toute particulière les lecteurs du *Havanoscope*. Cet établissement chic, situé dans le quartier du Nuevo Vedado, est une grande maison typique des années 1950. La salle à manger et le jardin contigu sont accueillants et intimes. Le service impeccable et une constance peu commune à Cuba en font une adresse incontournable de la capitale. Comptez environ 15 CUC par personne.

La Guarida

Calle Concordia N° 418 entre Gervacio y Escobar, Centro Habana
Tél. : 866 90 47 ou 05 264 49 40
Personne à contacter : Enrique

Un lieu de pèlerinage pour les amateurs de cinéma cubain : la majeure partie des intérieurs de *Fresa y Chocolate* y ont été filmés. Après avoir gravi, dans une demi-obscurité onirique, le vieil escalier de marbre puis passé l'entresol où vivent plusieurs dizaines de familles, vous serez accueilli par la jeune équipe d'Enrique, le maître des lieux, qui a su tirer partie d'une tradition culinaire oubliée. Ce n'est pas un hasard si la reine d'Espagne Sophia insista auprès de Fidel pour s'y rendre à dîner durant son séjour historique à Cuba. Les prix de la carte augmentèrent dès le lendemain… Qu'importe ! Les inconditionnels y défilent toujours aussi nombreux. Une des meilleures tables de La Havane. Ne manquez pas le *carnero al albaca* et la *crema helada Paradiso* de la tradition cubaine. Le havane est de rigueur pour profiter du « réel merveilleux » cher à Alejo Carpentier. Enrique saura vous conseiller également dans ce domaine et vous proposera quelques vitoles de son *torcedor* préféré. Comptez environ 25 CUC par personne. Réservation obligatoire.

La Cocina de Liliam

Calle 48 N° 1311 entre 13 y 15, Playa
Tél. : 209 65 14
Personne à contacter : Liliam Domínguez ou Luis Ulloa

Belle maison du quartier de Miramar, bien gardée par une lourde porte en bois massif. On ne rentre pas ici sans préavis ! Passé l'entrée, vous voilà dans un jardin exotique très bien conçu, idéal pour prendre le frais en dînant sous les palmiers ou apprécier un cigare (qu'il vous faudra apporter). L'endroit possède une autre salle à l'étage, plus intime, de style Renaissance espagnole. Une cuisine bien présentée mais un peu surfaite, un *paladar* devant rester avant tout une démonstration de cuisine familiale. Comptez environ 25 CUC par personne.

Casa de Adelaida

Calle F N° 503 entre 21 y 23 (sur le toit), Vedado
Tél. : 832 37 76. *Personne à contacter : Adelaida, de la part de* L'Amateur de Cigare
Tous les jours : 12 h-23 h
Spécialité : cuisine cubaine traditionnelle

Adelaida est peintre. Elle a entièrement dessiné son appartement, installé sur le toit de l'immeuble, qu'elle continue depuis plus de dix ans d'aménager avec des matériaux de récupération et des objets de brocante. Le résultat est stupéfiant : un labyrinthe tropical, encombré d'antiquités et d'objets d'art, à l'abri de tous les regards, et pourtant situé au centre même de la capitale.

Cet endroit, le plus exclusif de La Havane, n'est accessible que par le bouche à oreille, et donc sur réservation. Pour y accéder, quelqu'un – c'est lui qui vous repérera – vous attendra en bas de l'immeuble. On vous installera dans un des recoins du labyrinthe, et on vous présentera de savoureux plats cubains comme le mouton à l'ananas ou le *cucuruchu de ropa vieja* (bœuf). Auparavant, vous aurez goûté à une multitude d'amuse-gueules typiques, rares témoins de la tradition gastronomique de l'île. Un accueil et une attention exceptionnels couronnent un des endroits les plus agréables de La Havane. Et si cela ne suffisait pas, un cigare vous est offert peu avant l'addition, un peu salée mais justifiée : comptez 40 CUC par personne. Réservation obligatoire.

LES BARS

Nous vous proposons un choix de bars particulièrement accueillants et les plus représentatifs de l'ambiance havanaise.

El Patio

Plaza de la Catedral
San Ignacio 54 esq. Empedrado
Tél. : 867 10 35. *Tous les jours : 24 h sur 24*
Groupe musical : 11 h 30-23 h 30
Prix du mojito *: 3 CUC*

De son vrai nom *El Portal*, c'est le bar terrasse de la plus célèbre place de Cuba, un endroit mythique où déguster un cigare est une figure imposée dans le parcours de l'amateur. On préférera boire un verre en soirée plutôt que dans la journée. Il y a alors moins de touristes, la température est plus supportable, et l'éclairage de la superbe façade baroque de la cathédrale ajoutera au plaisir du cigare.

Museo del Chocolate

Calle Mercaderes N° 255 entre Amargura y Brasil (Tte Rey), Habana Vieja

Tél. : 866 44 31. *Tous les jours : 10 h-20 h*

Prix du chocolat chaud façon aztèque : 0,55 CUC

Ce n'est pas véritablement un bar, et, en plus, il est interdit d'y fumer ! Vous pourrez néanmoins vous installer dans le petit patio central, au grand air, afin de déguster votre havane en buvant un chocolat. Qu'il soit chaud et épais, glacé et léger, ou en truffe noire, vous noterez la remarquable spécificité du cacao cubain venu de Baracoa, à l'est de l'île. Cigare et chocolat, une alliance bénie des dieux tainos.

Brasserie La Muralla

Plaza Vieja entre Muralla y San Ignacio, Habana Vieja

Tél. : 866 44 53. *Tous les jours : 10 h 45-23 h 45*

Prix de la bière maison : 2 CUC

Les fumeurs peuvent s'installer sur la terrasse et dans le patio. Une véritable brasserie dans le cadre très agréable d'une des plus vieilles places de La Havane. L'animation est due à un trio et un quintette. Le bar, très fréquenté, propose également un ensemble de grillades. Les clients peuvent suivre le processus de fabrication de la bière. On leur proposera une bière artisanale 100 % cubaine, brune ou blonde.

Bar Floridita

Calle Obispo Esq. Monserrate, Habana Vieja

Tél. : 867 12 99. *Tous les jours : 11 h-24 h*

Groupes de musique traditionnelle en permanence

Prix du daiquiri : 6 CUC

On peut fumer dans le bar et dans le restaurant.

Classé parmi les sept premiers bars au monde, ce sanctuaire est aussi un restaurant. Hemingway contribua à la réputation de cet endroit, qui maintient son style et son étiquette depuis plus de soixante ans. Le *Floridita* continue à attirer les nostalgiques parmi lesquels les inconditionnels du style américain des années 1950. Le daiquiri est né dans ces lieux. Il devra ouvrir votre repas, la tradition l'exige. La mise en scène, qui caractérise le service, vaut le déplacement, particulièrement celle du fameux habano-sommelier qui vous proposera ses meilleurs mariages havanes/alcools. Une prestation qui relève davantage de l'art théâtral que de l'art culinaire.

La Torre

Calle 17 entre M y N Immeuble le Focsa, Vedado
Tél. : 838 30 89/832 73 06. *Tous les jours : 12 h-0 h*
Prix du mojito *: 3 CUC*

L'ascenseur sans escale vous transportera au 33e étage de l'immeuble d'habitation le plus massif du Vedado. Déjà très réputé avant la révolution, ce mirador vitré offre une vue panoramique sur La Havane. Vous y dégusterez votre havane dans le bar à l'ambiance feutrée. En revanche, vous devrez avoir terminé votre *puro* si vous choisissez de passer plein ouest, dans le restaurant qui offre une vue aérienne de l'hôtel *Nacional* et propose une carte aux origines françaises (carpaccio de langouste, sauté de saumon sauce moutarde et flan aux pommes de terre, mousse au chocolat).

Edificio Bacardi – Cafe La Barrita

Avenida Monserrate y San Juan de Dios, Habana Vieja
Tél. : 862 93 10. *Tous les jours : 9 h-18 h*
Prix du mojito *: 3 CUC*

C'est le plus bel exemple d'art moderne de Cuba. Don Facundo Bacardi, originaire de Santiago et créateur du fameux rhum éponyme, fit édifier ce joyau de l'Art déco en l'honneur de don Emilio, illustre combattant pour l'indépendance et grand mécène de la culture cubaine. À droite de l'entrée, un escalier vous conduira au bar-mezzanine à la décoration hallucinante : marqueterie en bois précieux, marbres et granits issus de tous les pays d'Europe, vitraux et lampes Art déco. Un salon étroit mais confortable vous permettra d'apprécier en toute quiétude un cigare accompagné d'un rhum vieux ou d'un cocktail (moins chargé que la déco).

Hotel Nacional – Bar La Rosa Nautica

Calle O y 21, Vedado
Tél. : 873 35 64
Tous les jours : 12 h-0 h 30
Prix du mojito *: 4 CUC*

Tous les espaces de cet hôtel mythique se prêtent à la dégustation d'un cigare. Du bar *La Fama* au grand hall de réception, en passant par le salon de spectacle 1930 (dîner-concert de musique traditionnelle plusieurs fois par semaine), ce monument national est un superbe lieu de vie, grand témoin des années « américaines » de La Havane. Si vous recherchez un endroit particulièrement tranquille, le fond du jardin est idéal. C'est l'un des seuls espaces à l'air libre de la capitale qui surplombe le fameux Malecon (bord de mer). Une brise légère rafraîchit en permanence ce qui fut la première place avancée pour les canons longue portée (encore visibles) au temps de la colonisation espagnole.

El Polvorin

Forteresse du Morro,
direction restaurant « XII Apostolos »,
Habana Vieja
Tél. : 863 82 95
Tous les jours : 17 h-21 h
Discothèque : 21 h-3 h ; entrée libre
Prix du mojito *: 3 CUC*

Au pied du phare du Morro, en contrebas de la falaise, la terrasse du bar fait face aux bateaux qui entrent dans le port de La Havane. Soyez-y entre 17 h et 20 h pour profiter du soleil couchant. Vous êtes en face de la ville, dans l'une des premières édifications militaires de la colonisation espagnole. Si votre *puro* n'est pas terminé, profitez de la traditionnelle cérémonie du *cañonazo* (coup de canon) de 21 h, symbolisant le couvre-feu de la cité au temps des Anglais. Assister à ce coup de canon dans la cour de la forteresse de La Cabaña fait désormais partie des traditions havanaises. Possibilité de dîner sur le site, au restaurant *El Bodegon*, dans une ambiance et décoration « pirate ».

À PINAR DEL RIO

La région, terre de culture du havane, passionnera l'amateur de cigare, qui se rendra notamment dans le triangle d'or compris entre San Juan y Martinez et San Luis. C'est dans le prolongement de cette dernière bourgade que se situe la *finca* d'Alejandro Robaina, le *veguero* qui a donné son nom à la marque Vegas Robaina. La ville de Pinar possède une petite mais superbe fabrique de cigares (maison mère de la marque Trinidad) et une agréable boutique qui valent le détour. Enfin, le charmant village de Viñales et sa célèbre vallée raviront les amoureux d'une nature authentique, unique au monde.

El Rumayor

Route de Viñales,
à 2 kilomètres du centre-ville,
face à l'hôpital militaire
Tél. : (048) 76 30 07
Tous les jours : 12 h-22 h
Show cabaret : à partir de 23 h
(jeudi, vendredi, samedi et dimanche)

Le (presque) seul restaurant de Pinar del Río. C'est également le rendez-vous pour faire la fête et l'endroit le plus réputé de la région. Dans un grand jardin de plantes exubérantes, vous dégusterez votre cigare en toute tranquillité pendant la journée (ou, moins tranquillement, en soirée devant le spectacle de cabaret). La carte du restaurant est simple, sans surprise, à un prix tout à fait raisonnable.

Finca de Alejandro Robaina

Sur la route de San Luis,
demander son chemin…
Tél. : (048) 79 74 70
Personne à contacter : Carlos, le fils de don Alejandro, ou Irochi, le petit-fils
Visite de la propriété : 2 CUC

C'est le lieu de pèlerinage des amateurs de cigare. Alejandro ne compte plus les ministres, vedettes et autres personnalités mondiales qui lui rendent visite chaque jour. Sans compter les touristes qui arrivent par hasard, guidés par un jeune autochtone ; ils ne mesurent pas encore la valeur d'une rencontre avec ce vieux *veguero*, âgé aujourd'hui de plus de 80 ans. Fils et petit-fils du patriarche sont bien organisés. Une barrière filtre l'entrée de la propriété, un guide (anglais, français) assure la visite sans perturber la vie de la *finca*. D'ailleurs, une nouvelle « maison de visite » a été bâtie pour recevoir les curieux en préservant l'intimité de la ferme familiale. Très bien pour le novice ! Mais l'amateur espérait mieux. Une bouteille de rhum à la main, il avait rêvé de fumer en tête à tête avec la légende vivante du havane un de ces robustos que roule sa petite-fille. Ou, mieux encore, de partager un déjeuner avec toute la tribu dans la salle à manger familiale. Rançon du succès, ce n'est plus guère possible. À moins que... Robaina est un grand ami de *L'Amateur de Cigare* et du *Havanoscope*. Téléphonez quelques jours auparavant de notre part et vous parviendrez sûrement à vous mettre d'accord avec Carlos ou Irochi. Et vous verrez que le grand maître *veguero* est aussi un homme d'une générosité et d'une sincérité infinies.

À VIÑALES

Bureau de Patrimonio

En remontant la rue principale,
à droite face au bar Artex
Personne à contacter : Manolo
Tél. : (048) 79 33 95
*Visite de l'*escogida *: 2 CUC*

Viñales est un charmant village, situé dans une superbe vallée rendue célèbre par ses *mogotes*, une formation géologique rare ne laissant paraître que des collines abruptes et disséminées. C'est l'un des plus importants sites caverneux d'Amérique, le royaume des spéléologues, mais aussi une campagne à la beauté éblouissante. Presque tous les paysans consacrent une petite partie de leurs terres à la culture du tabac – de *sol* (soleil), le plus souvent – qu'ils vendent à l'État.

Afin de sortir du circuit classique des visites proposées lors de l'excursion de Viñales, rendez-vous chez Manolo, au centre du village. Fonctionnaire de l'Institut de la protection du patrimoine, il vous guidera pour découvrir Viñales autrement, à travers ses sentiers, au milieu des champs de tabac. Vous aurez également la possibilité de visiter l'*escogida* de Viñales, étape primordiale dans le traitement des feuilles de tabac. C'est là qu'on prépare les feuilles de tripe : retrait de la veine centrale, tri, première fermentation et emballage, avant la vente aux différentes manufactures du pays.

À VARADERO

Varadero est construit tout en longueur, le village à lui seul mesure 5 km de long, sur une péninsule qui en totalise plus de 30. L'activité se concentre principalement sur une artère, la 1re avenue. Parallèle à celle-ci, une rue en bord de mer (*playa*), côté Atlantique, s'interrompt sur quelques quartiers avant de continuer. À l'opposé, l'*autopista*, une voie rapide, joint les deux extrémités de la péninsule le long de l'autre bord de mer.

Parque Josone

Sur la fin de l'avenue principale,
à hauteur de la rue 60
Tél. : (045) 66 72 28
Tous les jours : 9 h-22 h

Le célèbre Parque Josone, complètement emmuré, fut construit en 1942 par José et Onelia (d'où le nom, par contraction), un couple richissime qui installa sa propriété sur le terrain vendu par Dupont de Nemours. Aujourd'hui ouvert à tous, l'endroit invite à la détente. Autour d'un lac joliment aménagé, des sortes de pergolas proposent la dégustation de vins ou de *guarapo* (jus de canne). Vous y trouverez forcément un endroit idéal où prendre le temps de déguster un cigare, notamment au bar faisant face au lac. Trois restaurants sont également à disposition, l'un aménagé dans ce qui fut la maison des anciens propriétaires (*El Retiro*), un autre, de spécialités italiennes (*Dante*) en bordure du lac, et le dernier (*La Campana*), qui offre un menu créole sous de grands arbres.

Mansion Xanadu – Golf de Varadero (ou Casa Dupont)

À quelques kilomètres après la fin du village,
juste avant l'hôtel *Melia Las Americas*
Tél. : (045) 66 73 88

À l'origine de la création de Varadero, Irénée Dupont de Nemours joua un rôle essentiel. Sa maison reste le témoignage de cette époque de début du XXe siècle. Elle est aujourd'hui aménagée en restaurant (*Las Americas*), *club house* du golf de Varadero. Le mirador est transformé en bar, et la petite terrasse offre une vue sur le golf. La cuisine, qui se veut sophistiquée, est relativement chère pour le dîner à la carte, mais un menu à partir de 15 CUC est proposé le midi en terrasse. Un des rares endroits de Cuba où l'on peut apprécier une viande de bœuf correcte.

Casa del Tabaco

Calle 31 y Playa
Tél. : (045) 61 14 30
Tous les jours : 9 h-23 h pour le restaurant,
et jusqu'à 21 h pour la boutique de cigares

Située dans le centre de Varadero, face à la mer, originalement décorée, la boutique où officie le *torcedor* Emilio Avela est aussi un restaurant qui met à l'honneur le cigare. Vous pouvez y déjeuner ou dîner. Les assiettes en forme de feuilles de tabac donnent le ton pour une cuisine sans prétention mais honnête. La tranquillité face à une plage très peu fréquentée (on est pourtant en pleine ville) : voilà des conditions idéales pour un grand havane.

Bar boutique Mi Cuba

Calle 39 y 1ra avenida
Tél. : (045) 61 47 19. *Tous les jours : 9 h-21 h*

Une bonne adresse pour les flâneurs curieux de découvrir le village de Varadero. En entrant, vous serez peut-être surpris : une ambiance cossue, des rayons de vente de souvenirs, du rhum, et une équipe de jeunes filles très sympathiques qui vous inviteront sûrement à prendre un café. Mais rassurez-vous, l'endroit est avant tout un bar, équipé d'une terrasse. Et les cigares ? À l'étage. Peu pratique d'accès, la cave est néanmoins spacieuse et correctement fournie. Janny Hernandez, la gérante actuelle, saura vous conseiller.

ET AUSSI

Si vous choisissez de passer un moment agréable dans Varadero, orientez-vous vers la rue Playa, celle du bord de mer, du bon côté de Varadero, c'est-à-dire l'Atlantique, particulièrement entre les rues perpendiculaires 46 et 54, ou encore entre 30 et 44. Se succèdent ici quelques petits bars-restaurants construits sur des plates-formes de bois qui proposent des menus simples et bon marché. Contrairement aux idées reçues, Varadero est meilleur marché que la capitale. Vous pourrez, par exemple, quasiment installé sur la plage (sur des chaises en plastique… mais bon !) profiter d'une langouste grillée pour une dizaine de CUC. L'un de ces troquets est proche du musée de Varadero, le *Ranchon Mediterraneo*, à hauteur de la rue 54.

À TRINIDAD

La deuxième ville créée à Cuba, après Baracoa, sur ordre de la couronne d'Espagne, se réveille doucement de sa torpeur. Figée dans le XVIIIe siècle où elle s'était enrichie grâce à la canne à sucre, la cité fut ensuite abandonnée à son sort et son patrimoine oublié jusqu'à l'essor touristique des années 1990. Classée au Patrimoine mondial de l'humanité, la ville se préoccupe depuis de sauvegarder son authenticité et la richesse de son histoire.

RESTAURANTS, BARS ET MUSIQUE

Plus qu'ailleurs encore, les bars et la musique sont indissociables de Trinidad.

Gran Hotel Trinidad – Iberostar

Calle Lino Perez et José Marti
(face au parc du même nom)
Tél. : 041 99 6070
Tous les jours : déjeuner 12 h 30-15 h, dîner 19 h-22 h
Prix du mojito *: 3,25 CUC*

Un joyau de restauration, un lieu idéal dans le centre historique de la ville et un service cinq étoiles. Vous y serez à l'aise pour déguster un havane dans le bar fumoir, mais aussi sur la terrasse de votre chambre. Et pour combler l'amateur de cigare, une civette ouvrira prochainement en face de l'hôtel. Le *Gran Hotel*, c'est aussi le meilleur restaurant de la ville, avec une cuisine raffinée et un service soigné, un ample buffet d'entrées et de desserts très variés. Un bon goût qui contraste avec l'authenticité plus sommaire des autres restaurants de la ville.

La Casa de la Trova

Rue en haut à droite de la Plaza Mayor, à 50 m

Tous les jours : 12 h-2 h

Droit d'entrée à partir de 21 h : 1 CUC

Prix de la canchanchara *: 2,50 CUC*

Autre berceau de la musique cubaine après Santiago de Cuba, Trinidad est riche de bons musiciens. On les retrouve dans tous les petits bars de la ville, dans les demeures coloniales, sur les terrasses, dans les patios. Les plus représentatifs se retrouvent chaque soir dans le patio de la *Casa de la Trova* (Maison des troubadours). Ici se relaient tous les groupes de la région dans une ambiance de fête sincère, naturelle et authentique.

El Jigue

Calle Ruben Martinez Villena

Angle Piro Guinart (Calle Real angle Boca : ancien nom)

Tél. : (041) 99 6476

Personne à contacter : Conrado

Tous les jours : 9 h-22 h

Prix du mojito *: 2,50 CUC*

Une belle maison coloniale, très aérée, qui permet donc de déguster son havane en toute quiétude. La spécialité de la maison, le poulet Jigué (poulet, pâtes, tomates et beaucoup de fromage), est à recommander en cas de très grosse faim. Une cuisine correcte cependant et agréablement servie, même si elle manque de raffinement.

ET AUSSI...

En déambulant au hasard des rues du centre historique, vous trouverez des petits bars très sympathiques et toujours très animés, ainsi que des restaurants plus ou moins légaux qui vous proposeront d'énormes langoustes pour 6 à 15 CUC. Soyez prudents, de nombreux restaurants, bien situés et esthétiquement très agréables, n'offrent généralement qu'une cuisine médiocre.

À SANTIAGO

Le fort du Morro, jumeau de celui de La Havane, domine l'entrée de la baie de la capitale de l'Oriente. On y a une vue panoramique de la « ville rebelle » qui s'est illustrée lors des guerres d'indépendance contre l'Espagne, puis lors des premiers faits d'armes de Fidel Castro contre la caserne Moncada et le régime de Batista. On y décèle sans peine aujourd'hui l'influence des traditions culturelles venues de Haïti et des colons français du XIXe siècle. La musique est remarquablement représentée à Santiago. C'est ici que le *son* (générique de la musique traditionnelle cubaine) s'est développé pour conquérir la capitale, puis le monde entier.

LES RESTAURANTS

El Zun Zun

Avenida Manduley
(la rue principale du quartier) N° 159
entre 5 y 7 Vista Alegre
Tél. : (022) 641 528
Tous les jours : 12 h-22 h

Dans cette maison des années 1950, située dans le quartier chic de Santiago, se trouve sûrement le meilleur restaurant de la ville, avec une carte qui se veut originale. Le maître d'hôtel est un passionné de cuisine qui fait des efforts pour sortir des sentiers trop battus de la gastronomie cubaine. On y découvre ainsi du lapin aux olives ou du chevreau au basilic. Un accueil très sympathique vous mettra à l'aise pour allumer votre cigare, sur la terrasse, ou dans le patio au moment de l'apéritif ou du café. Plats principaux entre 7 et 25 CUC.

El Morro

À 7 km du centre, en direction de l'aéroport
Tél. : (022) 687 151
Visite, tous les jours : 9 h-21 h
Entrée : 4 CUC
Restaurant : tous les jours, déjeuner seulement

Le restaurant se situe à une cinquantaine de mètres avant l'entrée de la forteresse. Juché à flanc de falaise, il surplombe la mer. Cuisine créole, très copieuse et bien élaborée. Service très correct. Si en vous profitez pour entrer dans la forteresse, essayez de le faire 30 min avant le coucher du soleil. Tous les soirs, la cérémonie du « coup de canon » ferme symboliquement les portes de la ville. Un décor inscrit au Patrimoine mondial de l'humanité et qui vaut le détour.

El Cayo Granma

Tél. : (022) 686 314
Tous les jours, déjeuner seulement
Depuis Punta Gorda, traversée en bateau : 3 CUC A/R

En bateau, on rejoint le petit îlot situé au milieu de la baie de Santiago. C'est un village de pêcheurs aux maisons sur pilotis dont on fait le tour en 30 min. Le restaurant, tout en bois comme le reste du site, possède une terrasse où vous déjeunerez très agréablement. Idéal pour savourer un poisson grillé ou une langouste, avant ou après un bon cigare. Comptez entre 7 et 25 CUC par personne.

Paladar Salon Tropical

Calle Fernandez Marcané N° 310 entre 9 y 10, Reparto Santa Barbara (quartier à 5 km du centre-ville, vers le sud)
Tél. : (022) 641 161
Tous les jours : 12 h-24 h. Il est prudent de réserver.

Il existe de nombreux *paladares* à Santiago, plus clandestins les uns que les autres. Parfois pittoresques, quelquefois aventureux. Celui-ci est l'un des rares à être légalisé. De plus, c'est probablement le meilleur. On y sert une vraie cuisine créole, bien élaborée, dans un espace attrayant avec un intérieur façon maison, ou sur la terrasse bien aérée et agréablement arrangée. Comptez environ 15 CUC par personne.

LES BARS

La Isabelica

Aguilera y Calvario,
pratiquement sur la Plaza Dolores (El Bulevar)
Tous les jours : 24 h sur 24
Prix du café : 1,60 CUC

Le plus populaire des bars traditionnels de Santiago, rendez-vous des intellectuels et des artistes. Tout le monde atterrit ici après le spectacle pour y finir la nuit : discours, poèmes ou… polémiques pimentent le décor. Déjà, à partir de 11 h du matin, l'ambiance vous confirme que vous êtes bien à Santiago : atmosphère chaude et moite, clients avenants, chaleureux, on y parle fort et on sympathise en trois secondes. Isolina ou Martha servent essentiellement du café, accompagné de toutes sortes de liqueurs. Essayez le café au rhum. Israel Alcantera, le *torcedor* des lieux, prend son service en fin de matinée. Il vous roulera avec grand plaisir un *plumilla* ou un gran panetela, avec du tabac garanti issu de la fabrique, que vous pourrez déguster sur place, malgré les « *no fumar* » peints à la main sur les murs. *La Isabelica* tire son nom de la plus célèbre exploitation de café du XIXe siècle, d'origine française. Située non loin du site de La Gran Piedra, à une vingtaine de kilomètres du centre-ville, dans le parc de Baconao, elle est aujourd'hui l'ancienne plantation la mieux conservée et elle se visite.

La Casa del Caribe

Calle 13 esq. 8 N° 154
dans le quartier résidentiel de Vista Alegre
Tél. : (022) 642 285
Bar, tous les jours : à partir de 12 h
Musée, tous les jours : 10 h-16 h
Entrée : 1 CUC

C'est d'abord une institution culturelle, un centre de recherche sur la culture afro-caribéenne, mais, dans cette ancienne maison bourgeoise, le patio est aujourd'hui aménagé en bar. Des échanges culturels s'y déroulent régulièrement et sont l'occasion d'accueillir les pays voisins, héritiers d'une histoire commune.

La Casa de la Trova

Calle Heredia entre San Felix y San Pedro,
derrière l'hôtel *Casa Granda*
Bar, tous les jours : 11 h-2 h
Musique traditionnelle « authentique », tous les jours : 11 h-20 h, salles du rez-de-chaussée ; entrée : 1 CUC
Musique traditionnelle « pour danser », tous les jours : à partir de 22 h, à l'étage ; entrée : à partir de 2 CUC

Elle est au *son* ce que la Vuelta Abajo est au cigare. Tous les grands *trovadores* sont passés dans la petite salle au bord de la rue, avec ses chaises en rang d'oignons, où depuis plus de cinquante ans le public vient religieusement chaque jour écouter les nouveaux talents. Les musiciens testent leurs dernières créations devant ce public avisé. Le bar est installé dans le patio. L'ambiance qui y règne invite à déguster le cigare.

La Casa de la Tradiciones

Calle Rabi N° 154
entre Princesa y San Fernando,
dans le quartier de Tivoli
Tél. : (022) 653 892
Il est conseillé de téléphoner
Du mardi au samedi : 11 h-0 h.
Le dimanche : 11 h-19 h
Entrée : 1 CUC

« Interdit de fumer » et « Interdit aux étrangers » ! Une annonce déjà moins courante que la précédente. Ici comme ailleurs à Santiago, le panonceau « *prohibido fumar* » est au-dessus du *torcedor*. En revanche, l'accès interdit aux étrangers est passablement respecté. C'est pour préserver le caractère traditionnel des lieux et la tranquillité de ses membres, puisqu'il s'agit d'une sorte d'association « des amis des traditions santiagaises », que le directeur de la *casa*, Lorenzo Jardines, en est arrivé à cet interdit. « Les étrangers sont amenés chez nous par des Cubains peu recommandables », dit-il. Il faut effectivement souligner que Santiago est une ville plus agressive que le reste de Cuba. Et qu'il est donc préférable d'avoir un programme préétabli plutôt que de faire confiance aux rencontres « par hasard » avec de pseudoguides, vendeurs, organisateurs, etc.

Si vous désirez visiter et profiter de ce lieu chargé d'émotions… et de cigares, téléphonez et demandez à voir Longchamp – comme *el hippodromo*, dit le *torcedor* de la maison. Préférez les horaires d'apéritif, en fin de matinée ou en début de soirée, et profitez-en pour visiter le quartier d'El Tivoli, ancien bastion français qui domine la ville.

ET AUSSI…

En vous baladant dans Santiago, vous tomberez forcément sur « El Bulevar » (le « Boulevard »), comme disent les Cubains, qui correspondra sur votre plan à la Plaza Dolores. Une rue ombragée en forme de place, très animée, de jour comme de nuit. C'est ici que vous irez boire un café à *La Isabelica*, une bière à la traditionnelle *Taverna de Dolores* ou que vous assisterez à un concert classique dans la fameuse petite salle de concert Sala Dolores.

Pour vous restaurer, entre 11 h et 23 h, choisissez *Teressina* et sa cuisine italienne, bon marché et sans surprise, dans une ambiance Art déco sympathique. Si vous tombez en panne de cigare sur le Bulevar, dirigez-vous vers le restaurant *Matamoros*. À droite, vous découvrirez une boutique qui propose quelques havanes dans des conditions correctes de conservation.

les civettes en France

FRANCE

01 Ain

Bourg-en-Bresse
LA HAVANE
8, rue Notre-Dame, 01000 Bourg-en-Bresse
Tél. : 04 74 22 37 02

Oyonnax
LA CIVETTE
96, rue Anatole-France, 01100 Oyonnax
Tél. : 04 74 77 04 69

02 Aisne

Saint-Quentin
LA CIVETTE D'ISLE
118, rue d'Isle, 02100 Saint-Quentin
Tél./fax : 03 23 62 26 40

Soissons
LA CIVETTE
16, rue du Commerce, 02200 Soissons
Tél. : 03 23 53 02 59

03 Allier

Montluçon
LE BRAZZA
40, avenue Marx-Dormoy, 03100 Montluçon
Tél. : 04 70 05 04 87

Moulins
LA MAISON DE LA CHANCE
29, place d'Allier, 03000 Moulins
Tél. : 04 70 44 37 67

Vichy

LA CIVETTE
3, rue Georges-Clemenceau, 03200 Vichy
Tél. : 04 70 98 42 59

LE DÔME
52, boulevard Gambetta, 03200 Vichy
Tél. : 04 70 98 23 58
Fax : 04 70 97 56 75

LE KHÉDIVE
36, rue Georges-Clemenceau, 03200 Vichy
Tél. : 04 70 98 48 21

04 Alpes-de-Haute-Provence

Manosque

LA SAUNERIE
2, boulevard de la Plaine, 04100 Manosque
Tél./fax : 04 92 72 00 67

Volx

TABAC ICARO
Place des Felibres, 04130 Volx
Tél. : 04 92 78 48 73

05 Hautes-Alpes

Gap

LE MARIGNY
Place Alsace-Lorraine, 05000 Gap
Tél. : 04 92 51 06 06

06 Alpes-Maritimes

Antibes

LA CIVETTE DE LA RÉPUBLIQUE
1, rue de la République, 06600 Antibes
Tél. : 04 93 34 58 26

LA COURTINE
30, rue Aubernon, 06600 Antibes
Tél. : 04 93 34 62 40

Cannes

LE 116
63, rue Félix-Faure, 06400 Cannes
Tél. : 04 93 39 48 19

LA CIVETTE CARLTON
93, rue d'Antibes, 06400 Cannes
Tél. : 04 93 39 55 07

LE LERINA
63, boulevard de la Croisette, 06400 Cannes
Tél. : 04 93 94 00 77

LA RÉGENCE
10, rue du Maréchal-Foch, 06400 Cannes
Tél. : 04 93 39 59 30

LA SANDRA
83, boulevard de la Croisette, 06400 Cannes
Tél. : 04 93 43 12 11

Cannes-la-Bocca

MULTITABACS
71, avenue Francis-Tonner, 06150 Cannes-la-Bocca
Tél./fax : 04 93 47 26 36

LE MOULIN DE LA GAITÉ
147, avenue Francis-Tonner, 06150 Cannes-la-Bocca
Tél./fax : 04 93 47 27 13

Juan-les-Pins

TABAC DU CASINO
13, boulevard Baudoin, 06160 Juan-les-Pins
Tél. : 04 93 61 09 51

Nice

FLAMME ET FUMÉE
16, avenue Félix-Faure, 06000 Nice
Tél. : 04 93 62 18 31

LES PERGOLAS
19, promenade des Anglais, 06000 Nice
Tél. : 04 93 87 58 27

TABAC DE L'ÉTOILE
35, avenue Jean-Médecin, 06000 Nice
Tél. : 04 93 88 76 67

TABAC FANEY SMOKING
Centre commercial Carrefour Lingostière,
RN 202, 06200 Nice
Tél. : 04 93 18 10 09
Fax : 04 93 29 85 01

Saint-Laurent-du-Var

TABAC CAP 3000
Cap 3000, 06700 Saint-Laurent-du-Var
Tél. : 04 93 14 10 56

Saint-Paul-de-Vence

LE SAINT-PAUL
1, place du Général-de-Gaulle, 06570 Saint-Paul-de-Vence
Tél. : 04 93 14 10 56

07 Ardèche

Aubenas

TABAC LA CIVETTE
13, boulevard de Vernon, 07200 Aubenas
Tél. : 04 75 35 45 10

08 Ardennes

Charleville-Mézières

LA PIPE D'OR
12, avenue Jean-Jaurès, 08000 Charleville-Mézières
Tél. : 03 24 33 35 76

10 Aube

Saint-Julien-les-Villas

MARQUES TABAC
65, boulevard de Dijon, 10800 Saint-Julien-les-Villas
Tél. : 03 25 49 03 06

Troyes

LA CIVETTE
5, place du Maréchal-Foch, 10000 Troyes
Tél. : 03 25 73 11 61

LA GROSSE PIPE
1, rue Juvénal-des-Ursins, 10000 Troyes
Tél. : 03 25 73 16 74

11 Aude

Carcassonne

LA CIVETTE
11, place Carnot, 11000 Carcassonne
Tél. : 04 68 65 07 62

Narbonne

LE BRAZZA
1, boulevard Ferroul, 11100 Narbonne
Tél. : 04 68 65 07 62

Villegailhenc

BAYCHE TABAC
1, rue de Lorraine, 11600 Villegailhenc – Carcassonne
Tél. : 04 68 77 10 35

12 Aveyron

Laguiole

TABAC LE LAGUIOLE
Place du Foirail, 12210 Laguiole
Tél. : 05 65 44 33 32

Millau

LA CIVETTE
7, place du Mandarous, 12100 Millau
Tél. : 05 65 61 31 69

Rodez

TABAC DE LA PLACE D'ARMES
1, boulevard d'Estournel, 12000 Rodez
Tél. : 05 65 68 23 60

13 Bouches-du-Rhône

Aix-en-Provence

LA BOUFFARDE
1, rue Clemenceau, 13100 Aix-en-Provence
Tél. : 04 42 26 06 19

AU KHÉDIVE
23, cours Mirabeau, 13100 Aix-en-Provence
Tél. : 04 42 27 50 70

Arles

LE BALTO
5, rue Jean-Jaurès, 13200 Arles
Tél. : 04 90 96 03 26

Cassis

LA CIVETTE DU PORT
3, avenue Victor-Hugo, 13260 Cassis
Tél. : 04 42 01 70 82

Marseille

LA COMÈTE
3, cours Jean-Ballard, 13001 Marseille
Tél. : 04 91 55 55 30

LE DÔME
4, rue de la République, 13001 Marseille
Tél. : 04 91 90 66 68
Fax : 04 91 90 52 28

LA RÉGENCE
80, rue Saint-Ferréol, 13006 Marseille
Tél. : 04 91 54 48 40

TABAC DE LA PLAGE
85, promenade de la Plage, 13008 Marseille
Tél. : 04 91 76 68 00

LA CIVETTE DE VALENTINE
Centre commercial Géant Casino La Valentine,
13011 Marseille
Tél./fax : 04 91 35 07 63

Saint-Rémy-de-Provence

LA BOUFFARDE
17, boulevard Mirabeau,
13210 Saint-Rémy-de-Provence
Tél. : 04 90 92 10 28

TABAC DU MARCHÉ
2, place de la République,
13210 Saint-Rémy-de-Provence
Tél. : 04 90 92 06 03

14 Calvados

Caen

LE KHÉDIVE
54-56, rue Saint-Jean, 14000 Caen
Tél./fax : 02 31 86 26 82

LE MARYLAND
47, rue Geôle, 14000 Caen
Tél. : 02 31 85 49 84

Deauville

TABAC BAR NORMAND
5, rue Désiré-Le Hoc, 14800 Deauville
Tél. : 02 31 88 21 45

TABAC LE CYRANO
194, avenue de la République, 14800 Deauville
Tél. : 02 31 88 36 40

TABAC DES SPORTS
27, rue Gambetta, 14800 Deauville
Tél. : 02 31 88 22 67

Honfleur

TABAC DES LOGETTES
5, rue des Logettes, 14600 Honfleur
Tél. : 02 31 89 14 48

Pont-l'Évêque

TABAC LA CIVETTE
9, rue Saint-Michel, 14130 Pont-l'Évêque
Tél. : 02 31 64 05 64

Trouville

LE JOINVILLE
4-6, boulevard Fernand-Moureaux, 14360 Trouville
Tél. : 02 31 88 02 54

15 Cantal

Aurillac

TABAC
5, rue d'Illzach, Centre commercial Les Alouettes, 15000 Aurillac
Tél. : 04 71 48 31 63

TABAC LE MARIGNY
2, avenue des Volontaires, 15000 Aurillac
Tél./fax : 04 71 48 25 03

16 Charente

Angoulême

LA CIVETTE
20, rue des Postes, 16000 Angoulême
Tél./fax : 05 45 95 15 04

Cognac

AU KHÉDIVE
27, place François-Ier, 16100 Cognac
Tél. : 05 45 82 07 55

AU PACHA
70, rue d'Angoulême, 16100 Cognac
Tél. : 05 45 82 16 68
Fax : 05 45 82 45 21

LA CIVETTE
17-19, place Édouard-Martell, 16100 Cognac
Tél. : 05 45 82 57 17

17 Charente-Maritime

La Flotte-en-Ré

TABAC DU PORT
6, quai de Sénac, 17630 La Flotte-en-Ré
Tél. : 05 46 09 60 80

La Rochelle

LE CHIQUITO
10, cours des Dames, 17000 La Rochelle
Tél. : 05 46 41 33 28

LE KHÉDIVE
28, rue Chaudrier, 17000 La Rochelle
Tél. : 05 46 41 33 97
Fax : 05 46 41 14 02

LA MAISON DU BRIQUET
4, rue des Merciers, 17000 La Rochelle
Tél. : 05 46 41 10 21

TABAC DU PORT
9, quai Valin, 17000 La Rochelle
Tél. : 05 46 41 39 62

Royan

LA CIVETTE
33, rue Gambetta, 17200 Royan
Tél. : 05 46 38 67 61
Fax : 05 46 38 76 30

LE PACHA
26, boulevard de la République, 17200 Royan
Tél. : 05 46 05 13 30
Fax : 05 46 06 65 33

Saintes

LA CIVETTE
19, cours National, 17100 Saintes
Tél. : 05 46 74 36 04
Fax : 05 46 74 50 55

LE KHÉDIVE
6, rue Alsace-Lorraine, 17100 Saintes
Tél. : 05 46 74 02 44

Saint-Martin-de-Ré

TABAC MAROTTE
21, rue de Sully, 17410 Saint-Martin-de-Ré
Tél. : 05 46 09 26 78

18 Cher

Bourges

LA CIVETTE
6, place Henri-Mirpied, 18000 Bourges
Tél. : 02 48 70 71 69

LE LOCO CAFÉ
22, avenue Henri-Laudier, 18000 Bourges
Tél. : 02 48 24 07 60

Saint-Amand-Montrond

TABAC LE RALLYE
18, rue Henri-Barbusse, 18200 Saint-Amand-Montrond
Tél. : 02 48 96 41 82

Vierzon

LA TABATIÈRE
2, rue du Mouton, 18100 Vierzon
Tél. : 02 48 75 44 12

19 Corrèze

Brive-la-Gaillarde

LE KHÉDIVE
47, rue de la République, 19100 Brive-la-Gaillarde
Tél. : 05 55 24 01 29

Tulle

TABAC-PRESSE CAMBEFORT
12, avenue Winston-Churchill, 19000 Tulle
Tél. : 05 55 20 10 86

Ussel

VEZIA-BARON
3, avenue Carnot, 19200 Ussel
Tél. : 05 55 72 12 45

20 Corse

Ajaccio

LE CARPE DIEM
27, boulevard Dominique-Paoli, 20000 Ajaccio
Tél. : 04 95 22 12 30

LA MAISON DU CIGARE
18, cours Napoléon, 20000 Ajaccio
Tél. : 04 95 21 11 31

TABAC LE HAVANE
4, cours Napoléon, 20000 Ajaccio
Tél. : 04 95 21 55 34

TABAC LA ROYALE
12, cours Napoléon, 20000 Ajaccio
Tél. : 04 95 21 50 71

Bastia

TABAC LE DANIEL
1, rue du Nouveau-Port, 20200 Bastia
Tél. : 04 95 31 72 59

Calvi

TABAC LA VENDETTA
Avenue Christophe-Colomb, 20260 Calvi
Tél. : 04 95 65 24 22

Furiani

TABAC U CIRNU
Centre commercial La Rocade, 20600 Furiani
Tél. : 04 95 33 75 16

L'Ile-Rousse

AU PETIT TRIANON
Place Paoli, 20220 L'Ile-Rousse
Tél. : 04 95 60 28 75

TABAC U COURSE
6, avenue Piccioni, 20220 L'Ile-Rousse
Tél. : 04 95 57 37 64

Porto-Vecchio

TABAC VALLI
Centre commercial Escale, 20137 Porto-Vecchio
Tél. : 04 95 70 33 02

TABAC TERRAZZONI
1, place de l'Hôtel-de-Ville, 20137 Porto-Vecchio
Tél. : 04 95 70 01 39

Porticcio

LA PLUME D'OR
Centre commercial Porticcio-Plage, 20166 Porticcio
Tél. : 04 95 25 14 89

Propriano

TABAC LE CAPORAL
3, rue Napoléon, 20110 Propriano
Tél. : 04 95 76 08 73

Saint-Florent

TABAC
Place U.-Fornelu, 20217 Saint-Florent
Tél. : 04 95 35 28 91

21 Côte-d'Or

Arnay-le-Duc

LA CIVETTE
11, rue Carnot, 21230 Arnay-le-Duc
Tél. : 03 80 90 12 29

Beaune

À LA HAVANE
5, petite place Carnot, 21200 Beaune
Tél. : 03 80 22 05 04

TABAC SAINT-NICOLAS
8, faubourg Saint-Nicolas, 21200 Beaune
Tél. : 03 80 22 00 29

Dijon

LA CIVETTE
23, rue de la Liberté, 21000 Dijon
Tél. : 03 80 30 45 76
Fax : 03 80 58 27 12

LE MARIGNY
15, place d'Arcy, 21000 Dijon
Tél. : 03 80 30 94 54

LE NIKOS
18, avenue Concorde, 21000 Dijon
Tél./fax : 03 80 74 45 58

LE SULTAN
25, rue des Forges, 21000 Dijon
Tél. : 03 80 30 17 02

22 Côtes-d'Armor

Lannion

TABAC DU CENTRE
10, rue Saint-Malo, 22300 Lannion
Tél. : 02 96 37 28 62

Paimpol

CAP OUEST
7, quai Morand, 22500 Paimpol
Tél. : 02 96 20 73 90
Fax : 02 96 20 91 97

Saint-Brieuc

TABAC-PRESSE
2, rue des Trois-Frères-Merlin, 22000 Saint-Brieuc
Tél. : 02 96 61 90 45

23 Creuse

Guéret

TABAC HAVANE CAFÉ
4, rue de Verdun, 23000 Guéret
Tél. : 05 55 52 05 18

24 Dordogne

Bergerac

TABAC LE SOLEIL
26, rue de la Résistance, 24100 Bergerac
Tél. : 05 53 57 17 34

25 Doubs

Besançon

LE KHÉDIVE
3, rue des Granges, 25000 Besançon
Tél. : 03 81 81 31 29

TABAC
6, rue de L'Orme-de-Chamars, 25000 Besançon
Tél. : 03 81 21 33 33

26 Drôme

Montélimar

LE HAVANE
13, boulevard Desmarais, 26200 Montélimar
Tél. : 04 75 01 06 72

Romans-sur-Isère

LA HAVANE
14, côte des Cordeliers, 26100 Romans-sur-Isère
Tél./fax : 04 75 72 65 70

Valence

TABAC ÉTOILE
1, rue Pasteur, 26000 Valence
Tél. : 04 75 44 01 20

27 Eure

Cormeilles
LE DIABLE VERT
19, place du Général-de-Gaulle, 27260 Cormeilles
Tél. : 02 32 57 80 07

Évreux
LE CADOCHIC
41, rue du Docteur-Oursel, 27000 Évreux
Tél. : 02 32 33 03 00

Gisors
LA HOUBLONNIÈRE
15, rue de Dieppe, 27140 Gisors
Tél. : 02 32 55 11 17

Louviers
LA CIVETTE
40, avenue du Maréchal-Foch, 27400 Louviers
Tél. : 02 32 25 24 40

Pont-Audemer
LA CIVETTE NORMANDE
15, rue Thiers, 27500 Pont-Audemer
Tél. : 02 32 41 30 00

Val-de-Reuil
TABAC LE ROLIVALOIS
Rue Courtine, 27100 Val-de-Reuil
Tél. : 02 32 59 53 46

Vernon
LA CIVETTE
59, rue d'Albufera, 27200 Vernon
Tél. : 02 32 21 68 35
Fax : 02 32 21 63 43

28 Eure-et-Loir

Chartres
LE MARIGNY
11, place du Général-de-Gaulle, 28000 Chartres
Tél. : 02 37 21 09 72
Fax : 02 37 36 31 65

29 Finistère

Brest
LA CIVETTE
27 *bis*, rue de Lyon, 29200 Brest
Tél. : 02 98 80 16 91
Fax : 02 98 43 28 32

Pont-Aven
COSY SHOP
26, place de l'Hôtel-de-Ville, 29123 Pont-Aven
Tél. : 02 32 41 30 00

Pont-l'Abbé
L'ENTRACTE
6, place du Pont-Guern, 29120 Pont-l'Abbé
Tél. : 02 98 06 18 20

Quimper
LE STEIR
9, place Terre-aux-Ducs, 29000 Quimper
Tél. : 02 98 55 73 58
Fax : 02 98 55 46 63

30 Gard

Alès
LE MARIGNY
27, rue Saint-Vincent, 30100 Alès
Tél. : 04 66 52 80 71

Le Grau-du-Roi
LE CÉSAR
33, quai Colbert, 30240 Le Grau-du-Roi
Tél. : 04 66 51 41 98

Nîmes
LA HAVANE
38, boulevard Victor-Hugo, 30000 Nîmes
Tél. : 04 66 67 49 55
Fax : 04 66 67 39 10

LE JEAN BART
5 *bis*, place de la Bouquerie, 30000 Nîmes
Tél. : 04 66 21 09 68

LE KHÉDIVE
8, rue du Général-Perrier, 30000 Nîmes
Tél. : 04 66 67 39 18

Nîmes-Saint-Césaire
TABAC DU MAS ROMAN
291, avenue du Maréchal-Foch, 30900 Nîmes-Saint-Césaire
Tél. : 04 66 23 82 98

Villeneuve-lès-Avignon
TABAC
ZAC des Charbonnières, 30400 Villeneuve-lès-Avignon
Tél. : 04 90 25 95 18

31 Haute-Garonne

Blagnac
LE CHIMEL
6, place de Catalogne, 31700 Blagnac
Tél. : 05 61 15 55 37

LE COLIBRI
10, boulevard Firmin-Pons, 31700 Blagnac
Tél./fax : 05 61 71 57 45

Castanet-Tolosan
TABAC LA FUMERIE
11, avenue du Lauragais, 31320 Castanet-Tolosan
Tél. : 05 61 81 78 30

Saint-Gaudens
TABAC
5, place Jean-Jaurès, 31800 Saint-Gaudens
Tél. : 05 62 95 07 59

Saint-Jean
LE RELAIS DE SAINT-JEAN
1, place François-Mitterrand, 31240 Saint-Jean
Tél. : 05 61 74 04 47

Toulouse
LA LICORNE
5, place Rouaix, 31000 Toulouse
Tél. : 05 62 26 25 05
Fax : 05 62 26 38 99

TABAC DES THERMES
44, boulevard Lazare-Carnot, 31000 Toulouse
Tél. : 05 61 62 88 30

TABAC LE WILSON
20, place Wilson, 31000 Toulouse
Tél. : 05 61 21 67 03

32 Gers

Auch

TABAC BESNIER
4, rue Rouget-de-l'Isle, 32000 Auch
Tél. : 05 62 05 45 32

Condom

LA TABATIÈRE
6, place du Lion-d'Or, 32100 Condom
Tél. : 05 62 68 25 61

L'Isle-Jourdain

LE DISQUE BLEU
2, place de l'Hôtel-de-Ville, 32600 L'Isle-Jourdain
Tél. : 05 62 07 09 87

33 Gironde

Arcachon

MONTECRISTO
242, boulevard de la Plage, 33120 Arcachon
Tél. : 05 56 83 31 34

Blanquefort

TABAC LE RENNEY
Centre commercial Le Renney, 33290 Blanquefort
Tél. : 05 56 35 12 80

Bordeaux

L'ÉPICURIEN
190, rue Fondaudège, 33000 Bordeaux
Tél. : 05 56 44 68 38

LE FUMOIR BORDELAIS
12, place Gambetta, 33000 Bordeaux
Tél. : 05 56 44 35 89

GAMBETTA
22, place Gambetta, 33000 Bordeaux
Tél. : 05 56 52 59 90

LE HAVANE
27, rue Père-Louis-de-Jabrun, 33000 Bordeaux
Tél. : 05 56 51 96 57

LA RÉGENCE
10, cours du XXX-Juillet, 33000 Bordeaux
Tél. : 05 56 81 63 44

LE NARVAL
99, rue David-Johnston, 33000 Bordeaux
Tél. : 05 56 52 34 31

Gujan-Mestras

LA CÔTE D'ARGENT
97, cours de la République, 33470 Gujan-Mestras
Tél. : 05 56 66 00 63

Libourne

TABAC DU LYCÉE
52, allée Robert-Boulin, 33500 Libourne
Tél. : 05 57 25 26 99
Fax : 05 57 51 64 17

TABAC DU SQUARE
2, place Joffre, 33500 Libourne
Tél. : 05 57 51 31 56

Pessac

LE RALLYE
4, avenue Jean-Jaurès, 33600 Pessac
Tél. : 05 56 45 25 62

34 Hérault

Béziers

LA HAVANE
40, allée Paul-Riquet, 34500 Béziers
Tél. : 04 67 28 45 64

LA MAISON DU FUMEUR
12, avenue Paul-Riquet, 34500 Béziers
Tél. : 04 67 28 76 67

Cap-d'Agde

TABAC SAINT-CLAIR
42, quai Jean-Miquel, 34300 Cap-d'Agde
Tél. : 04 67 26 00 40

Montpellier

LA ROYALE
25, rue Saint-Louis, 34000 Montpellier
Tél. : 04 67 52 69 58

TABAC LE LONGCHAMP
4, rue Maguelonne, 34000 Montpellier
Tél. : 04 67 92 89 57

TABAC DU POLYGONE
Centre commercial Le Polygone, 34700 Montpellier
Tél. : 04 67 65 13 83

Pérols

LA HAVANE
Centre commercial Auchan, 34475 Pérols
Tél. : 04 67 20 18 27

Sète

LA CIVETTE
12, quai de la Résistance, 34200 Sète
Tél. : 04 67 74 92 79

35 Ille-et-Vilaine

Dinard

LE BRAZZA
5, place de la République, 35800 Dinard
Tél. : 02 99 46 54 77

Rennes

AU VIZIR
4, rue d'Estrées, 35000 Rennes
Tél./fax : 02 99 79 27 91

LE QUAI D'ORSAY
24, boulevard de la Liberté, 35000 Rennes
Tél. : 02 99 79 06 94

TABAC DU GUESCLIN
5, rue Du Guesclin, 35000 Rennes
Tél. : 02 99 79 17 80

Saint-Malo

TABAC LA PIPE
11, rue Saint-Vincent, 35400 Saint-Malo
Tél. : 02 99 40 15 43

36 Indre

Châteauroux

LE KHÉDIVE
7, rue Victor-Hugo, 36000 Châteauroux
Tél. : 02 54 34 34 30
Fax : 02 54 08 05 65

37 Indre-et-Loire

Amboise

TABAC DU CHÂTEAU
24, place Michel-Debré, 37400 Amboise
Tél. : 02 47 57 38 02

Tours

LA CIVETTE
4, rue du Change, 37000 Tours
Tél. : 02 47 05 74 30

LE HAVANE
25 *bis*, avenue de Gramont, 37000 Tours
Tél. : 02 47 64 30 65

TABAC-PRESSE DU PALAIS
3, place Jean-Jaurès, 37000 Tours
Tél./fax : 02 47 61 33 44

LE KHÉDIVE
72, rue Nationale, 37000 Tours
Tél. : 02 47 05 49 46

38 Isère

Bourgoin-Jallieu

LE HAVANE
5, avenue du Professeur-Tixier, 38300 Bourgoin-Jallieu
Tél./fax : 04 74 93 28 25

TABAC LE 61
61, rue de la République, 38300 Bourgoin-Jallieu
Tél./fax : 04 74 43 84 03

Grenoble

LA TABAGERIE
2, rue Béranger, 38000 Grenoble
Tél. : 04 76 86 05 21

TABAC DE L'ÉTOILE
1, place de l'Étoile, 38000 Grenoble
Tél. : 04 76 56 99 11

Vienne

LE HAVANE
33, cours Brillier, 38200 Vienne
Tél. : 04 74 85 13 72
Fax : 04 74 53 11 46

39 Jura

Lons-le-Saunier

AU PACHA
25, rue Jean-Jaurès, 39000 Lons-le-Saunier
Tél. : 03 84 24 11 56

40 Landes

Aire-sur-l'Adour

LE 44
44, rue Gambetta, 40800 Aire-sur-l'Adour
Tél. : 05 58 71 86 08

Dax

AU PACHA
7, cours de Verdun, 40100 Dax
Tél. : 05 58 74 06 66

Mont-de-Marsan

LA MAISON DU FUMEUR
25, place Saint-Roch, 40000 Mont-de-Marsan
Tél. : 05 58 75 07 04

41 Loir-et-Cher

Blois

LA CIVETTE
75, rue du Commerce, 41000 Blois
Tél./fax : 02 54 78 16 49

Romorantin-Lanthenay

LE CHIQUITO
8, faubourg d'Orléans, 41200 Romorantin-Lanthenay
Tél. : 02 54 88 68 01

Vendôme

LA CIVETTE
5, rue Poterie, 41110 Vendôme
Tél. : 02 54 77 13 42

42 Loire

Roanne

LA CIVETTE
58, rue Jean-Jaurès, 42300 Roanne
Tél./fax : 04 77 23 01 09

Saint-Étienne

LA HAVANE
6, place de l'Hôtel-de-Ville, 42000 Saint-Étienne
Tél. : 04 77 32 83 61

LE BRÉSILIEN
3, rue du Général-Foy, 42000 Saint-Étienne
Tél. : 044 77 32 13 99

43 Haute-Loire

Le Puy-en-Velay

LA CAVE À CIGARE
37 *bis*, place du Brésil, 43000 Le Puy-en-Velay
Tél. : 04 71 02 58 15

44 Loire-Atlantique

La Baule

LE HAVANE
Esplanade François-André, 44500 La Baule
Tél. : 02 40 60 28 21

LA RÉGENCE
313, avenue de Lattre-de-Tassigny, 44500 La Baule
Tél. : 02 40 24 23 70

Nantes

LE MONSELET
3, place Émile-Sarradin, 44000 Nantes
Tél. : 02 40 20 28 88

TABAC DU PALAIS DE JUSTICE
1, rue Alphonse-Gautte, 44000 Nantes
Tél. : 02 40 20 02 42

TABAC LE KHÉDIVE
1, rue Boileau, 44000 Nantes
Tél. : 02 40 69 77 55

Saint-Nazaire

LA GITANE
10, avenue de la République, 44600 Saint-Nazaire
Tél. : 02 40 22 55 58

Saint-Sébastien-sur-Loire

LE CONCORDE
2, rue Mendès-France
Centre commercial Auchan,
44230 Saint-Sébastien-sur-Loire
Tél. : 02 40 34 46 79
Fax : 02 40 34 81 06

TABAC RIBARD
20, rue Maurice-Daniel,
44230 Saint-Sébastien-sur-Loire
Tél. : 02 40 80 54 92
Fax : 02 40 80 68 65

45 Loiret

La Ferté-Saint-Aubin

LA TABATIÈRE
25, rue du Général-Leclerc, 45240 La Ferté-Saint-Aubin
Tél. : 02 38 76 58 30

Montargis

LA CIVETTE
91, rue Dorée, 45200 Montargis
Tél. : 02 38 85 19 36

Orléans

LA TABATIÈRE
27, rue de la République, 45000 Orléans
Tél. : 02 38 53 12 07

Saint-Jean-de-la-Ruelle

TOTEM DES 3 FONTAINES
Centre commercial des Trois-Fontaines,
45140 Saint-Jean-de-la-Ruelle
Tél. : 02 38 88 00 09
Fax : 02 38 70 62 89

46 Lot

Cahors

LA CAVE À CIGARES
35, boulevard Gambetta, 46000 Cahors
Tél. : 05 65 35 12 09

47 Lot-et-Garonne

Agen

LE ROND DE FUMÉE
89, boulevard de la République, 47000 Agen
Tél./fax : 05 53 66 08 69

TABAC DE LA POSTE
99, boulevard Carnot, 47000 Agen
Tél./fax : 05 53 66 10 52

Villeneuve-sur-Lot

LE VIZIR
45, rue de Penne, 47300 Villeneuve-sur-Lot
Tél./fax : 05 53 40 20 74

49 Maine-et-Loire

Angers

LES GITANES
17, boulevard du Maréchal-Foch, 49000 Angers
Tél. : 02 41 88 22 82

Cholet

MAISON DE LA PRESSE
131, rue Nationale, 49300 Cholet
Tél. : 02 41 62 03 10

TABAC MAG PRESSE
116, rue de Paradis, 49300 Cholet
Tél. : 02 41 65 06 14

Saumur

LA CIVETTE
3, place Bilange, 49400 Saumur
Tél./fax : 02 41 51 14 55

LE DIPLOMATE
9, rue Franklin-Roosevelt, 49400 Saumur
Tél. : 02 41 51 01 08

50 Manche

Barneville-Carteret

TABAC
14, rue de Paris, 50270 Barneville-Carteret
Tél. : 02 33 53 83 93

Cherbourg

LA ROYALE
74 *ter*, rue Emmanuel-Liais, 50100 Cherbourg
Tél. : 02 33 94 92 90

Granville

TABAC DE LA TRANCHÉE
11, rue Georges-Clemenceau, 50400 Granville
Tél. : 02 33 50 07 56

TABAC LE PARISIEN
20, rue Le Campion, 50400 Granville
Tél./fax : 02 33 50 03 09

51 Marne

Châlons-en-Champagne

TABAC LE CUBAIN
1 *bis*, place de la République,
51000 Châlons-en-Champagne
Tél. : 03 26 21 83 98

Épernay

AUX TOURNELLES
1, place de la République, 51200 Épernay
Tél. : 03 26 55 63 38

Reims

LA CHAISE AU PLAFOND
190, avenue d'Épernay, 51100 Reims
Tél. : 03 26 06 09 61

LES COLONNES
69, place Drouet-d'Erlon, 51100 Reims
Tél. : 03 26 47 20 41

LE GALLIA
137, avenue Jean-Jaurès, 51100 Reims
Tél. : 03 26 07 37 96

LA RÉGENCE
44, place Drouet-d'Erlon, 51100 Reims
Tél. : 03 26 47 49 79

52 Haute-Marne

Chaumont

LE PYTHAGORE
8, rue de Verdun, 52000 Chaumont
Tél. : 03 25 32 32 76

53 Mayenne

Laval

LE KHÉDIVE
4, rue de la Paix, 53000 Laval
Tél. : 02 43 56 62 36

54 Meurthe-et-Moselle

Nancy

TABAC DES CARMES
1, rue des Carmes, 54000 Nancy
Tél. : 03 83 35 00 44

TABAC LE ROYAL
1, place Stanislas, 54000 Nancy
Tél. : 03 83 35 17 86

Saint-Max

TABAC AUX PORTES DE SAINT-MAX
18, place Gérard-Barrois, 54130 Saint-Max
Tél. : 03 83 33 14 23

55 Meuse

Verdun

TABAC DU MARCHÉ
4, rue du Pont-des-Augustins, 55100 Verdun
Tél. : 03 29 86 40 26

56 Morbihan

Carnac

LES LÉGENDES
12, place de la Chapelle, 56340 Carnac
Tél. : 02 97 52 02 14

Le Palais

TABAC DES VOÛTES
10 *bis*, avenue Carnot, 56360 Le Palais
Tél. : 02 97 31 49 31

TABAC DU PORT
5, rue Jules-Simon, 56360 Le Palais
Tél. : 02 97 31 81 69

Lorient

AU SULTAN
35, cours de la Bôve, 56100 Lorient
Tél. : 02 97 64 45 90

LE QUAI D'ORSAY
12, place Alsace-Lorraine, 56100 Lorient
Tél. : 02 97 64 28 17

Quiberon

LE ROYAL
11, rue de Verdun, 56170 Quiberon
Tél. : 02 97 30 46 21

Pontivy

LE CALUMET
32, rue Nationale, 56300 Pontivy
Tél. : 02 97 79 12 78

Vannes

LE NARGUILÉ
10, rue Joseph-Le Brix, 56000 Vannes
Tél. : 02 97 47 33 90

57 Moselle

Metz

LE CHAGALL
29, rue Fournirue, 57000 Metz

LE LONGCHAMP
35, place du Quarteau, 57000 Metz
Tél. : 03 87 75 70 21
Fax : 03 87 37 16 44

LA TABATIÈRE
36, rue de la Tête-d'Or, 57000 Metz
Tél. : 03 87 75 05 29

Saint-Avold

TABAC TOLLIER
3, avenue Clemenceau, 57500 Saint-Avold
Tél./fax : 03 87 91 02 21

Sarreguemines

TABAC LEICHTMAN
5, rue de l'Église, 57200 Sarreguemines
Tél./fax : 03 87 98 13 72

Thionville

LE TOTEM
15, route des Romains, 57100 Thionville
Tél. : 03 82 34 21 04

58 Nièvre

Cosne-Cours-sur-Loire

LA CIVETTE
6, boulevard de la République, 58200 Cosne-Cours-sur-Loire
Tél. : 03 86 28 52 38

Nevers

AU PACHA
59, rue François-Mitterrand, 58000 Nevers
Tél. : 03 86 36 80 90

LA MAISON DU FUMEUR
Place Carnot, 58000 Nevers
Tél. : 03 86 61 11 78

59 Nord

Cambrai

LA CIVETTE
3, place Aristide-Briand, 59400 Cambrai
Tél. : 03 27 81 06 42

Dunkerque

LA HAVANE
23, boulevard Alexandre-III, 59240 Dunkerque
Tél. : 03 28 66 87 66

POINT PRESSE
15, rue Paul-Machy, 59240 Dunkerque
Tél. : 03 28 63 23 03

TOTEM SAINTE-BARBE
45, boulevard Sainte-Barbe, 59240 Dunkerque
Tél. : 03 28 66 39 34

Lille

LE KENTUCKY
Centre commercial Euralille, 59777 Lille
Tél. : 03 20 55 72 06

LE KHÉDIVE
7, place Rihour, 59000 Lille
Tél. : 03 20 54 37 82

TABAC BRICE
331, rue Léon-Gambetta, 59000 Lille
Tél. : 03 20 54 62 14
Fax : 03 20 54 76 22

LE VIEUX LILLE
19, rue des Chats-Bossus, 59000 Lille
Tél. : 03 20 55 28 78

Maubeuge

TABAC ONYX
6, place des Nations, 59600 Maubeuge
Tél. : 03 27 65 12 90

Roubaix

LA CIVETTE
12, Grande-Place, 59100 Roubaix
Tél. : 03 20 73 99 23

Valenciennes

LA CIVETTE
35, place d'Armes, 59300 Valenciennes
Tél. : 03 27 46 15 10
Fax : 03 27 46 51 33

Villeneuve-d'Ascq

LA CIVETTE
Centre commercial Villeneuve-2, 59658 Villeneuve-d'Ascq
Tél. : 03 20 47 29 25

60 Oise

Beauvais
LA CIVETTE
7, rue Saint-Pierre, 60000 Beauvais
Tél. : 03 44 45 75 26

Chantilly
LE CENTAURE
47, rue du Connétable, 60500 Chantilly
Tél. : 03 44 57 10 60

Compiègne
LE PALAIS
2, rue des Minimes, 60200 Compiègne
Tél. : 03 44 40 14 88

Creil
LE 421
30, avenue Jules-Uhmy, 60100 Creil
Tél. : 03 44 55 02 91

Lamorlaye
TABAC LE HAVANE
53, place Foch, 60260 Lamorlaye
Tél. : 03 44 21 42 63

61 Orne

Alençon
AU PETIT NÈGRE
37, Grande-Rue-aux-Sieurs, 61000 Alençon
Tél. : 02 33 26 00 26

L'Aigle
TABAC
17, rue Saint-Jean, 61300 L'Aigle
Tél. : 02 33 24 22 87

62 Pas-de-Calais

Arras
AU PACHA
8, rue Ernestale, 62000 Arras
Tél. : 03 21 71 24 71

TABAC LE RÉGENT
4, rue de la Braderie, 62000 Arras
Tél. : 03 21 51 51 73

Béthune

LA CLOCHE D'OR
62, rue d'Arras, 62400 Béthune
Tél. : 03 21 57 06 27

Boulogne-sur-Mer

À LA CIVETTE
69, rue Thiers, 62200 Boulogne-sur-Mer
Tél. : 03 21 31 66 50

LE HAVANE
37, Grande-Rue, 62200 Boulogne-sur-Mer
Tél. : 03 21 83 96 01

Calais

TABAC JACQUARD
57, boulevard Jacquard, 62100 Calais
Tél. : 03 21 34 70 67

Étaples-sur-Mer

TABAC-PRESSE
1, rue de Montreuil, 62630 Étaples-sur-Mer
Tél. : 03 21 94 62 21

Lens

LA CIVETTE
12, rue du Maréchal-Leclerc, 62300 Lens
Tél. : 03 21 28 06 12

Le Touquet

LA CIVETTE DE L'HERMITAGE
Domaine de l'Hermitage, 62520 Le Touquet
Tél. : 03 21 05 03 05

Montreuil-sur-Mer

LA CIVETTE
1, place Gambetta, 62170 Montreuil-sur-Mer
Tél. : 03 21 06 15 29

63 Puy-de-Dôme

Aubière

TABAC
Centre commercial Plein Sud, 63170 Aubière
Tél. : 04 73 27 25 65

Beaumont

L'AFICION
9, rue de l'Hôtel-de-Ville, 63110 Beaumont
Tél. : 04 73 26 64 46

Clermont-Ferrand

TABAC
55, boulevard Pasteur, 63000 Clermont-Ferrand
Tél. : 04 73 93 12 94

TABAC DU GLOBE
5, boulevard Desaix, 63000 Clermont-Ferrand
Tél. : 04 73 35 30 12

64 Pyrénées-Atlantiques

Anglet

LA TABATIÈRE
Galerie marchande BAB-2, 64600 Anglet
Tél. : 05 59 63 53 91
Fax : 05 59 31 09 23

Biarritz

TABAC LE CHEIKH
23, avenue Edouard-VII, 64200 Biarritz
Tél. : 05 59 22 29 69

Pau

TABAC LA CIVETTE
4, rue du Maréchal-Joffre, 64000 Pau
Tél. : 05 59 27 18 64

Saint-Jean-de-Luz

AU GRAND VIZIR
17, place Louis-XIV, 64500 Saint-Jean-de-Luz
Tél. : 05 59 26 38 01
Fax : 05 59 26 77 20

65 Hautes-Pyrénées

Tarbes

LA CIVETTE
14, place Verdun, 65000 Tarbes
Tél. : 05 62 93 19 84

66 Pyrénées-Orientales

Argelès-sur-Mer

TABAC
27, avenue de la Libération, 66700 Argelès-sur-Mer
Tél. : 04 68 81 00 56

Perpignan

LE DRUGSTORE
Centre commercial Masgolte/Auchan, 66000 Perpignan
Tél. : 04 68 54 35 49

TABAC
2, avenue de La Grande-Bretagne, 66000 Perpignan
Tél. : 04 68 35 69 60

67 Bas-Rhin

Haguenau

WERNERT
2, rue du Château, 67500 Haguenau
Tél. : 03 88 73 30 55

Obernai

TABAC
1, rue Chanoine-Gyss, 67210 Obernai
Tél. : 03 88 95 03 90

Ostwald

TABAC KLEIN
26, rue du Maréchal-Foch, 67540 Ostwald
Tél. : 03 88 66 79 10

Saverne

LA RÉGENCE
19, Grande-Rue, 67700 Saverne
Tél. : 03 89 91 64 51

Strasbourg

AU PACHA
8, avenue de La Marseillaise, 67000 Strasbourg
Tél. : 03 88 35 43 58

GÉRARD STYLE ET PLUME
21, rue des Grandes-Arcades, 67000 Strasbourg
Tél. : 03 88 32 12 85
Fax : 03 88 75 62 91

PIP'CIG
14, rue du Vieux-Marché-aux-Poissons, 67000 Strasbourg
Tél. : 03 88 32 60 68

TABAC D'AUSTERLITZ
16/21, rue d'Austerlitz, 67000 Strasbourg
Tél. : 03 88 36 87 69

TABAC DE LA CITÉ
67, rue de Zurich, 67000 Strasbourg
Tél. : 03 88 35 09 38

TABAC NUÉE BLEUE
27, rue de la Nuée-Bleue, 67000 Strasbourg
Tél. : 03 88 23 65 72

TABAC LA RÉGENCE
24, rue du 22-Novembre, 67000 Strasbourg
Tél. : 03 88 32 05 13
Fax : 03 88 21 96 81

68 Haut-Rhin

Colmar

CIVETTE OBRECHT
62, Grande-Rue, 68000 Colmar
Tél. : 03 89 41 87 09

TABAC
5, rue des Serruriers, 68000 Colmar
Tél. : 03 89 24 44 60

Ensisheim

TABAC DE LA GARE
7, rue de la Gare, 68190 Ensisheim
Tél. : 03 89 81 77 16

Mulhouse

LA CIVETTE
11, rue du Sauvage, 68100 Mulhouse
Tél. : 03 89 45 10 64

Ribeauvillé

TABAC-PRESSE
54, Grande-Rue, 68150 Ribeauvillé
Tél. : 03 89 73 82 67

69 Rhône

Lyon

LE DIPLOMATE
99, rue du Président-Herriot, 69002 Lyon
Tél./fax : 04 78 42 38 05

TABAC MERCIÈRE
23, rue Mercière, 69002 Lyon
Tél. : 04 78 37 07 57

LE LIBERTY
32, cours de la Liberté, 69003 Lyon
Tél. : 04 78 60 23 46

TABAC LE MODERNE
78, avenue du Maréchal-de-Saxe, 69003 Lyon
Tél. : 04 72 60 80 95

TABAC DE LA MAIRIE
147, boulevard de la Croix-Rousse, 69004 Lyon
Tél. : 04 78 28 41 89

TABAC DES COLONNES
22, quai Romain-Rolland, 69005 Lyon
Tél. : 04 78 37 20 93

LA CIVETTE DU PHARAON
70, quai Charles-de-Gaulle,
Cité internationale, 69006 Lyon
Tél. : 04 78 17 53 60

LA ESCOGIDA
2, place Jules-Ferry, 69006 Lyon
Tél. : 04 78 52 82 25

LE NARVAL LUGDUNUM CIGARE
11, avenue de Grande-Bretagne, 69006 Lyon
Tél./fax : 04 78 93 09 92

70 Haute-Saône

Luxeuil

TABAC
17, rue Victor-Genoux 70300 Luxeuil
Tél. : 03 84 40 00 10

71 Saône-et-Loire

Autun

TABAC DU PASSAGE COUVERT
12, passage Couvert, 71400 Autun
Tél. : 03 85 52 36 63

Chalon-sur-Saône

LE PACHA
10, boulevard de la République, 71100 Chalon-sur-Saône
Tél. : 03 85 48 14 68
Fax : 03 85 93 46 21

Montceau-les-Mines

LE KHÉDIVE
4, rue de la République, 71300 Montceau-les-Mines
Tél. : 03 85 57 23 76

Saint-Marcel

BOUTIQUE DU 56
56, rue des Chavannes, 71380 Saint-Marcel
Tél. : 03 85 48 19 15

72 Sarthe

Le Mans

LA CIVETTE
44, place de la République, 72000 Le Mans
Tél. : 02 43 28 24 93

73 Savoie

Albertville

LE MARYLAND
106, rue de la République, 73200 Albertville
Tél. : 04 79 32 26 31

Aix-les-Bains

TABAC
79, boulevard Wilson, 73100 Aix-les-Bains
Tél. : 04 79 35 27 31

Bourg-Saint-Maurice

LE PREMIUM
75, Grande-Rue, 73700 Bourg-Saint-Maurice
Tél. : 04 79 07 04 39

Chambéry

LE BRAZZA
135, rue Sommeiller, 73000 Chambéry
Tél. : 04 79 69 34 24

TABAC LE NARVAL
134, place Saint-Léger, 73000 Chambéry
Tél. : 04 79 85 71 40

Courchevel

LES MARMOTTES
Courchevel 1650, 73120 Courchevel
Tél. : 04 79 08 26 42

Méribel-les-Allues

TABAC DES CIMES
Galerie des Cimes, 73550 Méribel-les-Allues
Tél. : 04 79 08 63 01

Val-d'Isère

L'ALYSON
Le Thouex, 73150 Val-d'Isère
Tél. : 04 79 06 26 09

74 Haute-Savoie

Annecy

AU PALAIS DE L'ISLE
1, place Saint-François-de-Sales, 74000 Annecy
Tél. : 04 50 45 15 12

HAVANA BOUTIQUE
37, avenue du Parmelan, 74000 Annecy
Tél. : 04 50 45 34 23

LE HAVANE
34, rue Carnot, 74000 Annecy
Tél. : 04 50 45 36 91

Les Gets

TABAC-PRESSE
Place de la Mairie, 74260 Les Gets
Tél. : 04 50 79 71 68

Megève

LE SAINT-PAUL
43, quai du Prieuré, 74120 Megève
Tél. : 04 50 91 93 03

LE TRÈFLE À 4 FEUILLES
136, rue Charles-Feige, 74120 Megève
Tél. : 04 50 21 03 70

75 Paris

1er arrondissement

À LA CIVETTE
157, rue Saint-Honoré, 75001 Paris
Tél. : 01 42 96 04 99
Fax : 01 42 60 44 78

LE CORONA
30, quai du Louvre, 75001 Paris
Tél. : 01 42 36 88 85

TABAC DES PETITS CHAMPS
43, rue des Petits-Champs, 75001 Paris
Tél. : 01 42 97 54 09

TABAC DU CHÂTELET
8, rue Saint-Denis, 75001 Paris
Tél. : 01 42 36 74 15

TABATIÈRE SAINT-HONORÉ
1, rue du Marché-Saint-Honoré, 75001 Paris
Tél. : 01 42 60 43 36

2e arrondissement

LE CALUMET DES HALLES
47, rue de Montorgueil, 75002 Paris
Tél. : 01 42 21 91 53

LE LOSANGE
150, rue Saint-Denis, 75002 Paris
Tél. : 01 42 33 52 87

TABAC LE GAILLON
2, rue de la Michodière, 75002 Paris
Tél. : 01 47 42 54 16

LA TABATIÈRE DES GRANDS BOULEVARDS
17, boulevard Montmartre, 75002 Paris
Tél. : 01 42 96 55 94

3e arrondissement
CIVETTE BEAUMARCHAIS
113, boulevard Beaumarchais, 75003 Paris
Tél. : 01 40 27 90 18

4e arrondissement
CIVETTE DE LA BASTILLE
4, rue de la Bastille, 75004 Paris
Tél. : 01 48 04 91 33

TABAC DES VOSGES
25, rue de Turenne, 75004 Paris
Tél. : 01 40 27 06 18

LA TABATIÈRE DU MARAIS
17, rue François-Miron, 75004 Paris
Tél. : 01 42 78 18 46

5e arrondissement
LE CORONA
21, boulevard Saint-Michel, 75005 Paris
Tél. : 01 43 54 35 08

TABAC
9, rue Blainville, 75005 Paris
Tél. : 01 43 54 22 95

TABAC LE TWICKENAM
68, boulevard Saint-Germain, 75005 Paris
Tél. : 01 43 54 52 44

TABAC NOTRE-DAME
3, rue Lagrange, 75005 Paris
Tél. : 01 46 34 70 04

6e arrondissement
LE BRAZZA
9, rue de Sèvres, 75006 Paris
Tél. : 01 45 48 56 20

CÔTÉ TABAC
20, rue Littré, 75006 Paris
Tél. : 01 45 48 00 87

LE QUÉBEC
45, rue Bonaparte, 75006 Paris
Tél. : 01 43 26 00 11

LA TABATIÈRE ODÉON
128, boulevard Saint-Germain, 75006 Paris
Tél. : 01 46 34 21 89

TABAC RENNES
111, rue de Rennes, 75006 Paris
Tél. : 01 42 22 35 46

TABAC SAINT-MICHEL
22, rue Saint-André-des-Arts, 75006 Paris
Tél. : 01 46 33 08 08

7e arrondissement

LE CENTENAIRE
69, rue Saint-Dominique, 75007 Paris
Tél. : 01 47 05 80 57

LA CIVETTE DE L'ALMA
15, avenue Rapp, 75007 Paris
Tél. : 01 47 05 33 89
Fax : 01 47 05 39 28

TABAC
23, avenue de La Motte-Picquet, 75007 Paris
Tél. : 01 40 62 92 54

TABAC
16, rue des Saints-Pères, 75007 Paris
Tél. : 01 42 60 20 54

TABAC DE L'ASSEMBLÉE
13, rue de Bourgogne, 75007 Paris
Tél. : 01 45 51 62 07

8e arrondissement

CIVETTE WAGRAM
8, avenue de Wagram, 75008 Paris
Tél. : 01 45 72 47 78

HAVANA BEAUVAU ÉLYSÉES
5, rue Mirosmesnil, 75008 Paris
Tél. : 01 47 42 19 81

LE LOTUS
4, rue de l'Arcade, 75008 Paris
Tél. : 01 42 65 35 36

TABAC DRUGSTORE CHAMPS-ÉLYSÉES
133, avenue des Champs-Élysées, 75008 Paris
Tél. : 01 44 43 76 28

TABAC GEORGE-V
22, avenue George-V, 75008 Paris
Tél. : 01 47 23 44 75
Fax : 01 47 23 84 82

LE VALOIS
1, place Rio-de-Janeiro, 75008 Paris
Tél. : 01 42 25 03 85

LE WEEK-END
3, rue Washington, 75008 Paris
Tél. : 01 45 63 45 49

9e arrondissement

LE CIGARIUM
14, rue de Sèze, 75009 Paris
Tél. : 01 44 51 97 87

10e arrondissement

LA CAVE À CIGARES
4, boulevard de Denain, 75010 Paris
Tél. : 01 42 81 05 51

11e arrondissement

LE GALLIA
39, rue Saint-Ambroise, 75011 Paris
Tél. : 01 43 57 89 13

TABAC BASTILLE
21, rue Daval, 75011 Paris
Tél. : 01 53 36 03 51

TABAC LE ROYAL NATION
2, avenue Philippe-Auguste, 75011 Paris
Tél. : 01 43 73 59 82

LE VOLTAIRE
130, boulevard Voltaire, 75011 Paris
Tél. : 01 43 79 20 09

12e arrondissement

LA CIVETTE DAUMESNIL
242, avenue Daumesnil, 75012 Paris
Tél. : 01 43 43 72 24

LA CIVETTE DE BERCY
4, passage Saint-Émilion, 75012 Paris
Tél. : 01 43 46 13 91

LA CIVETTE DORÉE
3, boulevard Soult, 75012 Paris
Tél. : 01 43 40 32 72

TABAC DU CANON
2, place de la Nation, 75012 Paris
Tél. : 01 43 45 08 96

TABAC LE BERCY
6, rue Chambertin, 75012 Paris
Tél. : 01 43 43 59 08

13e arrondissement

LA BOUFFARDE
124, rue de Tolbiac, 75013 Paris
Tél. : 01 53 79 18 22

TABAC LA TABACASE
Centre commercial Italie-2, 75013 Paris
Tél. : 01 45 80 97 70
Fax : 01 45 88 53 74

LE TABARIUM
27, avenue des Gobelins, 75013 Paris
Tél. : 01 47 07 11 51

14e arrondissement

ART TABAC
2, place de Catalogne, 75014 Paris
Tél. : 01 40 47 66 50

LA CIVETTE D'ALÉSIA
220, avenue du Maine, 75014 Paris
Tél. : 01 45 40 41 78

LE MARYLAND
108, rue Didot, 75014 Paris
Tél. : 01 45 39 50 82

15e arrondissement

CIVETTE EURYALE
16, rue Linois, 75015 Paris
Tél. : 01 45 75 55 81

LE ROYAL CAMBRONNE
2, place Cambronne, 75015 Paris
Tél. : 01 47 34 21 65

TABAC LE CHAMOIS
355, rue de Vaugirard, 75015 Paris
Tél. : 01 48 28 45 49

TABAC LA GITANE
47, boulevard de Grenelle, 75015 Paris
Tél. : 01 45 78 74 70

TABAC DE LA TOUR
33, avenue du Maine, 75015 Paris
Tél. : 01 40 47 65 38

LES VOLUTES
114, rue de la Convention, 75015 Paris
Tél. : 01 45 57 14 68

16e arrondissement

BOUTIQUE 22
22, avenue Victor-Hugo, 75116 Paris
Tél. : 01 45 01 81 41
Fax : 01 45 01 75 20

LA CIVETTE D'AUTEUIL
37, rue Chanez, 75016 Paris
Tél. : 01 46 51 64 36

FLOR DE CUBA
1, avenue Raymond-Poincaré, 75116 Paris
Tél. : 01 47 04 90 50

LE LAMARTINE
182, avenue Victor-Hugo, 75016 Paris
Tél. : 01 45 53 85 06

MAISON LEMAIRE
59, avenue Victor-Hugo, 75116 Paris
Tél. : 01 45 00 75 63
Fax : 01 45 01 70 65

LE MOULIN D'AUTEUIL
75 *bis*, rue d'Auteuil, 75016 Paris
Tél. : 01 46 51 05 32

LE RAYNOUARD
12, rue de Boulainvilliers, 75016 Paris
Tél. : 01 42 88 21 84

TABAC BRUSSEL'S CAFÉ
71, boulevard Exelmans, 75016 Paris
Tél. : 01 46 51 24 33

TABAC DE LA MAIRIE
66, avenue de la Pompe, 75016 Paris
Tél. : 01 45 04 54 50

TABAC DU TERMINUS
8, place de la Porte-de-Saint-Cloud, 75016 Paris
Tél. : 01 46 51 49 44

LA VITOLE
126, boulevard Murat, 75016 Paris
Tél. : 01 45 27 40 34

17e arrondissement
LE CALUMET
145, avenue de Villiers, 75017 Paris
Tél./fax : 01 47 64 08 33

LE CENTRAL
65, rue de Prony, 75017 Paris
Tél./fax : 01 47 66 74 51

CIVETTE ARÔME
17, avenue Mac-Mahon, 75017 Paris
Tél. : 01 43 80 22 65

LA CIVETTE PÉREIRE
210, boulevard Péreire, 75017 Paris
Tél. : 01 45 74 33 20

TABAC LE COURCELLES
94, boulevard de Courcelles, 75017 Paris
Tél. : 01 47 63 23 52

TABAC LE MAILLOT
78, avenue de la Grande-Armée, 75017 Paris
Tél. : 01 45 74 41 42

TABAC L'ORÉE DES CHAMPS
35, avenue des Ternes, 75017 Paris
Tél. : 01 43 80 20 73

TABAC DE LA PLACE PÉREIRE
123, boulevard Péreire, 75017 Paris
Tél. : 01 46 22 14 65

18e arrondissement

LE CALUMET
29, rue Ramey, 75018 Paris
Tél. : 01 42 23 65 69

LE SACRÉ-CŒUR
13, rue de Steinkerque, 75018 Paris
Tél. : 01 42 51 60 33

TABAC DACALOR
1 *bis*, rue Ravignant, 75018 Paris
Tél. : 01 46 06 50 00

19e arrondissement

LE CADRE NOIR
38, rue de Joinville, 75019 Paris
Tél. : 01 40 36 52 84

LE LONGCHAMP
2, rue de Meaux, 75019 Paris
Tél. : 01 42 41 42 83

TABAC PANTIN
212, avenue Jean-Jaurès, 75019 Paris
Tél. : 01 42 49 76 02

20e arrondissement

BRASSERIE SAINT-GERMAIN
120, rue de Bagnolet, 75020 Paris
Tél. : 01 43 71 62 66

CIVETTE PELLEPORT
127, avenue Gambetta, 75020 Paris
Tél. : 01 46 32 61 55

TABAC
11, place Gambetta, 75020 Paris
Tél. : 01 43 49 05 25

76 Seine-Maritime

Dieppe

TABAC DU CASINO
35, rue de la Barre, 76200 Dieppe
Tél. : 02 35 84 19 81

TABAC LE HAVANE
7, rue de la Monnière, 76200 Dieppe
Tél. : 02 35 84 20 03

Fécamp

AU GROS LOT
21-23, rue André-Paul-Leroux, 76400 Fécamp
Tél. : 02 35 28 24 60

Le Havre

TABAC DE LA BOURSE
35, rue Jules-Siegfried, 76600 Le Havre
Tél. : 02 35 41 29 95

TABAC DE L'HÔTEL DE VILLE
104, boulevard de Strasbourg, 76600 Le Havre
Tél./fax : 02 35 42 66 07

Rouen

CIVETTE JEANNE-D'ARC
49, rue Jeanne-d'Arc, 76000 Rouen
Tél./fax : 02 35 71 01 62

LA CIVETTE
27, place de la Cathédrale, 76000 Rouen
Tél. : 02 35 88 94 09

77 Seine-et-Marne

Barbizon

MAISON DE LA PRESSE
50, rue Grande, 77630 Barbizon
Tél. : 01 60 66 51 05

Fontainebleau

TABAC DU CARROUSEL
25, place Bonaparte, 77300 Fontainebleau
Tél. : 01 64 70 95 76

TABAC DE LA MAIRIE
28, rue Grande, 77300 Fontainebleau
Tél. : 01 64 22 52 81

Lagny-sur-Marne
LA CIVETTE DE LAGNY
21, rue du Chemin-de-Fer, 77400 Lagny-sur-Marne
Tél. : 01 64 30 28 69

Lieusaint
LA CIVETTE DE MÉDICIS
Centre commercial Carré-Sénart, 77127 Lieusaint
Tél. : 01 60 18 04 25

Meaux
LA CIVETTE DE LA CATHÉDRALE
31, rue Saint-Étienne, 77100 Meaux
Tél. : 01 64 34 34 66

Melun
LA CIVETTE SAINT-JEAN
3, place Saint-Jean, 77000 Melun
Tél. : 01 64 09 53 79

Ozoir-la-Ferrière
TABAC DE LA MAIRIE
44, avenue du Général-de-Gaulle, 77330 Ozoir-la-Ferrière
Tél. : 01 60 02 91 36

Serris
NUAGE ET PLUME
Centre commercial Europe, 77400 Serris
Tél. : 01 64 63 27 73

Vert-Saint-Denis
LE BALTO
18, rue Pasteur, 77240 Vert-Saint-Denis
Tél. : 01 60 63 37 85

78 Yvelines

Chambourcy
LE CALUMET
Centre commercial Carrefour, 78240 Chambourcy
Tél. : 01 39 65 35 60

Conflans-Sainte-Honorine
LA TABATIÈRE
28, rue Maurice-Bertaux, 78700 Conflans-Sainte-Honorine
Tél. : 01 39 72 42 42

Croissy-sur-Seine
LES IMPRESSIONNISTES
21, boulevard Hostachy, 78290 Croissy-sur-Seine
Tél. : 01 39 76 18 36

Houdan
LE PARIS
44, rue de Paris, 78550 Houdan
Tél./fax : 01 30 59 60 54

Le Chesnay
LE CIGARE ET LA PLUME
Centre commercial Parly-II, 78150 Le Chesnay
Tél. : 01 39 54 60 11

Le Vésinet
LE FOCH
7, rue du Maréchal-Foch, 78110 Le Vésinet
Tél. : 01 39 76 13 02

TABAC LES CHARMETTES
15, route de Montesson, 78110 Le Vésinet
Tél. : 01 39 52 02 41

Maison-Laffite
TABAC LEMMANON
1, avenue Charles-de-Gaulle, 78600 Maison-Laffite
Tél. : 01 39 62 00 69

Mantes-la-Jolie
LE HAVANE
31, rue Porte-aux-Saints, 78200 Mantes-la-Jolie
Tél. : 01 34 77 05 37

Montesson
TABAC GALLIA
Centre commercial Carrefour
280, avenue Gabriel-Péri, 78360 Montesson
Tél. : 01 39 14 81 02

Orgeval
TABAC
Centre commercial Art de Vivre, 78630 Orgeval
Tél. : 01 39 75 62 86

Plaisir
TOTEM
Centre commercial Auchan Grand-Plaisir, 78370 Plaisir
Tél. : 01 30 54 60 85

Rambouillet

LA CIVETTE DU BEL AIR
Centre commercial Carrefour, 78120 Rambouillet
Tél. : 01 34 85 61 63

LA CIVETTE DU PARC
4, place Félix-Faure, 78120 Rambouillet
Tél. : 01 30 88 60 39

TABAC
59, rue du Général-de-Gaulle, 78120 Rambouillet
Tél. : 01 34 83 04 53

Saint-Germain-en-Laye

LE SAINT-MALO
18, place Charles-de-Gaulle, 78100 Saint-Germain-en-Laye
Tél. : 01 34 51 07 18

TABAC LE CADRE NOIR
6, rue du Vieux-Marché, 78100 Saint Germain-en-Laye
Tél. : 01 34 51 24 93

Saint-Quentin-en-Yvelines

TABAC
1, passage des Lombards, 78885 Saint-Quentin-en-Yvelines
Tél. : 01 30 57 12 94

Vélizy-Villacoublay

LA CAPE DE FEU
Centre commercial Vélizy-2, 78140 Vélizy-Villacoublay
Tél. : 01 34 65 90 74
Fax : 01 39 46 10 19

Versailles

AU CHAT QUI PRISE
57, rue de la Paroisse, 78000 Versailles
Tél. : 01 39 50 11 72

LA CIVETTE DU PARC
17, rue des Réservoirs, 78000 Versailles
Tél. : 01 39 50 18 14

LA CIVETTE ROYALE
45, rue Carnot, 78000 Versailles
Tél. : 01 39 51 09 82

LA HAVANE
21, rue Hoche, 78000 Versailles
Tél. : 01 39 50 66 11

79 Deux-Sèvres

Niort

LA CIVETTE
31, rue Ricard, 79000 Niort
Tél. : 05 49 24 01 29

80 Somme

Amiens

AU PACHA
1, rue des Trois-Cailloux, 80000 Amiens
Tél./fax : 03 22 91 31 74

TABAC DE LA TOUR
31, place Alphonse-Fiquet, 80000 Amiens
Tél./fax : 03 22 91 77 98

81 Tarn

Albi

TABAC DU STADE
Rond-point de Gesse, 81000 Albi
Tél. : 05 63 54 18 73

Castres

TOTEM
34, place de l'Albinque, 81100 Castres
Tél. : 05 63 59 17 98

Mazamet

TABAC
73, rue des Cordes, 81200 Mazamet
Tél. : 05 63 98 63 54

82 Tarn-et-Garonne

Montauban

LA CIVETTE
1, rue de la République, 82000 Montauban
Tél. : 05 63 20 25 97

83 Var

Brignolles

LE LONGCHAMP
Rue de Vitry, 83170 Brignolles
Tél. : 04 94 69 01 55

Cogolin

TABAC LA FOUX
RN 98, 83310 Cogolin
Tél. : 04 94 43 46 09

Le Lavandou

ART ET FUMÉE
7, rue Charles-Cazin, 83980 Le Lavandou
Tél. : 04 94 71 34 72

Le Rayol-Canadel

TABAC DU MAURIN
Le Canadel, 83820 Le Rayol-Canadel
Tél. : 04 94 05 68 35

Sainte-Maxime

TABAC DE LA POSTE
4, place Louis-Blanc, 83120 Sainte-Maxime
Tél. : 04 94 96 31 21

LES DAUPHINS
30, avenue Charles-de-Gaulle, 83120 Sainte-Maxime
Tél. : 04 94 43 89 63

Saint-Raphaël

TABAC DE L'AVIATION
32, rue Alexandre-Karr, 83700 Saint-Raphaël
Tél. : 04 94 95 07 52

TABAC DE LA MAIRIE
2, rue Gambetta, 83700 Saint-Raphaël
Tél. : 04 94 95 05 61

Saint-Tropez

LA RÉGENCE
34, rue Georges-Clemenceau, 83990 Saint-Tropez
Tél. : 04 94 97 01 86

TABAC LE TOTEM
7, place de la Croix-de-Fer, 83990 Saint-Tropez
Tél. : 04 94 97 02 70

Sanary

LE NAUTIQUE
6, quai de Gaulle, 83110 Sanary
Tél. : 04 97 74 00 64

Toulon

LE RACINE
69, rue Jean-Jaurès, 83000 Toulon
Tél. : 04 94 92 36 49

84 Vaucluse

Avignon

LA MAISON DU FUMEUR
16, rue Saint-Agricol, 84000 Avignon
Tél. : 04 90 82 50 03

LA HAVANE
14, rue de la République, 84000 Avignon
Tél. : 04 90 82 04 97

Cavaillon

TABAC DE LA CHANCE
36, place du Clos, 84300 Cavaillon
Tél. : 04 90 71 32 04

Le Pontet

CAVE À CIGARE
Centre commercial Auchan, 84130 Le Pontet
Tél. : 04 90 31 49 01

Vaison-la-Romaine

TABAC TIAN
12, rue de la République, 84110 Vaison-la-Romaine
Tél. : 04 90 36 05 56

85 Vendée

Fontenay-le-Comte

LA MAISON DU FUMEUR
73, rue de la République, 85200 Fontenay-le-Comte
Tél. : 02 51 69 07 71

Les Sables-d'Olonne

LA CIVETTE
5, place du Poilu-de-France, 85100 Les Sables-d'Olonne
Tél. : 02 51 32 01 22

TABAC DU REMBLAI
5, promenade Lafargue, 85100 Les Sables-d'Olonne
Tél. : 02 51 21 08 73

86 Vienne

Châtellerault

LA CIVETTE
1, rue Saint-Jean, 86100 Châtellerault
Tél. : 05 49 21 07 10

Poitiers

AU VIZIR
15, rue du Chaudron-d'Or, 86000 Poitiers
Tél. : 05 49 88 21 89

LA CIVETTE
55, rue de la Marne, 86000 Poitiers
Tél. : 05 49 41 16 23

87 Haute-Vienne

Boisseul

LE TOTEM
Centre commercial Carrefour, 87220 Boisseul
Tél. : 05 55 06 00 86

Limoges

LE CAMPUS
117, rue d'Isle, 87000 Limoges
Tél. : 05 55 01 55 61

LE MARIGNY
23, avenue du Général-de-Gaulle, 87000 Limoges
Tél. : 05 55 79 75 96

LE TABACUM
8 *bis*, rue Adrien-Dubouché, 87000 Limoges
Tél. : 05 55 33 50 47

88 Vosges

Charmes

TABAC
3, place Henri-Breton, 88130 Charmes
Tél. : 03 29 38 10 48

Épinal

AU KHÉDIVE
32, rue des Petites-Boucheries, 88000 Épinal
Tél. : 03 29 82 03 42

LE CADRE NOIR
10, rue Georges-de-la-Tour, 88000 Épinal
Tél. : 03 29 35 17 71
Fax : 03 29 35 64 97

Saint-Dié

LE DAUPHIN
17, rue Dauphine, 88100 Saint-Dié
Tél. : 03 29 56 25 25

LE LUTÉTIA
60, rue Thiers, 88100 Saint-Dié
Tél. : 03 29 56 23 83

89 Yonne

Auxerre

TABAC DE L'HORLOGE
3, rue de l'Horloge, 89000 Auxerre
Tél. : 03 86 52 60 54

Avallon

LA CIVETTE
1, rue Tour-du-Magasin, 89200 Avallon
Tél. : 03 86 34 15 26

Champs-sur-Yonne

TABAC
Centre commercial, 89290 Champs-sur-Yonne
Tél. : 03 86 53 30 17

Joigny

TABAC DES SPORTS
2 *bis*, avenue Gambetta, 89300 Joigny
Tél. : 03 86 62 07 32

Sens

TABAC DES DEUX-PONTS
6, avenue Lucien-Cornet, 89100 Sens
Tél./fax : 03 86 64 53 87

Toucy

MAISON DE LA PRESSE
1, rue Lucille-Cormier, 89130 Toucy
Tél./fax : 03 86 44 06 42

90 Territoire-de-Belfort

Belfort

LA HAVANE
58, faubourg de France, 90000 Belfort
Tél. : 03 84 21 81 77

Giromagny

TABAC SHOP
72, faubourg de Belfort, 90200 Giromagny
Tél. : 03 84 29 53 45

91 Essonne

Arpajon

LE COMPTOIR DU TABAC
43, Grande-Rue, 91290 Arpajon
Tél. : 01 64 94 80 51

Étampes

LE LOCHNESS
77, rue de la République, 91150 Étampes
Tél. : 01 64 94 80 51

Évry

LES 2 MÉGOTS
Centre commercial Évry-2 Agora, 91000 Évry
Tél. : 01 60 77 25 22

Les Ulis

LE HAVANE
Centre commercial Les Ulis-2, 91940 Les Ulis
Tél. : 01 69 07 72 80

Villemoisson-sur-Orge

LE VILLEMOISSON
123, route de Corbeil, 91360 Villemoisson-sur-Orge
Tél. : 01 69 25 21 20

92 Hauts-de-Seine

Antony

J'AI DU BON TABAC
1, avenue Aristide-Briand, 92160 Antony
Tél. : 01 46 66 01 14

Boulogne-Billancourt

LE HAVANE
50, avenue Jean-Baptiste-Clément,
92100 Boulogne-Billancourt
Tél. : 01 46 05 98 28

LE NARVAL
142, route de la Reine, 92100 Boulogne-Billancourt
Tél. : 01 46 05 09 53

Châtenay-Malabry

L'ÉCOLE CENTRALE
7, avenue de la Division-Leclerc,
92290 Châtenay-Malabry
Tél. : 01 46 60 60 82
Fax : 01 47 02 81 41

Clichy

ARVEN STORE
95, boulevard Victor-Hugo, 92110 Clichy
Tél. : 01 47 39 10 48

Courbevoie

L'ATMOSPHÈRE
5, rue de l'Abreuvoir, 92400 Courbevoie
Tél. : 01 43 33 00 85

TABAC
Centre commercial Charras
3, rue Baudin, 92400 Courbevoie
Tél. : 01 47 88 23 76
Fax : 01 46 67 34 06

Garches

TABAC LES MARÉCHAUX
2, avenue du Maréchal-Joffre, 92380 Garches
Tél. : 01 47 41 33 56

Issy-les-Moulineaux

LE FUMOIR
4, place Paul-Vaillant-Couturier, 92130 Issy-les-Moulineaux
Tél. : 01 40 93 55 30

La Garenne-Colombes

TABAC DE L'HÔTEL DE VILLE
12, rond-point du Souvenir-Français,
92250 La Garenne-Colombes
Tél. : 01 42 42 21 75

Levallois-Perret

TABAC DU MARCHÉ
31, rue Carnot, 92300 Levallois-Perret
Tél. : 01 47 57 41 77

TABAC LE NARVAL
120, rue Anatole-France, 92300 Levallois-Perret
Tél. : 01 47 58 60 72

Montrouge

LE PETIT PARIS
39, avenue de la République, 92120 Montrouge
Tél. : 01 46 56 99 98

Nanterre

TABAC LA CIVETTE DU PARC
11, esplanade Charles-de-Gaulle, 92000 Nanterre
Tél. : 01 47 25 93 14

Neuilly-sur-Seine

LE BRAZZA
13, rue du Château, 92200 Neuilly-sur-Seine
Tél. : 01 46 24 08 56

LE CELTIQUE
221, avenue Charles-de-Gaulle, 92200 Neuilly-sur-Seine
Tél. : 01 46 24 81 97

LE PARIS NEUILLY
21, rue de Sablonville, 92200 Neuilly-sur-Seine
Tél. : 01 46 24 94 01

TABAC LA CIVETTE DE NEUILLY
105, avenue Charles-de-Gaulle, 92200 Neuilly-sur-Seine
Tél. : 01 46 40 03 21

Puteaux-La Défense

TABAC DU CNIT
Les Boutiques du CNIT, 92053 Puteaux-La Défense
Tél. : 01 46 98 08 80

TABAC DES 4 TEMPS
Centre commercial Les Quatre-Temps,
92092 Puteaux-La Défense
Tél. : 01 47 74 75 28
Fax : 01 46 98 04 59

Rueil-Malmaison

LE TABALIRE
103, avenue Paul-Doumer, 92500 Rueil-Malmaison
Tél. : 01 47 51 54 52

Sceaux

LE SAINT-CLAUDE
35, rue de Houdan, 92330 Sceaux
Tél. : 01 47 02 30 36

93 Seine-Saint-Denis

Aulnay-sous-Bois

TABAC
Centre commercial Parinor, 93600 Aulnay-sous-Bois
Tél. : 01 48 67 03 34

TABAC
1, boulevard de Strasbourg, 93600 Aulnay-sous-Bois
Tél. : 01 48 66 61 57

Livry-Gargan

LA CIVETTE
4, boulevard de Chanzy, 93190 Livry-Gargan
Tél. : 01 43 02 43 15

Les Lilas

LE CALUMET
76/82, rue de Paris, 93260 Les Lilas
Tél. : 01 43 63 35 65

Noisy-le-Grand

LA CIVETTE DES ARCADES
Centre commercial des Arcades, 93193 Noisy-le-Grand
Tél. : 01 45 92 02 25

94 Val-de-Marne

Bry-sur-Marne
TABAC TOTEM
81, boulevard Gallieni, 94360 Bry-sur-Marne
Tél. : 01 45 16 29 29

Champigny-sur-Marne
TABAC DE LA MAIRIE
4, rue Louis-Talamoni, 94500 Champigny-sur-Marne
Tél. : 01 47 06 21 83

Charenton-le-Pont
CIVETTE DE LA COUPOLE
3, place des Marseillais, 94220 Charenton-le-Pont
Tél. : 01 48 93 13 34

TABAC DE LA MAIRIE
50, rue de Paris, 94220 Charenton-le-Pont
Tél. : 01 43 68 02 80

Créteil
TABAC LE CALUMET
Centre commercial Créteil-Soleil, 94000 Créteil
Tél. : 01 49 80 04 93

Ivry-sur-Seine
TABAC ESPACE GB
Centre commercial Grand-Ciel, 94200 Ivry-sur-Seine
Tél. : 01 46 72 13 68

Le Perreux-sur-Marne
TABAC L'AVENUE
48, boulevard de la Liberté, 94170 Le Perreux-sur-Marne
Tél. : 01 43 24 05 42

La Varenne-Saint-Hilaire
L'ÉTINCELLE
86, avenue du Bac, 94210 La Varenne-Saint-Hilaire
Tél. : 01 48 83 10 36

Maisons-Alfort
AU PETIT CAPORAL
18, avenue du Général-de-Gaulle, 94700 Maisons-Alfort
Tél. : 01 43 68 10 85

LA CIVETTE
29, avenue de la République, 94700 Maisons-Alfort
Tél. : 01 43 53 02 91

Nogent-sur-Marne
TABAC
93, grande rue Charles-de-Gaulle,
94130 Nogent-sur-Marne
Tél. : 01 48 73 04 48

Ormesson-sur-Marne
TABAC LE CIGARE ET LA FLAMME
85, route de Provins, 94490 Ormesson-sur-Marne
Tél. : 01 45 76 96 02

Saint-Mandé
LE FONTENOY
7, place Charles-Digeon, 94160 Saint-Mandé
Tél. : 01 43 28 32 46

Saint-Maur-des-Fossés
LA CIVETTE DU PARC
3 *bis*, avenue Foch, 94100 Saint-Maur-des-Fossés
Tél. : 01 48 83 01 67

Vincennes
LE DRAPEAU
18, avenue de Paris, 94300 Vincennes
Tél. : 01 43 28 69 58

TABAC DE LA TOURELLE
170, avenue de Paris, 94300 Vincennes
Tél. : 01 43 28 39 49

95 Val-d'Oise

Cergy
LA PIERRE À BRIQUET
Centre commercial des Trois-Fontaines, 95000 Cergy
Tél. : 01 34 43 17 37

Eaubonne
TABAC DES SPORTS
35, rue Gabriel-Péri, 95600 Cergy
Tél. : 01 39 59 02 19

L'Isle-Adam
LE BALTO
40, Grande-Rue, 95290 L'Isle-Adam
Tél. : 01 34 69 00 89

Montmorency
LE DISQUE BLEU
8, place Levanneur, 95160 Montmorency
Tél. : 01 39 64 95 28

Pontoise
LE MARIGNY
4, place du Général-de-Gaulle, 95300 Pontoise
Tél. : 01 30 32 01 00

Saint-Leu-la-Forêt
LE TERMINUS
47, avenue de la Gare, 95320 Saint-Leu-la-Forêt
Tél. : 01 39 95 01 92

Soisy-sous-Montmorency
TABAC LE SOISY
7, place Sestre, 95230 Soisy-sous-Montmorency
Tél. : 01 34 17 57 10

PRINCIPAUTÉ DE MONACO

CAFÉ DE PARIS
Place du Casino, 98000 Monaco
Tél. : 00 377 92 16 20 00

DAVIDOFF
Galerie du Métropole, 4, avenue de la Madone
98000 Monaco
Tél. : 00 377 97 77 55 66

LE KHÉDIVE
9, boulevard Albert-Ier, 98000 Monaco
Tél. : 00 377 93 30 29 33

LA RÉGENCE
28, avenue de la Costa, 98000 Monaco
Tél. : 00 377 93 50 31 09

les civettes en Europe

ALLEMAGNE

Aix-la-Chapelle

PFEIFEN-SCHNEIDERWIND
Krämerstrasse 13-15, PLZ 52062 Aachen
Tél. : 00 49 241 308 37

EL PURO – CIGARRENLOUNGE
Marienbongard 24-28, PLZ 52062 Aachen
Tél. : 00 49 241 40 14 666

Augsburg

NO.7 DIE ADRESSE FÜR KENNER
Steingasse 7, PLZ 86150 Augsburg
Tél. : 00 49 821 51 78 78

Bad Reichenhall

EDUARD AKERMANN
Ludwigstr. 20, 83435 Bad Reichenhall
Tél. : 00 49 8651 2577

Bad Salzuflen

CIGARREN, LEBENS-ART & CIE
Brüderstraße 5, 32105 Bad Salzuflen
Tél. : 00 49 5222 368770

Bamberg

ZIGARRENHAUS PETER WEINIG
Hauptwachstrass 17, PLZ 960 47 Bamberg
Tél. : 00 49 951 962 35 16

Bensheim

RAUCHKULTUR SEILER
Bahnhofstraße 19, 64625 Bensheim
Tél. : 00 49 6251 849696

Berlin

CASA DEL HABANO
Fasanenstrasse 9-10, PLZ 10623 Berlin
Tél. : 00 49 30 31 10 36 46

KRØHAN, BRESS & Co.KG
Ackerstraße 145, PLZ 10115 Berlin
Tél. : 00 49 3030874892

RESIDENCIA DEL TABACO
Karl-Liebknecht-Strasse 3, PLZ 10178 Berlin
Tél. : 00 49 30 978 942 74

TABAK & PULVER
Reihnstrasse 42, PLZ 12161 Berlin
Tél. : 00 49 30 851 57 32

VEGABANA
Los-Angeles-Platz 1, PLZ 10789 Berlin
Tél. : 0049 3023631778

ZIGARREN HERZOG
Ludwigkirchplatz 1, PLZ 10719 Berlin
Tél. : 00 49 30 88 68 23 40

Bochum

PREMIUM-CIGARS & ANTIQUES
Kurt-Shumacher-Platz 37, PLZ 44787 Bochum
Tél. : 00 49 234 640 57 77

Bonn

BONNER PFEIFEN & CIGARRENHAUS
Sterntrasse 57A, PLZ 53111 Bonn
Tél. : 00 49 228 965 03 17

Braunschweig

EXCLUSIV CIGARS – TABAKWAREN SCHAPPERT
Platz am Ritterbrunnen 1, PLZ 38100 Braunschweig
Tél. : 00 49 531 44 909

ZIGARRENHAUS FRITZ FARINA
Friedrich-Wilhelm-Str. 48, PLZ 38100 Braunschweig
Tél. : 00 49 531 4737870

Brême

TABAC & PFEIFE ROLF RÜHMEIER KG
Lloydpassage 4, PLZ 28195 Bremen
Tél. : 00 49 421 15798

Bremerhaven

TABAK IM ZENTRUM PLÖNGES
Mühlenstraße 11, PLZ 27568 Bremerhaven
Tél. : 00 49 471 42535

Coblence

PIPE HOUSE
Jesuitengasse 1, PLZ 56068 Koblenz
Tél. : 00 49 261 158 55

Cologne

CASA DEL HABANO
Hahnenstrasse 2, PLZ 50667 Köln
Tél. : 00 49 221 256 483

PFEIFEN-HEINRICHS KG
Martinstrasse 16-20, PLZ 50667 Köln
Tél. : 00 49 221 258 22 01

Dinkelsbuhl

TABAKHAUS ROESE
Ledermarkt 5, PLZ 91550 Dinkelsbühl
Tél. : 00 49 9851 554220

Dorsten

TABAKWAREN BALSTER
Halterner Strasse 98, PLZ 46284 Dorsten
Tél. : 00 49 2362 73936

Dortmund

TABAK VOGT
Prinzenstrasse 7, PLZ 44135 Dortmund
Tél. : 00 49 231 52 12 30

Düsseldorf

CASA DEL HABANO DÜSSELDORF
Königsallee 60 C, PLZ 40212 Düsseldorf
Tél. : 00 49 211 8681681

LINZBACH TOBACCO DE OHG
Graf-Adolf-Str. 78, PLZ 40210 Düsseldorf
Tél. : 00 49 211 36 23 02

TABAK BENDEN
Schadowstrasse 11, PLZ 40212 Düsseldorf
Tél. : 00 49 211 13 19 35

TABAK BENDEN
Burghofstraße 28, PLZ 40223 Düsseldorf
Tél. : 00 49 211 1593985

Essen

PFEIFEN SCHILDE
Kastaninallee 14, PLZ 45127 Essen
Tél. : 00 49 201 22 72 27

Francfort

TABAKHAUS BÜTTNER GMBH
Kornmarkt 9, PLZ 60311 Frankfurt
Tél. : 00 49 69 287813

Frankenthal

KEISTLER TABAC INTERNATIONAL
Wormser Strasse 31, PLZ 67227 Frankenthal
Tél. : 00 49 6233 27583

Freiburg

STEFAN MEIER KG
Rathausgasse 26, PLZ 79098 Freiburg
Tél. : 00 49 761 36457

Freilassing

THOMAS SCHEID
Hauptstrasse 20, PLZ 83395 Freilassing
Tél. : 00 49 8654 46 170

Hambourg

LA CASA DEL HABANO
Burchardstr. 15, PLZ 20095 Hamburg
Tél. : 00 49 40 30704880

DUSKE & DUSKE
Grosse Bleichen 36, PLZ 20354 Hamburg
Tél. : 00 49 40 343385

PFEIFEN TIMM
Jungfernstieg 26 (Hamburger Hof), PLZ 20354 Hamburg
Tél. : 00 49 40 345187

Hanau

PFEIFEN-STUBE HECK
Rosenstrasse 15, PLZ 63450 Hanau
Tél. : 00 49 6181 205 85

Hanovre

KÖNIG & SCHUBERT
Lavesstrasse 71, PLZ 30159 Hannover
Tél. : 00 49 511 32 19 84

Heidelberg

ZIGARREN-GRIMM GMBH
Sofienstraße 11, PLZ 69115 Heidelberg
Tél. : 00 49 6221 21159

Heilbronn

TABAK SASSE
Sülmer Strasse 26, PLZ 74072 Heilbronn
Tél. : 00 49 713 18 41 01

Hof

ZIGARREN WAGNER
Alstadt 7, PLZ 95028 Hof
Tél. : 00 49 92 81 26 33

Karlsruhe

BARBARINO AM ETTLINGER TOR
Ettlinger Tor Platz 1, PLZ 76137 Karlsruhe
Tél. : 00 49 721 93 51 645

Kehl

CIGARREN BAUMERT
Schulstr. 62/Centrum am Markt, PLZ 77694 Kehl
Tél. : 00 49 7851 2775

Kiel

CIGARRENDEPOT-MOTZEK-PFEIFENMACHER
Knooper Weg 46, PLZ 24103 Kiel
Tél. : 00 49 431 554162

TABAC-TRENNT
Möllingstrasse 28, PLZ 24103 Kiel
Tél. : 00 49 431 95890

Leipzig

TABAK & PRESSE
Hainstrasse 11, PLZ 04109 Leipzig
Tél. : 00 49 341 962 89 82

Lübeck

SMOKER CORNER
Beckergrube 80, 23552 Lübeck
Tél. : 00 49 451 706 22 28

Mönchengladbach

ANNO TOBAK
Hindenburgstr. 75, PLZ 41061 Mönchengladbach
Tél. : 00 49 2161 10440

Munich

DALLMAYR TABAKLADEN
Dienerstrasse 15, PLZ 80331 München
Tél. : 00 49 89 21 35 171

GEORG HUBER CIGARREN
Tal 22, PLZ 80331 München
Tél. : 00 49 89 22 11 93

MAX ZECHBAUER
Residenzstrasse 10, PLZ 80333 München
Tél. : 00 49 89 29 01 30 26

TABAKFORUM DETSCH
Zentral Bereigh Ebene 3, PLZ 85356 München
Tél. : 00 49 89 975 838 10

TABAK SOMMER
Landsberger Strasse 139, PLZ 80339 München
Tél. : 00 49 89 59 27 69

WILHELM & RICHARD DIEHL
Theatinerstrasse 15, PLZ 80333 München
Tél. : 00 49 89 29 75 63

Münster

TABAK TRÄBER E.KFR.
Drubbel 4, PLZ 48143 Münster
Tél. : 00 49 251 8570519

WILHELM FINCKE
Hammerstrasse 63, PLZ 48153 Münster
Tél. : 00 49 251 52 72 98

Neuburg an den Donau

TABAK LANIG
Rosenstrasse 105, PLZ 86633 Neuburg a.d. Donau
Tél. : 00 49 8431 8866

Neuss

CIGARREN ULLRICH GBR
Oberstr. 126, PLZ 41460 Neuss
Tél. : 00 49 2131 1782624

Neu Isenburg

ZIGARRENHAUS ANTHES
Frankfurter Straße 35, PLZ 63263 Neu Isenburg
Tél. : 00 49 6102 22995

Nuremberg

CASA DEL HABANO
Hauptmark 9, PLZ 90403 Nürnberg
Tél. : 00 49 911 97 466

Passau

TABAKLADEN – BAR WEIHERER
Rosstränke 4, PLZ 94032 Passau
Tél. : 00 49 851 37332

Rastatt

TABAKAUS BARBARINO PFLAUM
Poststrasse 10, PLZ 76437 Rastatt
Tél. : 00 49 7222 32 777

Rostock

TABAKWAREN ANDREA NITZ
Breitestrasse 11, PLZ 18055 Rostock
Tél. : 00 49 381 311 35

Sarrebruck

DALAY ZIGARREN
Fuerstenstrasse 15 B, PLZ 66111 Saarbrucken
Tél. : 00 49 681 58 98 509

Salzgitter (Leb)

TABAKWAREN SCHAPPERT
Chemnitzer Strasse 13 B, PLZ 38226 Salzgitter (Leb)
Tél. : 00 49 5341 189 19 60

Schwäbisch Gmünd

TABAK-TREFF-WOLFGANG R.
Marktplatz 36, PLZ 73525 Schwäbisch Gmünd
Tél. : 00 49 7171 2686

Schwerin

TOBACCO HOUSE BRINKMANN
Marienplatz 3, PLZ 19057 Schwerin
Tél. : 00 49 385 581 61 03

Stuttgart

ALTE TABAKSTUBE-KNYRIM
Schillerplatz 4, PLZ 70173 Stuttgart
Tél. : 00 49 711 29 27 29

CLASSIC-DÜRNINGER
Marktstr. 1-3, PLZ 70173 Stuttgart
Tél. : 00 49 711 23 38 81

DÜRNINGER GMBH – FILIALE STUTTGART, PFEIFENARCHIV
Calwer Passage 20, PLZ 70173 Stuttgart
Tél. : 00 49 711 290701

TABACUM
Schwabstrasse 120, PLZ 70193 Stuttgart
Tél. : 00 49 711 29 52 28

St. Ingbert
ZIGARRENHAUS BENNUNG
Kaiserstraße 41, PLZ St. Ingbert
Tél. : 00 49 6894 2340

Ulm
DÜRNINGER GMBH – FILIALE ULM, CLASSIC
Münsterplatz 90, PLZ 89073 Ulm
Tél. : 00 49 731 6023150

Viernheim
DERST-CIGARREN
Rhein-Neckar-Zentrum, Laden 30 A, PLZ 68519 Viernheim
Tél. : 00 49 6204 705115

Villigen-Schwenningen
BUGGE CIGARRENHAUS
Rietenstr. 50, PLZ 78054 Villigen-Schwenningen
Tél. : 00 49 7720 34447

BENELUX

Belgique

Anvers
MIKE'S HAVANA AMBASSADORS
Ernest Van Dijckkaai, 11, B-2000 Antwerpen
Tél. : 00 32 3 2340202

VERLOO
Amerikalei, 158 a, B-2000 Antwerpen
Tél. : 00 32 3 2380864

Braine-l'Alleud
VAN PASSEL
Av. Leon Jourez, 4, B-1420 Braine-l'Alleud
Tél. : 00 32 2 3841875

Bruges

HAVANA HOUSE
St-Amandsstraat, 14, B-8000 Brugge
Tél. : 00 32 50 331499

JERRY'S CIGAR BAR
Simon Stevinplein, 13, B-8000 Brugge
Tél. : 00 32 50 337794

MISSAULT
Braambergstraat, 5, B-8000 Brugge
Tél. : 00 32 50 333369

Bruxelles

BOIRE ET FUMER
Avenue de l'Université, 38-40, B-1050 Bruxelles
Tél. : 00 32 2 6471588

BUFRAPEX
Rue Gustave Demanet, 12, B-1020 Bruxelles
Tél. : 00 32 2 2680075

LE CELLIER DES VINS DE PROPRIÉTÉS
Chaussée de Waterloo, 1469, B-1180 Bruxelles
Tél. : 00 32 2 3748533

COLAS
Parvis Saint-Pierre, 12, B-1180 Bruxelles
Tél. : 00 32 2 3439734

DAVIDOFF LOUISE
Avenue Louise, 11, B-1050 Bruxelles
Tél. : 00 32 2 5381345

DAVIDOFF PASSAGE DU NORD
Passage du Nord, 1, B-1000 Bruxelles
Tél. : 00 32 2 2178702

DAVIDOFF SABLON
Place du Grand-Sablon, 1, B-1000 Bruxelles
Tél. : 00 32 2 5129422

LEFEVER
Avenue du Roi-Chevalier, 63, B-1200 Bruxelles
Tél. : 00 32 2 7705287

LIBRAIRIE VISMET
Quai aux Briques, 82, B-1000 Bruxelles
Tél. : 00 32 2 5127032

MARLBORO SHOP
Westland Shopping, B-1070 Bruxelles
Tél. : 00 32 2 5239642

MARLBORO SHOP
Woluwe Shopping, B-1200 Bruxelles
Tél. : 00 32 2 7712821

NIGHT AND DAY SHOP
Rue Pierre Timmermans 10, B-1090 Bruxelles
Tél. : 00 32 2 4201557

LE ROI DU CIGARE
Rue de l'Enseignement, 60, B-1000 Bruxelles
Tél. : 00 32 2 2183779

LA TÊTE D'OR
Rue de la Tête-d'Or, 13, B-1000 Bruxelles
Tél. : 00 32 2 5123418

VINS FINS DE CONINCK
Avenue Orban, 3, B-1150 Bruxelles
Tél. : 00 32 2 7724065

Courtrai

LONCKE
St. Maartenskerkstraat, 9, B-8500 Kortrijk
Tél. : 00 32 56 220945

VALDES
Budastraat, 15, B-8500 Kortrijk
Tél. : 00 32 56 215084

Deinze

JANSSENS
Tolpoortstraat, 23, B-9800 Deinze
Tél. : 00 32 9 3861430

Diest

'T TABAKSHUIS
Botermarkt, 24, B-3290 Diest
Tél. : 00 32 13 31 18 13

Gand

CARON
Veldstraat, 45, B-9000 Gent
Tél. : 00 32 92 25 35 44

Genk

CLAES
Stationsstraat, 51, B-3600 Genk
Tél. : 00 32 89 352446

Grivegnée

CARLO-TROUSSART
Rue Haute Wez, 161, B-4030 Grivegnée
Tél. : 00 32 4 3425281

Hasselt

TABACO
Aldestraat, 39, B-3500 Hasselt
Tél. : 00 32 11 232352

Juprelle

TABACS BAELEN
Chaussée de Tongres, 254, B-4450 Juprelle
Tél. : 00 32 4 2780416

Knokke

DAVIDOFF KNOKKE
Lippenslaan, 264, B-8300 Knokke
Tél. : 00 32 50 601761

PLUMES ET CIGARES
Dumortierlaan, 105, B-8300 Knokke
Tél. : 00 32 9 3820020

La Louvière

PETYT
Rue Sylvain Tuyaux, 87, B-7100 La Louvière
Tél. : 00 32 64 260725

La Panne

SIX
Zeelaan, 90, B-8660 De Panne
Tél. : 00 32 58 412835

Liège

DEMOULIN
Rue des Guillemins, 143, B-4000 Liège
Tél. : 00 32 4 2524471

LECLERCQ
Rue Saint-Paul, 42, B-4000 Liège
Tél. : 00 32 4 2224041

Louvain

COBBAERT-SYMONS
Brusselsestraat 120, B-3000 Leuven
Tél. : 00 32 16 224879

NICLAES
Tiensestraat, 128, B-3000 Leuven
Tél. : 00 32 16 228562

Malines

WINDELS
Yzerenleen, 48, B-2800 Mechelen
Tél. : 00 32 15 287093

Menin

DAVAINE-DEMUYNCK
Rue de Lille, 278, B-8930 Menen
Tél. : 00 32 56 512249

Mons

LES CIGARES DU PHARE
Rue des Compagnons, 16, B-7000 Mons
Tél. : 00 32 65 845485

Montignies-sur-Sambre

DELCART
Place Albert-Ier, 33, B-6061 Montignies-sur-Sambre
Tél. : 00 32 71 312841

Mouscron

AU FUMEUR
Rue de la Marlière, 9, B-7700 Mouscron
Tél. : 00 32 56 843562

Namur

ROMEO CIGARES
Rue Marchovelette, 27, B-5000 Namur
Tél. : 00 32 81 231450

Nivelles

MONIER PIGARELLA
Chaussée de Mons,18, B-1400 Nivelles
Tél. : 00 32 67 215273

Ostende

PAS UNE PIPE
St-Petrus en Paulusplein, 6, B-8400 Oostende
Tél. : 00 32 59 800952

Overijse
WIJNEN DEWIT
Brusselsesteenweg, 273, B-3090 Overijse
Tél. : 00 32 2 6881788

Saint-Trond
PLEVOETS
Grote Markt, 41, B-3800 Sint-Truiden
Tél. : 00 32 11 688297

Strombeek-Bever
WILLEMS
Sint Amandstraat, 9, B-1853 Strombeek-Bever
Tél. : 00 32 2 2677890

Tirlemont
MASSA
Nieuwstraat 16, B-3300 Tienen
Tél. : 00 32 16 812036

Tournai
CARLIER
Rue Gallait, 24, B-7500 Tournai
Tél. : 00 32 69 226311

D'HONDT
Vieux Marché aux Poteries, 13, B-7500 Tournai
Tél. : 00 32 69 225539

Verviers
MARON
Rue du Collège, 96, B-4800 Verviers
Tél. : 00 32 87 335281

Vilvorde
PHILBO
J.B. Nowelei, 52-54, B-1800 Vilvoorde
Tél. : 00 32 2 2519186

Waterloo
DAGNEAU
Chaussée de Bruxelles, 181, B-1410 Waterloo
Tél. : 00 32 2 3547347

VINS FINS DE CONINCK
Chaussée de Bruxelles, 37, B-1410 Waterloo
Tél. : 00 32 2 3530765

Wavre
L'AMATEUR DU CIGARE
Rue des Fontaines, 48 b, B-1300 Wavre
Tél. : 00 32 10 228329

Luxembourg

Esch-sur-Alzette

SCHMITT-ROMMES
Rue des Jardins, 54, L-4151 Esch-sur-Alzette
Tél. : 00 352 540591

LA TABATHÈQUE
Rue J.B. Bausch, 1, L-4023 Esch-sur-Alzette
Tél. : 00 352 540772

Ettelbrück

BRANDI'S
Avenue J. Kennedy 44, L-9053 Ettelbrück
Tél. : 00 352 21238281

Luxembourg

ALIMA TABACS
Avenue de la Porte-Neuve, 11, L-2227 Luxembourg
Tél. : 00 352 226424623

CUBANA HUMIDOR
Rue Alphonse Weicker, 2, L-2721 Luxembourg
Tél. : 00 352 425858

LA CIVETTE
Avenue de la Porte-Neuve, 22 b,
L-2227 Luxembourg
Tél. : 00 352 221321

LIBERTÉ 56
Avenue de la Liberté, 56, L-1930 Luxembourg
Tél. : 00 352 484587

Rombach-Martelange

TABAGRO
Route de Bigonville, 4
L-8832 Rombach-Martelange
Tél. : 00 352 26616422

Strassen

TERZI
Route d'Arlon, 20, L-8008 Strassen
Tél. : 00 352 452121

Pays-Bas

Aalsmeer

RIDDER & CO
Ophelialaan, 106, NL-1431 HM Aalsmeer
Tél. : 00 31 297 368010

Alkmaar

BROERS
Mient Hoek Fnidsen, 115, NL-1811 NE Alkmaar
Tél. : 00 31 725 112673

Alphen a/d Rijn

VAN TOOR CIGAR ENJOYMENT
Van Nesstraat, 6, NL 2404 AV Alphen a/d Rijn
Tél. : 00 31 172 491165

Amersfoort

DE WILDE
Arnhemsestraat, 23, NL-3811 LG Amersfoort
Tél. : 00 31 33 4634858

Amstelveen

VAN LOOKEREN
Binnenhof, 45, NL-1181 ZH Amstelveen
Tél. : 00 31 20 6415466

Amsterdam

ANDRINGA
Reguliersbreestraat, 2, NL-1017 CN Amsterdam
Tél. : 00 31 20 6232836

DAVIDOFF
Van Baerlestraat, 84, NL-1071 BB Amsterdam
Tél. : 00 31 20 6711042

HAJENIUS
Rokin, 92-96, NL-1012 KZ Amsterdam
Tél. : 00 31 20 6259985

HARTMAN CIGARS AND MORE
Beethovenstraat, 88, NL-1077 JN Amsterdam
Tél. : 00 31 20 6705770

HARTMAN CIGARS AND MORE
Leidsestraat, 58, NL-1017 PC Amsterdam
Tél. : 00 31 20 6245150

MC CARTHY'S
Zeedijk, 27 a, NL-1012 AP Amsterdam
Tél. : 00 31 20 6393525

VAN BEEK
Damrak, 10, NL-1012 LG Amsterdam
Tél. : 00 31 20 6242740

VAN LOOKEREN
Gelderlandplein, 143, NL-1082 LV Amsterdam
Tél. : 00 31 20 6441062

VAN LOOKEREN
Willemsparkweg 77, NL-1071 GT Amsterdam
Tél. : 00 31 20 6704650

Apeldoorn

VAN WERVEN
Marktplein, 28, NL-7311 LR Apeldoorn
Tél. : 00 31 55 521 34 16

Arnhem

LENSEN
Jansstraat, 1, NL-6811 GH Arnhem
Tél. : 00 31 26 4423583

WILKE
Koningstraat, 66 a, NL-6811 DJ Arnhem
Tél. : 00 31 26 4450362

Breda

DE COMPAGNIE
Torenstraat, 15, NL-4811 XV Breda
Tél. : 00 31 76 5212244

Bussum

ROKS
Havenstraat, 35, NL-1404 EL Bussum
Tél. : 00 31 35 6914210

Delft

VAN RENSSEN
Vrouw Juttenland, 15, NL-2611 LB Delft
Tél. : 00 31 15 2126809

WILMER'S SIGARENMAGAZIJN
Wijnhaven, 10, NL-2611 CR Delft
Tél. : 00 31 15 2124489

Den Bosch

MEES
Achter Het Stadhuis, 1, NL-5211 HM Den Bosch
Tél. : 00 31 73 6135816

NON PLUS ULTRA CIGAR SHOP
Vughterstraat, 82, NL-5211 GL Den Bosch
Tél. : 00 31 73 6122129

Dordrecht

TED BOGERS
Vogelplein, 40, NL-3312 GS Dordrecht
Tél. : 00 31 78 6139464

Eindhoven

VAN KUYK
Kleine Berg, 80, NL-5611 JW Eindhoven
Tél. : 00 31 40 2448948

Groningen

HOMAN
Herestraat, 80, NL-9711 LL Groningen
Tél. : 00 31 50 3120093

MINKE
Nieuwe Ebbingestraat, 2, NL-9712 NK Groningen
Tél. : 00 31 50 312 28 21

Haarlem

HAVANA-HOUSE VOET
Kruisstraat, 39, NL-2011 PW Haarlem
Tél. : 00 31 23 5320486

VAN DER PIGGE
Grote Houtstraat, 81, NL-2011 SG Haarlem
Tél. : 00 31 23 5311744

La Haye

CUESTA-REY CIGAR SHOP
Molenstraat, 16, NL-2513 BK Den Haag
Tél. : 00 31 70 3923776

SIGAREN ADELANTE
Frederik-Hendriklaan, 152, NL-2582 BJ Den Haag
Tél. : 00 31 70 3556672

Heerde

PRIMERA HEERDE
Dorpstraat, 34, NL-8181 GV Heerlen
Tél. : 00 31 578 692 047

Heerlen

EDUARD DEKKERS
Akerstraat, 13, NL-6411 GV Heerlen
Tél. : 00 31 45 5714734

Hilversum

DE OUDE TIJD
's Gravenlandseweg 32, NL-1211 BT Hilversum
Tél. : 00 31 35 6223808

Laren

DE HAAS
Burg. Van Nispenstraat, 1, NL-1251 KD Laren
Tél. : 00 31 35 5383000

Maastricht

DAVIDOFF
Rechtstraat, 25, NL-6221 EG Maastricht
Tél. : 00 31 43 3213897

OTTEN
Stationstraat, 5 a, NL-6221 BM Maastricht
Tél. : 00 31 43 3213093

SCHÜRMANN
Nieuwstraat, 5, NL-6211 CR Maastricht
Tél. : 00 31 43 3251602

Middelburg

DIESCH
Markt, 35, NL-4331 LJ Middelburg
Tél. : 00 31 118 612258

Pijnacker

HET MOORTJE
Stationsstraat, 31, NL-2641 GH Pijnacker

Rijswijk
DE OUDE LEEUW
Geestbrugweg, 5, NL-2281 CC Rijswijk
Tél. : 00 31 70 3900378

Roermond
JANSEN QUICKEN
Hamstraat, 9 a, NL-6041 HA Roermond
Tél. : 00 31 475 333452

Rotterdam
VAN DALEN
Meent, 17, NL-3011 JB Rotterdam
Tél. : 00 31 10 4131699

VAN SLINGERLAND
Nieuwe Binnenweg, 127, NL-3014 GJ Rotterdam
Tél. : 00 31 10 4362632

Sas-van-Gent
EVERSE
Westkade, 97, NL-4551 CG Sas-van-Gent
Tél. : 00 31 115 451706

Sluis
HOLLANDIA
Kaai, 30, NL-4524 CK Sluis
Tél. : 00 31 117 461272

Utrecht
DE OUDE TIJD
Janskerkhof, 25, NL-3512 BN Utrecht
Tél. : 00 31 30 2367785

Venlo
LENSEN SIGAREN
Klaasstraat, 46-48, NL-5911 JR Venlo
Tél. : 00 31 77 3514117

Zutphen
SCHIMMEL
Sprongstraat, 7, NL-7201 MJ Zutphen
Tél. : 00 31 575 512438

Zeist
VERDIS
Steylaan, 24A, NL-3701 EG Zeist
Tél. : 00 31 306 918 608

ESPAGNE

Alicante

ESTANCO CHINCHILLA
Calle Alemania, 36, 03003 Alicante
Tél. : 00 34 96 512 04 20

Barcelone

LA CASA DE L'GARS
Rosello, 232, 08008 Barcelona
Tél. : 00 34 93 215 07 77

CASA GIMENO
Rambla San Jose, 100, 08002 Barcelona
Tél. : 00 34 93 318 49 47

ESTANCO CRIVILLES
Rambla del Passeig, 50, 08500 Vic – Barcelona
Tél. : 00 34 93 886 03 08

L'ESTANCO DE LAIETANA
Via Laietana, 4, 08003 Barcelona
Tél. : 00 34 93 310 10 34

ESTANCO PASTOR
Rambla de Cataluña, 6, 08007 Barcelona
Tél. : 00 34 93 317 08 87

Bilbao

ESTANCO ALIS
Calle Grand Via, 24, 48001 Bilbao (Vizcaya)
Tél. : 00 34 94 424 53 39

Caceres

CAVA DE EXTRAMADURA
Calle Federico Ballel, 3, 10002 Caceres
Tél. : 00 34 927 24 63 65

Irun

CAVA DE PUROS
Calle Maria Juncal Labandibar, 5, 20305 Irun (Guipuzcoa)
Tél. : 00 34 94 362 61 61

ESTANCO TELLECHEA
B. Complejo Comercial Behobia, 20305 Irun (Guipuzcoa)
Tél. : 00 34 94 362 04 27

Madrid

CAVA CARDENAL CISNEROS
Calle Cardenal Cisneros, 17, 28010 Madrid
Tél. : 00 34 91 445 17 27

LA CAVA DE MAGALLANES
Calle Magallanes, 16, 28015 Madrid
Tél. : 00 34 91 446 28 17

ECAVA BARQUILLO
Calle Barquillo, 22, 28004 Madrid
Tél. : 00 34 91 522 02 22

TABACOS BEJARANO
Calle José del Hierro, 39, 28027 Madrid
Tél. : 00 34 91 377 53 11

Mijas-Malaga

ESTANCO ALONSO
Camino de Coin-Las Lagunas, 1, 29650 Mijas-Malaga
Tél. : 00 34 952 47 95 48

Palma de Majorque

TABACOS TONI
Paseo del Born, 20, 07012 Palma de Mallorca
Tél. : 00 34 971 71 67 22

Peniscola

CAVA DE PUROS
Calle Jose Antonio, 3, 12598 Peñiscola (Castellon)
Tél. : 00 34 964 48 10 45

Saint-Sébastien

ESTANCO AGESTA
Calle Reina Regente, 5, 20003 San Sebastian
Tél. : 00 34 94 342 73 33

Salamanque

CAVA DE PUROS
Avenida Alfonso VI, 16, 37005 Salamanca
Tél. : 00 34 92 22 24 98

San Pedro de Alcantara

CAVA DE PUROS
Avenida Constitution, 9, 29670 San Pedro de Alcantara
Tél. : 00 34 94 95 278 40 42

Santander
ESTANCO CAVESTANY
Calle Juan Herrera, 17, 39001 Santander (Cantabria)
Tél. : 00 34 94 231 31 25

Saragosse
TABACOS Y CIA
Calle Carlos Saura, 3-5, 50015 Zaragoza
Tél. : 00 34 976 79 87 20

Séville
LA CAVA DE BETIS
Calle Betis, 36, 41010 Sevilla
Tél. : 00 34 95 427 81 85

Tolède
ESTANCO TRISTAN
Calle Paris, 7, 45004 Toledo
Tél. : 00 34 925 25 73 22

Torremolinos
CAVA DE PUROS
Calle San Miguel, 33, 29620 Torremolinos
Tél. : 00 34 95 238 03 54

Valence
LA CAVA DEL FUMADOR
Calle Conde Salvatierra, 27, 46004 Valencia
Tél. : 00 34 96 352 97 35

ESTANCO MORATIN
Calle Moratin, 11, 46002 Valencia
Tél. : 00 34 96 352 25 46

GRANDE-BRETAGNE

Aberdeen
HERBERT LOVE
166 King Street, AB24 5BD Aberdeen
Tél. : 00 44 1224 644455

Aberystwyth
A.E. LLOYD & SON
25 Terrace Road, SY23 1NP Aberystwyth
Tél. : 00 44 1970 612254

Ayr

DALLINGS OF AYR
5 Burns Statue Square, KY7 1SU Ayr
Tél. : 00 44 1292 265799

Barnet

JAN'S OF COCKFOSTERS
20 Heddon Court Paradae, EN4 0DB Barnet (Herts)
Tél. : 00 44 2084 494735

Bath

FREDERICK TRANTER
5 Church Street – Abbey Green, BA1 1NL Bath
Tél. : 00 44 1225 466197

Bedford

HARRISON & SIMMONDS OF BEDFORD
80 High Street, MK40 1NN Bedford
Tél. : 00 44 1234 266711

Belfast

MISS MORAN
6 Church Lane, BT1 4QN Belfast
Tél. : 00 44 28 90246826

Beverley

ROBERTS & SPEIGHT
40 Norwood, HU17 9EY Beverley (N. Yorks)
Tél. : 00 44 1482 870717

Birmingham

JOHN HOLLINGSWORTH & SON LIMITED
27 Great Western Arcade, B2 5HU Birmingham
Tél. : 00 44 121 236 7768

HOTEL DU VIN
Church Street, B3 2NR Birmingham
Tél. : 00 44 121 200 0600

Bolton

ARTHUR MORRIS LIMITED
71 Bradshawgate, BL1 1QD Bolton
Tél. : 00 44 1204 521340

Boroughbridge
WINEARRAY
36 High Street, YO51 9AW Boroughbridge (Yorks)
Tél. : 00 44 1423 323337

Bournemouth
THE PIPE SHOP
25 Southbourne Grove, BH6 3QS Bournemouth (Dorset)
Tél. : 00 44 1202 429766

Brighton
TAYLORS
19 Bond Street, BN1 1RD Brighton (East Sussex)
Tél. : 00 44 1273 606 110

Bristol
BIRD'S OF BALDWIN STREET
35 Baldwin Street, BS1 1RG Bristol
Tél. : 00 44 1179 273676

THE DINKIE
245 North Street, BS3 1JN Bristol
Tél. : 00 44 1179 665375

Bury St Edmunds
LORFORDS
2 Central Walk Bury St. Edmunds,
IP33 1BS Bury St Edmunds (Suffolk)
Tél. : 00 44 1284 768204

Cambridge
FREDERICK TRANTER
17 St. John's Street, CB2 1TW Cambridge
Tél. : 00 44 1223 324 515

Cardiff
LEWIS DARBEY & CO.
12-14 Wyndham Arcade, CF10 1FJ Cardiff
Tél. : 00 44 29 20233443

Carlisle
BRUCCIANI
27 Scotch Street, CA3 8PY Carlisle (Cumbria)
Tél. : 00 44 1228 522168

Cheltenham

COTSWOLD NEWS
36 Clarence Street, GL50 3NX Cheltenham
Tél. : 00 44 1242 570 073

TOBACCO WORLD
Unit F7, Regent Arcade, GL50 1JZ Cheltenham
Tél. : 00 44 1242 222037

Chester

TURMEAU CHESTER
34 Watergate Street, CH1 2LA Chester
Tél. : 00 44 1244 348821

Cobham

FARRANTS
15-17 High Street, KT11 3DH Cobham Surrey
Tél. : 00 44 1932 862 184

Durham

DURHAM PIPE & TOBACCO SHOP
2-3 Indoor Market, DH1 3NJ Durham City
Tél. : 00 44 191 384 4116

Édimbourg

THE CIGAR BOX
361 High Street – The Royal Mile
EH1 1PW Edinburgh
Tél. : 00 44 131 225 3534

ROBERT GRAHAM LIMITED
194 Rose Street, EH2 4HZ Edinburgh
Tél. : 00 44 131 226 1874

THE PIPE SHOP & LITTLE HAVANA CIGAR STORE
92 Leith Walk, EH6 5HB Edinburgh
Tél. : 00 44 131 553 3561

Exeter

MCGAHEY THE TOBACCONIST
245 High Street, EX4 3NZ Exeter
Tél. : 00 44 1392 496111

Frome

WESSEX TOBACCO
14 Market Place, BA11 1AB Frome
Tél. : 00 44 19 85 21 47 54

Glasgow

ROBERT GRAHAM & CO.
71 St. Vincent Street, G2 5TF Glasgow
Tél. : 00 44 141 221 6588

HERBERT LOVE
9 St. Vincent Place, G1 2DW Glasgow
Tél. : 00 44 141 226 4586

ODDBINS
Crow Road, G11 7RT Glasgow
Tél. : 00 44 141 337 6631

Harrogate

NIDDERDALE FINE WINES
2A High Street, HG3 5AW Harrogate
Tél. : 00 44 14 23 711 703

Hove

BURKITTS
117 Church Road, BN3 2AF Hove (East Sussex)
Tél. : 00 44 1273 731351

Hungerford

RATNAM'S COSTCUTTER
31 Charnham Street, RG17 0EJ Hungerford (Berks)
Tél. : 0 44 1488 682136

Ilford

POPS TOBACCONIST
27 Cranbrook Road, IG1 4DU Ilford (Essex)
Tél. : 00 44 20 8478 8454

Leeds

GREENS OF LEEDS
37 The Headrow, LS1 6PU Leeds
Tél. : 00 44 113 244 4895

Lechlade

COTSWORLD WINE COMPANY
Market Square, GL7 3AR Lechlade
Tél. : 00 44 12 42 570 073

Liverpool

TURMEAU'S
34 Fenwick Street, L27 NB Liverpool
Tél. : 00 44 151 236 3802

Londres

BURLINGTON BERTIE
57 Houndsditch, EC3A 7BE London
Tél. : 00 44 20 7929 2242

LA CASA DEL HABANO
100 Wardour Street, W1F 0TN London
Tél. : 00 44 7629 0393

CIGARS LTD
18 King Gate Place, Off King Gate Road,
NW6 4TA Kilburn London
Tél. : 00 44 20 7372 118 65

CIGARS UNLIMITED
129 Walham Green Court,
Moore Park Road – Fulham, SW6 3DG London
Tél. : 00 44 20 7386 9000

DAVIDOFF OF LONDON
35 St. James's Street, SW1A 1HD London
Tél. : 00 44 20 7930 3079

ALFRED DUNHILL OF LONDON
48 Jermyn Street, St. James's, SW1Y 6DL London
Tél. : 00 44 20 7290 8606

FORTNUM & MASON
PO Box 11, Piccadilly, W1A 1ER London
Tél. : 00 44 20 7734 8040

FRIARWOOD
26 New Kings Road, SW6 4ST London
Tél. : 00 44 20 7736 2628

HARRODS CIGAR ROOM
Knightsbridge, SW1X 7XL London
Tél. : 00 44 20 7730 1234

HARVEY NICHOLS
109-125 Knightsbridge, SW1X 7RJ London
Tél. : 00 44 20 7584 0011

JAMES J. FOX OF ST. JAMES'S
19 St. James's Street, SW1A 1ES London
Tél. : 00 44 20 7930 3787

JAYEMS
125 Victoria Street, SW1E 5LA London
Tél. : 00 44 20 7828 1472

MAXIBOND
63 Fairfax Road, NW6 4EE London
Tél. : 00 44 20 7625 4490

ODDBINS
57 Lombard Road, SW11 3RX London
Tél. : 00 44 20 7738 1029

ODDBINS
The Ensign Centre, 28 Ensign Street, E1 8JQ London
Tél. : 00 44 20 7680 1617

ROYAL MILE WHISKIES
3 Bloomsbury Street, WC1B 3QE
Tél. : 00 44 7436 4763

SAUTTER OF MAYFAIR
106 Mount Street, W1K 2TW London
Tél. : 00 44 20 7499 4866

THE SEGAR & SNUFF PARLOUR
27a The Market, Covent Garden, WC2E 8RD London
Tél. : 00 44 20 7836 8345

SELFRIDGES CIGAR DEPARTMENT
400 Oxford Street, W1A 1AB London
Tél. : 00 44 870 837 7377

SHERVINGTONS
337/338 High Holborn, WC1V 7PX London
Tél. : 00 44 20 7405 2929

G. SMITH & SON
74 Charing Cross Road, WC2H 0BG London
Tél. : 00 44 20 7836 7422

SMOKERS PARADISE
33 Royal Exchange, Opposite Bank of England
EC3V 3LP London
Tél. : 00 44 20 7626 6078

TOMTOM CIGARS LTD
63 Elizabeth Street, Belgravia, SW1W 9PP London
Tél. : 00 44 20 7730 1790

VINTAGE HOUSE
42 Old Compton Street, W1D 4LR London
Tél. : 00 44 20 7437 5112

Manchester

C. ASTON
8 Royal Exchange Arcade, Exchange Street
M2 7EA Manchester
Tél. : 00 44 161 832 7895

Milton Keynes

UK SMOKERS
117 Queensway – Bletchley
MK2 2DH Milton Keynes (Buckinghamshire)
Tél. : 00 44 1908 6444 477

Norwich

CHURCHILLS OF NORWICH
32 St. Andrews Street, NR2 4AF Norwich (Norfolk)
Tél. : 00 44 1603 626437

Nottingham

GAUNTLEYS OF NOTTINGHAM
4 High Street, NG1 2ET Nottingham
Tél. : 00 44 115 911 0555

Otley

JAMES BARBER
33 Kirkgate, LS21 3HN Otley
Tél. : 00 44 1943 462 603

Oxford

FREDERICK TRANTER
37 High Street, OX1 4AN Oxford
Tél. : 00 44 1865 243 543

Penzance

WEST CORNWALL CIGAR COMPANY
Captain Cutter's House, 52 Chapel Street
TR18 4AF Penzance
Tél. : 00 44 1736 351 257

Reading
SHAVE & COSTER
4/5 Harris Arcade,
RG1 1DN Reading (Berkshire)
Tél. : 00 44 1189 595 670

Sheffield
MITCHELLS WINE MERCHANTS
Vintners House, 354 Meadowhead
S8 7UJ Sheffield (South Yorkshire)
Tél. : 00 44 114 274 5587

Shrewsbury
ADLARDS CIGAR MERCHANTS
6 Shoplatch, SY1 1HF Shrewsbury (Shropshire)
Tél. : 00 44 1743 362 718

Solihull
JOHN HOLLINGSWORTH & SON LIMITED
97 High Street, B91 3SW Solihull (West Midlands)
Tél. : 00 44 121 705 4549

Southampton
W. WHITE
8 London Road, SO1 2AF Southampton
Tél. : 00 44 238 0221801

Stoke on Trent
J.M. EDWARDS
24 Fountain Square – Hanley, ST1 1LD Stoke on Trent
Tél. : 00 44 1782 281416

Stratford upon Avon
LANDS (TOBACCONISTS) LIMITED
29 Central Chambers Henley Street
CV37 6QN Stratford upon Avon (Warwickshire)
Tél. : 00 44 1789 292508

Teddington
BROADWEIGHS CIGAR STORE
48 Broad Street
TW11 8QY Teddington (Middlesex)
Tél. : 00 44 800 195 83 66

Windsor

HAVANA HOUSE
52 Windsor Royal Station, SL4 1PJ Windsor (Berkshire)
Tél. : 00 44 1753 833 334

York

CHOICE SELECT
6 Coppergate, YO1 9NR York
Tél. : 00 44 1904 656156

ITALIE

Albenga

ANSALDI RENATO
Viale Martiri della Liberta, 82 – Albenga

Aoste

FRAZZOLI DANIELA
Corso Battaglione, 127 – Aosta

Arezzo

SCORTECCI FRANCO
Corso Italia, 274 – Arezzo

Bari

CATALDO LUIGI
Via A. Gimma, 58 – Bari

Bologne

MINIME
Via A. Costa, 204 – Bologna

TABACCHERIA PARIDE
Via Rivareno, 76 – Bologna

TABACCHERIA PASCAL
Via dell Archiginnasio, 2/B – Bologna

Brescia

CRYSTAL SHOP DI BARGIS SARA
Via Cefalonia, 70 – Brescia

RIZZI GARDINI ELDA
Via Trento, 27 – Brescia

VENZA FRANCESCO
Viale Bornata, 20 – Brescia

Bressanone
UNTERKOFLER PETER
Via Portici Maggiori, 14 – Bressanone

Cagliari
BOI LUIGI
Viale Trento, 52/56 – Cagliari

Capri
DELLA MONICA VINCENZO
Piazza Umberto I, 11 – Capri

Carpi
LUPPI PAOLA
Corso Albero Pio, 102 – Carpi

Catane
PRIVITERA CATERINA
Via Etnea, 182 – Catania

Catanzaro
MIGLIO CARLO
Corso Mazzini, 145 – Catanzaro

Cecina
TABACCHI DALLARI
Corso Matteotti, 127 – Cecina

Cernusco S/N
ORIANI ALICE
Via Marcelline, 23 – Cernusco S/N

Civitanova Marche
FRENQUELLI ANGELO
Corso Garibaldi, 38 – Civitanova Marche

Cortina D'Ampezzo
BODINI MARIO
Corso Italia, 75 – Cortina D'Ampezzo

Fasano
DI BARI FLORIANO
Via Collodi, 28 Fasano

Ferrare

ALBIERI – L'HAVANA TABACCHERIA
Corso Giovecca, 32 – Ferrara

Florence

NOCENTINI ENRICO
Via Cento Stelle, 58 – Firenze

TABACCHERIA SOTTO I PORTICI
Piazza Della Repubblica, 24 – Firenze

Gênes

CAMPANELLA MAURO HOBBY PIPE
Via XII Ottobre, 148er – Genova

CORSANEGO LIDIA
Via XX Settembre, 63er – Genova

GALAVERNA GIUSEPPINA
Via Palestro, 2er – Genova

Gorgonzola

TABACCHERIA GUZZI
Piazza Italia, 20 – Gorgonzola

Gradisca d'Isonzo

VIT GIANNA
Via papalina, 1/F – Gradisca D'Isonzo (GO)

Jesi

GRILLI PAOLO
Corso Matteotti, 61 – Jesi (AN)

La Fontina Ghezzano

BERTINI ROSSELLA
Via Calcesana, 24 – La Fontina Ghezzano

Laigueglia

MARTINI ANTONIO
Via Dante, 65 – Laigueglia

Lecce

DE FILIPPI FRANCESCO
Via Augusto Imperatore, 8 – Lecce

Lecco
TABACCHERIA. CORTI
Piazza XX Settembre, 16 – Lecco

Livourne
LEMMI WALTER
Via C. Ferrigni, 30 – Livorno

NORFINI ANDREA
Plazza Repubblica, 19/20 – Livorno

Messine
BLANCA GIOVANNA
Via San Martino, 238 – Messina

Mestre
VENEZIA PIPA CLUB
Via Piave, 62 – Mestre

Milan
LA CASA DEL HABANO
Via Anfossi, 28 – Milano

CIGAR & CO – VALENTE GRAZIA
Via Carducci, 11 – Milano

DELLACA' ANNA
Corso Venezia, 41 – Milano

NOLI LEONARDO
Galleria V. Emanuele, 82 – Milano

OCRETICH MAXIMILIAN
Passaggio OsII 1 Ang. Orefici – Milano

Modène
LOLLI DI CAFFAGNI MARIA
Via Taglio, 18 – Modena

NATALI SAURO
Via Emilia Centro N° 169 – Modena

Molfetta
FARINATO SALVATORE
Via Banchina Seminario, 10 – Molfetta

Monza
AMBROSINI FERNANDO
Piazza Carducci, 2 – Monza

Naples

SARNACCHIARO SMOKE
Va Isola E4 Pal. Fadim – Napoli

SISIMBRO FRANCESCO
Via S. Pasquale A Chiaia, 74 – Napoli

STEFANELLI GIUSEPPE
Via Terracina, 395 – Napoli

Paderno d'Adda

NON SOLO FUMO
Via Volta, 1 – Paderno d'Adda

Padoue

ZAMPIERI SERGIO
Via Marsilio Da Padova, 6 – Padova

Palerme

ARNAO MARIA
Via G. Galilei, 111-113 – Palermo

LUPO ANNA
Via Emilia, 41/G – Palermo

RIGGIO CARLO
Via Dante, 82 – Palermo

Parme

MELLEY FABRIZIO
Via Farini N° 18/C – Parma

Pescara

CAMAIONI ANNAMARIA
Via Benedetto Croce, 19 – Pescara

SBORGIA LILIANA
Corso Umberto, 115 – Pescara

Plaisance

TABACCHERIA MAGGI
Galleria S. Francesco, 6 – Piacenza

Porto Cervo

TABACCHERIA AVELLINO
Localita Abbiadori – Porto Cervo

Porto San Giorgio

I TABACCHI DI PETER
Corso Garibaldi, 165 – Porto San Giorgio

Ravenne

FALASCHI MAURO
Via Rotonda 1, Maggio, 8/A – Milano Marittima

TABACCHERIA LA HABANA
Viale Gramsci, 35/B – Milano Marittima

Reggio Calabre

PELLICANO' GUIDO
Via De Nava, 29 – Reggio Calabria

Renazzo

BEDANI DERVINA
Via Di Renazzo, 46 – Renazzo

Rome

LA CASA DEL HABANO
Via Colonna Antonina, 34 – Roma

BAR CANOVA
Piazza del Popolo, 14 – Roma

BENINCAMPI LAURA
Piazza Navona, 75 – Roma

CAPOLEA GIANSANTE
Via Sebino, 31 – Roma

CAPUANI SERGIO
Piazza Istria, 1 – Roma

CIPRIANI MARCELLO
Piazza Barberini, 7 - Roma

DI RIENZO TIZIANA
Salita de Crescenzi, 3 – Roma

LUPIDI ENZO
Piazza G. Verdi, 2 – Roma

PAOLANTONI SERGIO
Piazzale K. Adenauer, 12 – Roma

VANNICELLI CARLO
Viale G.Marconi, 600 – Roma

Terni

TABACCH. FEELING
Via Roma, 150-152 – Terni

Turin

BEVILACQUA CLAUDIA
Via Roma, 368 – Torino

NENCIONI ANDREA
Via P. Micca, 10 – Torino

PISAPIA SIMONA
Piazza Castello, 80 – Torino

TABACCHERIA BOLLITO
Corso Duca Degli Abruzzi, 10 – Torino

TABACCHERIA BONZANO
Via Po, 52 – Torino

TABACCHERIA DUKE
Via Roma, 90 – Torino

Trieste

RITANI FULVIA
Galleria Protti, 4 B – Trieste

Udine

CARNEVALETTI MARCO
Riva Bartolini, 14 – Udine

FIORICA GIUSEPPE
Via P. Canciani, 16/A – Udine

Varèse

IMPARATO CARLO
Piazza G. Italia, 2 – Varese

Venise

LUCIANI MASSIMILIANO
Via San Marco, 5369 – Venezia

Vérone

BROGNARA ELISABETTA
Via F. Degli Uberti, 2 – Verona

Viareggio

CIGAR HOUSE PIPA CLUB
Via G. Verdi, 107 – Viareggio

NESPOLI CLAUDIO
Via Garibaldi, 76 – Viareggio

Vicence

DAL ZOVO VITALIANO
Via G. G. Trissino, 74 – Vicenza

PRINCIPAUTÉ D'ANDORRE

LA CASA DEL HABANO
Plaça Co-Princeps, 3 Baixos, Escaldes-Engordany
Tél. : 00 376 869 255

LA CASA DELS TABACS
Avenue Carlemany Parking Molines, Escaldes-Engordany
Tél. : 00 376 823 421

THE CIGAR SHOP
Avenue Meritxell, 40, Andorra la Vella
Tél. : 00 376 826 515

THE CIGAR SHOP
Carrer Major, 23, Pas de la Casa
Tél. : 00 376 855 216

COMERCIAL PONT
Carrer Nou, 1, Escaldes-Engordany
Tél. : 00 376 821 063

DAVIDOFF
Galeries Plaza, Boutique n° 1, Andorra la Vella
Tél. : 00 376 861 150

SUISSE

Aarau

ART CIGAR & CO.
Rathausgasse 9, 5000 Aarau
Tél. : 00 41 62 823 35 55

TABAKHAUS ZUM ADLER
Rathausgasse 31, 5000 Aarau
Tél. : 00 41 62 822 05 21

Ascona

LA RIVA TABACCHI
Piazza Motta 33, 6612 Ascona
Tél. : 00 41 91 791 16 46

Bâle

LA CASA DEL HABANO
Intertabak AG, Aeschenvorstadt 48, 4051 Basel
Tél. : 00 41 61 272 57 75

DAVIDOFF
Marktplatz 21, 4001 Basel
Tél. : 00 41 61 261 42 90

PFEIFENWOLF
Intertabak AG, Freie Strasse 10, 4001 Basel
Tél. : 00 41 61 261 26 86

PFYFFE LAADE
Rümelinsplatz 15, 4001 Basel
Tél. : 00 41 61 263 91 41

Berne

LA CASA DEL HABANO KÜTTEL TOBACCO SA
Neuengasse 15/9, 3011 Bern
Tél. : 00 41 31 311 68 12

CIGARREN FLURY
Bahnhofplatz 3, 3011 Bern
Tél. : 00 41 31 311 37 03

A. DÜRR & CO. AG
Theaterplatz 2, 3011 Bern
Tél. : 00 41 31 311 72 81

TABAK GOURMET
Waaghausgasse 5, 3011 Bern
Tél. : 00 41 31 311 57 53

Chiasso

DUBINI FRATELLI
Corso San Gottardo 19, 6830 Chiasso
Tél. : 00 41 91 682 86 67

Crans-sur-Sierre

JACKY BONVIN CIGARS
Rue de Montana, 3963 Crans-sur-Sierre
Tél. : 00 41 27 481 26 34

Genève

LA CASA DEL HABANO ROLF SPRING CIGARES
Rue du Rhône 82, 1204 Genève
Tél. : 00 41 79 433 12 02

COMPTOIR DES TABACS DU RHÔNE
Rue du Rhône 59, 1204 Genève
Tél. : 00 41 22 312 14 22

DAVIDOFF
Rue de Rive 2, 1204 Genève
Tél. : 00 41 22 310 90 41

GÉRARD PÈRE ET FILS
Grand Hôtel Kempinski, 19, quai du Mont-Blanc, 1201 Genève
Tél. : 00 41 22 908 35 35

RAFFI CIGARES
Place Longemalle 2-4, 1204 Genève
Tél. : 00 41 22 311 97 40

RHEIN TABAC
Rue du Mont-Blanc 1, 1201 Genève
Tél. : 00 41 22 731 88 56

Gstaad
CIGARES FUHRER
Promenade, 3780 Gstaad
Tél. : 00 41 33 744 47 00

Kreuzlingen
PORTMANN TABAK
Konstanzerstr. 6, 8280 Kreuzlingen
Tél. : 00 41 71 672 57 09

Küsnacht
TABATIÈRE KÜSNACHT
Bahnhofstr. 6, 8700 Küsnacht
Tél. : 00 41 44 910 69 75

Lausanne
MAILLEFER CIGARES
Rue du Grand-Chêne 5, 1003 Lausanne
Tél. : 00 41 21 312 93 24

TABACS BESSON
Rue de Bourg 22, 1003 Lausanne
Tél. : 00 41 21 312 67 88

Le Châtelard
LA CASA DEL PURO
1925 Le Châtelard
Tél. : 00 41 27 768 11 45

Lenzburg
ART CIGAR & CO.
Rathausgasse 5, 5600 Lenzburg
Tél. : 00 41 62 891 35 55

Lugano
CAVALLINI CIGARS
Via Nassa 21, 6900 Lugano
Tél. : 00 41 91 923 70 05

TWO LIONS CIGARS
Via Nassa 66, 6900 Lugano
Tél. : 00 41 91 922 70 87

Luzern
TABAC BOUTIQUE
Hirschengraben 7, 6003 Luzern
Tél. : 00 41 41 210 04 64

Mendrisio
FREE SHOP FRONTIERA SA
Foxtown Centre, 6850 Mendrisio
Tél. 0041 91 604 64 06

Montreux
TABASHOP
Grand-Rue 46, 1820 Montreux
Tél. : 00 41 21 963 70 70

Morges
HISTOIRES DE CIGARES
Grand-Rue 64, 1110 Morges
Tél. : 00 41 21 803 22 05

Neuchâtel
PATTUS TABACS
St. Maurice 2, 2000 Neuchâtel
Tél. : 00 41 32 725 48 79

Nyon
LA COURONNE
Rue de Rive 34, 1260 Nyon
Tél. : 00 41 22 361 16 53

Pratteln
CIGARS AND MORE
Autogrill Pratteln, 4133 Pratteln
Tél. : 00 41 61 827 57 00

Rheineck
MANGENG TABAK
Hauptstr. 46, 9424 Rheineck
Tél. : 00 41 71 888 16 57

Saint-Gall
BRÜHWILLER TABAK
Spisergasse 17, 9004 St. Gallen
Tél. : 00 41 71 223 38 69

Saint-Moritz
TABAK GAUTSCHI PETER
Via Maistra 17, 7500 St. Moritz
Tél. : 00 41 81 833 31 58

Vaduz

PORTMANN TABAK
Städtle 35, 9490 Vaduz/Liechtenstein
Tél. : 00 41 423 232 90 89

Yverdon-les-Bains

AU KHÉDIVE
Rue du Milieu 37, 1400 Yverdon-les-Bains
Tél. : 00 41 24 425 37 17

Zollikon

DON CIGARRO
Seestrasse 11, 8702 Zollikon
Tél. : 00 41 1 341 28 35

Zug

CIGARS AND MORE
Bahnhofplatz, 6300 Zug
Tél. : 00 41 534 27 20

Zurich

LA CASA DEL HABANO
Bleicherweg 18, 8002 Zürich
Tél. : 00 41 44 202 12 11

DAVIDOFF SAVOY HOTEL
Poststrasse 12, 8001 Zürich
Tél. : 00 41 44 211 48 00

A. DÜRR & CO. AG
Bahnhofplatz 6, 8001 Zürich
Tél. : 00 41 44 211 63 23

TABAK LÄDELI
Storchengasse 19, 8001 Zürich
Tél. : 00 41 1 211 84 27

TABAK SCHWARZENBACH
Bahnhofplatz 9 + Löwenstr. 68, 8001 Zürich
Tél. : 00 41 44 211 40 40

Casas del habano dans le monde

Liste officielle communiquée par Habanos SA

Europe

ALLEMAGNE

Berlin
Fasanenstrasse 9-10, D-10623
Tél. : 00 49 30 31 103 646
info@casa-del-habano.de

Bergheim
Voltastrasse 17, 50129
Tél. : 00 49 02 27 156 288
info@la-casa-del-habano.de

Hambourg
Burchardstrasse 15, 20095
Tél. : 00 49 40 30 70 4880
c.wolters@thecigarsmoker.com

Nuremberg
Haupmarkt 9, D-90403
Tél. : 00 49 911 97 46 690
info@la-casa-del-habano.de

BULGARIE

Sofia
101 av Stamboliiski
Tél. : 00 359 2 980 37 32
Lch-mallsofia@kaliman.bg

CHYPRE

Larnaca
Zinonos Kitieos N° 99 6022

Limassol
4 Riga Fereos St.
Tél. : 00 357 22 45 86 02
fereosltd@cytanet.com.cy

Nicosie

Stasicratous N° 37C, Nicosia 1065
Tél. : 00 357 2 354 224
fereosltd@cytanet.com.cy

Paphos

29a Pavlou & Agapironos
Tél. : 00 357 26 93 41 61
fereosltd@cytanet.com.cy

ESTONIE

Tallinn

Eesti as Joa 2a, 10127
Tél. : 00 372 6014 650
info@havanas.ee

GIBRALTAR

Gibraltar

37 Main Street
Tél. : 00 350 78 666
stagnett@gibnet.gi

GRANDE-BRETAGNE

Londres

100 Wardour Street, W1F OTN
Tél. : 00 44 207 31 44 090
info@lacasadelhabano.co.uk

GRÈCE

Athènes

258 Kiffisias Avenue, Phychiko, 15451 Atenas
Tél. : 00 30 210 677 34 38
info@balli.com.gr

25 Voucourestion Str, 10671 Atenas
Tél. : 00 30 210 360 84 25
info@balli.com.gr

IRLANDE

Dublin

Irish Life Mall, Abbey Street
Tél. : 00 353 1 878 10 32
info@frorid itadublin.com

ITALIE

Rome
34, via Colonia Antonina
Tél. : 00 39 06 678 55 08
fink@libero.it

Milan
28, Via Anfossi
Tél. : 00 39 02 599 009 73
Info@casadelhabano.it

LETTONIE

Riga
Valnu Street 19
Tél. . 00 371 73 59 595

PRINCIPAUTÉ D'ANDORRE

Andorre-la-Vieille
Plaza Co-Princeps Escaldes-Ergordany
Tél. : 00 376 869 225
fport@andornet.ad

RÉPUBLIQUE TCHÈQUE

Prague
Hôtel Intercontinental
Tél. : 00 42 22 488 4544
cigars@casa-del-habano.cz

ROUMANIE

Bucarest
Athenée Palace Hilton, Street Episcopiei 1-3, Sector 1
Tél. : 00 40 0740 22 22 01
contact@lacasadelhabano.ro

RUSSIE

Moscou
Hôtel Ararat Park Hyatt, Neglinaya Street
Tél. : 00 495 783 12 89
andrerus@yahoo.com

Bakhrouchina Street, bldg 21/3
Tél. : 00 495 230 30 61
riad@amir.dol.ru

SERBIE

Belgrade

Kneginje Zorke 2
Tél. : 00 381 11 38 30 533
casa@julieta.biz

SUISSE

Bâle

Aeschenvorstadt 48,
Tél. : 00 41 061 272 57 75
La-Casa-del-Habano@intertabak.com

Berne

Neuengasse 15/9, Spitalgass-passage
Tél. : 00 41 31 311 68 12
La-Casa-del-Habano@kuettel-bern.ch

Genève

82, rue du Rhône
Passage de la Couronne-d'Or
Tél. : 00 41 22 310 28 70
rspring@prolink.ch

Zurich

Bleicherweg-18
Tél. : 00 41 1 202 12 11
sammenzi@datacomm.ch

SUÈDE

Göteborg

Kungsportsavenyn 21, 41136
Tél. : 00 46 31 18 90 52
info@lacasadelhabano.se

UKRAINE

Kiev

13, Klovskiy Spusk, 01021
Tél. : 00 38 044 492 74 48
lacasadelhabano@phoenicia.com.ua

Amériques

ARGENTINE

Buenos Aires

Calle Reconquista N° 677, Micro Centro. Cap. Fed.
Tél. : 00 54 11 43 15 40 85
casadelhabano@movi.com.ar

BRÉSIL

Rio de Janeiro

Rua do Rosario, 107, Centro Cep 22041-004
Tél. : 00 55 21 507 5866
esch@esch.com.br
edgar@esch.com.br

CANADA

Montréal

1434 Sherbrooke West, Québec H3G 1K4
Tél. : 00 1 514 849 0037
lacasamo@gc.aira.com

Toronto

170 Bloor Street
Tél. : 00 1 416 926 90 66
sales@casadelhabano.ca

Vancouver

980 Robson Street, Vancouver B.C. V62 2E7
Tél. : 00 1 604 609 05 11

Windsor

473 Quellette Avenue N9J 4J2
Tél. : 00 1 519 254 00 17
sales@casadelhabano.ca

COLOMBIE

Cali

Avenida Colombia N°1. Barrio El Penon
Tél. : 00 893 35 46
casadelhabanocali@hotmail.com

COSTA RICA

San José

San Pedro, Montes de la Oca de La Fuente
de La Hispanidad, 100 m Norte y 100 m Este
Tél. : 00 506 253 4629
ecallini@habanoscr.net

Playa Herradura

Marina Los Suenos
Tél. : 00 506 637 75 30
ecallini@habanoscr.net

GUATEMALA

Guatemala City

Hotel Marriot, 7ma Avenida 15-45, Zona 9
Tél. : 00 502 23 39 7777
omegacigars@yahoo.com

MEXIQUE

Cabo San Lucas

J&J Habanos Zona Centro Bld
Tél. : 00 52 624 143 61 60
jyjhabanos@prodigy.net.mx

Cancun

Boulevard Kukulkan Km 12,7
Tél. : 00 52 998 840 7000

Guadalajara

Avenida Providencia, 2969.
jlalzati@yahoo.com.mx

Mexico

Plaza Presidente Mazarik 393 I28, Colonia Polanco
Tél. : 00 52 55 282 10 46
ieptmexico@hotmail.com

Av Rev y Rio Magdalena, I-119, Colonia Tizaplan
Tél. : 00 52 55 616 1430
ieptmexico@hotmail.com

Playa del Carmen

Avenida 5ta, 328, Quintana Roo
Tél. : 00 44 984 806 3686
habanospv@yahoo.com

Puerto Vallarta

Aldama N° 48300, Zona Centro
Tél. : 00 52 322 223 27 58
habanospv@yahoo.com

Tijuana

Ave. Revolución
1115 Tijuana B.C. México
Tél. : 00 52 664 688 33 39
info@lacasadeltabaco.com

PANAMA

Ciudad Panamá

Calle Samuel Lewis, Sta Rita
Centro Comercial,
Plaza Obarrio, Planta Baja, Local 5
Tél. : 00 507 213 82 40
bisovereseas@cwpanama.net

PARAGUAY

Asuncion

Papa Juan XXIII N° 1570, C/Cesar Lopez Moreira
Tél. : 00 595 21 609 307
lacasadelhabano@telesurf.com.py

URUGUAY

Montevideo

Ciudadela 1373
Tél. : 00 598 2 900 43 78
xinet@adinet.com.uy

Caraïbes

ARUBA

Oranjestad

Royal Plaza Mall L.G. Smith Bld N° 94
Tél. : 00 297 83 8509
little@cura.net

CUBA

Ciego de Avila

Hotel Blau Colonial, Cayo Coco
Tél. : 00 53 3 30 12 35

Cienfuegos

Bld Centro Historico, avenida 54 esq 33
Tél. : 00 53 3 30 12 35

Holguin

Hôtel Villa Turey Guardalavaca
Tél. : 00 53 24 30 431

La Havane

5ta Avenida y calle 16 Miramar Playa
Tél. : 00 53 7 204 79 74

Club Habana,
188, 5ta Avenida y calle 188-192 Miramar Playa
Tél. : 00 53 7 204 57 00
j.casas@teleda.get.cma.net

Fabrica Partagas, Calle Industria N° 520, Habana Vieja
Tél. : 00 53 7 33 80 60
partagas@tuch.cha.cyt.cu

Hostal Conde de Villanueva
Calle Mercaderes Esq Amargura
Tél. : 00 53 7 33 83 34

Hôtel Melia Cohiba, Calle Paseo 1ra y 3ra, Vedado
Tél. : 00 53 7 83 52 434
Casahabano95@yahoo.com

Hôtel Melia Habana, avenida 3ra y 76
Tél. : 00 53 7 204 52 89

Hôtel Palco, Calle 11 y 146, Cubanacán, Playa
Tél. : 00 53 7 204 72 35 (ext. 629)

Hôtel Nacional, Calle O y Calle 19, Vedado
Tél. : 00 53 7 33 35 64/33 57 22

Marina Hemingway
Calle 248 y 5ta Avenida, Santa Fé, Playa
Tél. : 00 53 7 204 11 51 (ext. 2875)

Museo del Tabaco, Calle Mercedes N° 120
Obispo y Obrapia, Habana Vieja
Tél. : 00 53 7 862 84 72

Palacio Artesania, Calle Cuba N° 64, Habana Vieja
Tél. : 00 53 7 33 80 72

Matanzas

Galeria Comercial Las Americanas. Autopista Oueste Km 6
Tél. : 00 53 45 668 181

Pinar del Rio

Calle Maceo N° 162
Tél. : 00 53 8 277 22 44
habanospr@caracol.esipr.cu

Santiago de Cuba
Fabrica de Tabaco, Av. Jesus Menendez N° 703
Tél. : 00 53 22 62 23 66

Terrazas
Hôtel Melia Cayo Guillermo
Tél. : 00 53 33 30 16 32

Varadero
1ra Avenida Esquina Calle 63
Tél. : 00 53 45 66 78 43

ÎLES CAÏMANS

Grand Caïman
N° 9 Cayside Galleries Habour Drive
Tél. : 00 1 345 949 76 00
lahabano@candw.ky

SAINT-BARTHÉLEMY

Saint-Jean
Villa Créole, FWI 97133
Tél. : 00 590 27 78 73
jamplace@wanadoo.fr

SAINT-MARTIN

Marigot
Port La Royale, 71, rue de la Liberté
Tél. : 00 590 87 58 94
casa.del.habano@wanadoo.fr

Phillipsburg
Front Street N° 24
Tél. : 00 599 543 10 01
puroselio@sintmaarten.net

Afrique et Moyen-Orient

ARABIE SAOUDITE

Al-Khobar
28th Street, P.O.B. 2915
Tél. : 00 966 3 887 4255
lacasadelhabanoksa@hotmail.com

Jeddah

Palestine Street, Al Hamra, P.O.B. 14845
Tél. : 00 966 2 665 8227
lacasadelhabanoksa@hotmail.com

Riyad

Prince Sultan Bin Abdulaziz, Olaya Box 55962
Tél. : 00 966 1 465 47 37
lacasadelhabanoksa@hotmail.com

Saladin Street
Tél. : 00 966 1 476 31 14
lacasadelhabanoksa@hotmail.com

BAHREÏN

Manama

P.O.B. N° 120
Tél. : 00 973 226 622
faieq2@batelco.com.bh

ÉGYPTE

Le Caire

Omar Bin El Khatab Street
City Star Mall Nasr

ÉMIRATS ARABES UNIS

Abou-Dhabi

Abu-Dhabi Mall, P.O. 43968
Tél. : 00 971 2 644 1505
www.lacasadelhabano-mohebi.com

Dubaï

Marine Beach Resort & Spa. Jumeirah
Tél. : 00 971 4 34 52 727

The Shopping Boulevard Emirates Towers, P.O.B. 267
Tél. : 00 971 4 330 33 08
bme@mohebi.com

Dubaï International Airport (Duty Free), P.O.B. 831
Tél. : 00 971 4 206 24 57
michelpaux@ddf.co.ae

Intercontinental Hotel
Tél. : 00 971 4 222 5008

IRAN

Téhéran

Esteghlal Hotel Towers
Tél. : 00 98 21 202 32 30

ISRAËL

Jérusalem

5 Shlomtzion Hamalka Street
Tél. : 00 972 2 622 27 22
Israel@casa-del-habano.co.il

JORDANIE

Amman

Islami Bank Bldg Shmeissani, P.O.B. 922159
Tél. : 00 962 6 60 15 14
ratraco@go.com.jo

KOWEÏT

Koweït

Al-Sawani Center Sheraton, Rounda Bout
Tél. : 00 965 243 72 20

LIBAN

Beyrouth

Casine Square Notre-Dame Centre
Tél. : 00 961 1 32 855 68
walids@phoenicia.com.lb

Downtown, Asseily Building
Tél. : 00 961 1 99 69 69

International Airport, Duty Free Shop
Tél. : 00 961 1 62 95 20
walids@phoenicia.com.lb

Zalka Highway, Al-Arez Center
Tél. : 00 961 4 712 600
info@phoenicia.com.lb

MAROC

Casablanca

Hotel Hyatt, Place des Nations Unies
Tél. : 00 212 22 43 12 34
interedecmaroc@interedec.com

NIGERIA

Lagos

Plot 272, Ajose Adeogun Street, Victoria Island
Tél. : 00 234 1 774 88 88

OMAN

Muscat

Oasis by the Sea Shattly al Qurum,
P.O.B. 397 Code 131
bme@mohebi.com

QATAR

Doha

Shop N° 13, Rayan St. Beside,
Old Diwan Emiri, P.O.B. 7870
Tél. : 00 974 4 340 60
mzaferk@qatar.net.qa

Asie

CHINE

Pékin

The St Regis Hotel
N° 21 Jian Gou Men Wai Da Jie, Beijing 100020
lulu@infifon.com.cn

The Westin Beijing Financial Street
North Gate, 9B, XiCheng District
Tél. : 00 86 10 6629 7868
lcdhwestin@infifon.com.cn

Guangzhou

The White Swan Hotel
Tél. : 00 86 20 81 87 94 83
lcdhws@infifon.com.cn

Hong-Kong

Sheraton H. K. Hotel, 20 Nathan Road, Kowloo
Tél. : 00 852 2123 99 52
info@pacificcigar.com

Shanghai

The Westin Shanghai Bund Center
88 Henan Central Road
Tél. : 00 86 21 6103 50 58
info@pacificcigar.com

Shenzen

The Panglin Hotel, 2002 Jiabin Road
Tél. : 00 86 755 25 18 5888
icdhpl@infifon.com.cn

CORÉE DU SUD

Séoul

Hôtel Grand Intercontinental
159-8 Samsong Dong, Kangnam Ku 135-732
Tél. : 00 82 2 557 96 56
pcaltd@kornet.net

INDONÉSIE

Bali

Kompleks Pertokoan Kuta Poleng Blok B-5 Jln.
Setiabudhi, Kuta 80361
Tél. : 00 62 361 764 484

Djakarta

Mandarin Oriental Jalan M.H. Thamrin
P.O.B. 3392
Tél. : 00 62 21 398 377 08
wishnu@attglobal.net

Gran Melia Hotel
Jalan R.H. Rasuna Said Kav.
Tél. : 00 62 21 526 80 80

JAPON

Tokyo

5-6-8 Guinza Chuo-Ku, Tokyo 104 0061
Tél. : 00 03 3571 1537

MALAISIE

Kuala Lumpur

Mandarin Oriental Hotel
Tél. : 00 603 23 80 88 88

TAIWAN

Taipei

Grand Hyatt, 2 Sung Shou Road
Tél. : 00 886 2 27 22 46 47
kenith@pacificcigar.com.tw

THAÏLANDE

Bangkok

The Oriental Bangkok, 48, Oriental Avenue BK10500
Tél. : 00 66 2 267 15 96
joe@pacific-cigar.co.th

Pattaya City

Pattaya Marriott Resort & Spa. 218/2-4 Beach Road, Chonburi
Tél. : 00 66 038 41 21 20
ldchpattaya@pacific-cigar.co.th

havanoscope 2008

liste des havanes

Bagues	Page	Nom du cigare et module	France €
		BELINDA	
2	43	Panetelas – *Demi-tasse*	1,80
2	43	Petit – *Mini-panatella*	1,20
1	44	Petit Coronas – *Petit corona* en 5	2,16
1	44	Preciosias – *Demi-tasse*	1,20
1	45	Princess – *Mini-panatella*	1,70
2	45	Superfinos – *Petit panatella*	1,80
		BOLIVAR	
3	46	Belicosos Finos – *Figurado*	11
3	47	Bolivar Tubos N° 1 – *Corona*	8,90
4	47	Bolivar Tubos N° 2 – *Petit corona*	7,40
1	48	Bolivar Tubos N° 3 – *Demi-tasse*	4,90
3	48	Bonitas – *Petit corona*	4
3	49	Coronas – *Corona*	8
3	50	Coronas Extra – *Grand corona*	6,30
		– en 50	6,30
4	50	Coronas Gigantes – *Churchill*	12,30
		– en 50	12,30
3	51	Coronas Junior – *Très petit corona*	5
5	51	Inmensas – *Lonsdale*	8,90
4	52	Libertador – Production spéciale régionale – *Grand robusto*	16,50
3	52	Petit Coronas – *Petit corona*	6,30
		– en 50	6,30
5	53	Royal Coronas – *Robusto*	9,50
		CABAÑAS	
2	55	Coronitas – *Mini-panatella*	0,96
1	55	Perfectos – *Figurado*	1,76
		COHIBA	
2	57	Coronas Especiales – *Panatella*	13,40
		– en 5	13,40

Les prix pour le Benelux valent pour la Belgique et les Pays-Bas. Compter 5 % de moins, en moyenne, pour le Luxembourg.

	All.	Andorre	Benelux	Cuba		Esp.	Grande-Bretagne		Italie	Suisse	
	€	€	€	CUC	€	€	£	€	€	FS	€
	9,50	6,94	10,70	6,35	5,11		13,10	19,48	10,50	13,20	7,99
	8	5,01		5,75	4,63	5,90	11,10	16,51	9,50		
	6,50			4,60	3,71		9	13,39		9	5,45
	4,40	2,89		3,10	2,50		6,30	9,37	5,20		
		2,89	4,60	3,20	2,58		7	10,41		6,40	3,88
	7,40			4,90	3,95		9,80	14,58			
	7,50	5,19	7,90	5,10	4,11		10,80	16,06		10,20	6,18
	7,50	5,19		5,10	4,11						
	12	9,15	14,20	8,30	6,69	12,20	16,20	24,10	12	17,20	10,41
	12	9,15		8,30	6,69					17,20	10,41
	4,90		5,40	3,25	2,62		7,10	10,56			
	10,50	6,72		6,90	5,56		12,60	18,74		12	7,27
	6	3,74		3,80	3,06	4,40	8	11,90		7,80	4,72
		3,74		3,80	3,06				6	7,80	4,72
	7,80	6,30	9,10	5,20	4,19	8,40	11,20	16,66	8,50	11,20	6,78
	19	11,60	15	9,95	8,01	14,50	16,20	24,10	14	23,40	14,16
	19	11,60	15	9,95	8,01	14,50			14	22,20	13,44

Bagues	Page	Nom du cigare et module	France €	
4	59	Esplendidos – *Churchill*	22,90	
		– en 3	22,90	
		– en 5	22,90	
2	59	Exquisitos – *Petit panatella*	8,10	
		– en 5	8,10	
3	60	Lanceros – *Grand panatella*	16,50	
		– en 5	16,50	
2	60	Panetelas – *Mini-panatella*	8	
		– en 5	8	
4	62	Robustos – *Robusto*	15	
		– en 3	15	
		Cohiba Linea 1492		
3	64	Siglo I – *Très petit corona*	7,40	
		– en 5	7,40	
3	65	Siglo II – *Petit corona*	9	
		– en 3	9	
		– en 5	9	
3	65	Siglo III – *Grand corona*	11,40	
		– en 3	11,40	
		– en 5	11,40	
3	66	Siglo IV – *Corona gorda*	12,50	
		– en 3	12,50	
		– en 5	12,50	
4	66	Siglo V – *Lonsdale*	16,70	
		– en 3	16,70	
		– en 5	16,70	
4	67	Siglo VI – *Grand robusto*	21,90	
		– en 3	21,90	
		– en 10	21,90	
		Cohiba Maduro 5		
4	68	Genios – *Grand robusto*	20	
		– en 10	20	

Les prix pour le Benelux valent pour la Belgique et les Pays-Bas. Compter 5 % de moins, en moyenne, pour le Luxembourg.

	All.	Andorre	Benelux	Cuba		Esp.	Grande-Bretagne		Italie	Suisse	
	€	€	€	CUC	€	€	£	€	€	FS	€
	27,30	16,40	27,60	17,95	14,46	20,50	29,40	43,73	25	37	22,40
	27,30	16,40	27,60	17,95	14,46	20,50			25		
	12,80	6,84	9,40	6,15	4,95	8,55	9,90	14,73	8,80	12,80	7,75
	12,80	6,84	9,40	6,15	4,95	8,55			8,80		
	21,80	13	19	12,45	10,03	16,40	20,10	29,90	17	26,40	15,99
	21,80	13	19	12,45	10,03	16,40			17	26,40	15,99
	10,70	5,60	8,50	5	4,03	7	8,10	12,05		10,60	6,42
	10,70	5,60	8,50	5	4,03	7				10,60	6,42
	16,50	11	16,60	10,40	8,38	14,30	18,10	26,92	15,50	22	13,32
	16,50	11	16,60	10,40	8,38	14,30			15,50	22	13,32
	8,45	5,20	8	5,20	4,19	6,75	9,10	13,54	7,80	10,80	6,54
	8,45	5,20	8	5,20	4,19	6,75			7,80	10,80	6,54
	12,20	7,16	11,30	6,95	5,60	8,95	12,20	18,15	10,50	15,20	9,20
				7,40	5,96					16	9,69
	12,20	7,16	11,30	6,95	5,60	8,95			10,50	15,20	9,20
	14,50	7,56	14,20	8,65	6,97	10	15,90	23,65		17,80	10,78
										17,80	10,78
	14,50	7,56	14,20	8,65	6,97	10			12		
	16,40	9,48	16	9,75	7,85	11,85	17,50	26,03		20	12,11
	16,40	9,48	16	9,75	7,85	11,85			14	20	12,11
	18,90	12,60	20,50	13,30	10,71	16,40	21,80	32,43		26	15,74
	18,90	12,60	20,50	13,30	10,71	16,40			18	26	15,74
	22,60	14,72	23,30	15,35	12,36	18,40	24,20	36	20,50	31	18,77
				16,15	13,01		26,10	38,82		31	18,77
	22,60	14,72	23,30	15,35	12,36				20,50	31	18,77
							22	32,72			

Bagues	Page	Nom du cigare et module	France €	
5	69	Magicos – *Robusto*	17,80	
		– en 10	17,80	
3	69	Secretos – *Petit corona*	8,50	
		– en 10	8,50	
		Cohiba Éditions limitées		
5	61	2001 – Piramides – *Figurado*	26	
4	58	2003 – Double Coronas – *Double Corona*	27,50	
4	63	2004 – Sublimes – *Grand robusto*	26	
4	62	2006 – Piramides – *Figurado*	26	
		CUABA		
4	71	Diademas – *Figurado* en 5	19,80	
3	71	Distinguidos – *Figurado* en 10	10,50	
2	72	Divinos – *Figurado*	5,10	
		– en 5	5,10	
3	72	Exclusivos – *Figurado*	7,80	
		– en 5	7,80	
3	73	Generosos – *Figurado*	6,10	
		– en 5	6,10	
3	74	Salomon – *Figurado* en 10	13,50	
3	74	Tradicionales – *Figurado*	5,40	
		– en 5	5,40	
		DIPLOMATICOS		
2	75	N° 2 – *Figurado*	9,50	
3	76	N° 4 – *Petit corona*	5,40	
1	76	N° 5 – *Très petit corona*	4,20	
		EL REY DEL MUNDO		
3	77	Choix Suprême – *Robusto*	7,70	
		– en 50	7,70	
3	78	Coronas de Luxe – *Corona*	7,10	
3	78	Demi-Tasse – *Mini-panatella*	2,90	

Les prix pour le Benelux valent pour la Belgique et les Pays-Bas. Compter 5 % de moins, en moyenne, pour le Luxembourg.

	All.	Andorre	Benelux	Cuba		Esp.	Grande-Bretagne		Italie	Suisse	
	€	€	€	CUC	€	€	£	€	€	FS	€
							19,50	29			
							10	14,87			
				11	8,86						
				21,70	17,48						
				19,40	15,63						
				16,40	13,21		25,20	37,48	22		
	30	12		14	11,28		26,90	40,01	21	33	19,98
	15			7,50	6,04		15,60	23,20	11	17,50	10,60
	5,50	3,46	5,50	3,40	2,74	4,20	6,70	9,97	5,20	6,20	3,75
	5,50			3,40	2,74						
	8	5,68	8	5,30	4,27	6,95	11,20	16,66	7,30	9,80	5,93
	8			5,30	4,27				7,30		
	6,70	4,84	6,40	4,15	3,34	6,05	8,90	13,24	6	7,60	4,60
	6,70		6,40	4,15	3,34				6		
	20	9,60		9,60	7,73		25	37,19	17	24	14,53
	5,90	4,08	5,80	3,80	3,06	5,10	8	11,90	5,70	7	4,24
	5,90			3,80	3,06						
				6,20	4,99		13,10	19,48		12,60	7,63
				3,45	2,78		6,90	10,26		7,20	4,36
				2,85	2,30		5,50	8,18		5,60	3,39
	8,70	5,10		4,95	3,99	6	10	14,87	7,80	10,40	6,30
	8,70	5,10		4,95	3,99					10,40	6,30
		4,40		4,55	3,67	5,50				9	5,45
	3			1,70	1,37	1,75	3,90	5,80		4	2,42

Bagues	Page	Nom du cigare et module	France €
2	79	Gran Coronas – *Corona gorda*	8
4	79	Grandes de España – *Grand panatella*	9,40
2	80	Lonsdales – *Lonsdale*	7,70
2	80	Lunch Club – *Petit corona*	4,60
3	82	Petit Coronas – *Petit corona*	5,80
3	82	Tainos – *Churchill*	12
		FONSECA	
2	83	Cosacos – *Corona*	4
		– en 3	4
		– en 5	4
1	84	Delicias – *Petit corona*	2,30
2	84	Fonseca N° 1 – *Lonsdale*	5,70
2	85	Invictos – *Figurado*	3,90
2	85	KDT Cadetes – *Petit panatella*	2,40
		GUANTANAMERA	
2	86	Compay – *Petit corona*	
2	87	Cristales – *Grand corona* en 10	1,50
1	87	Decimos – *Petit panatella* en 5	1
2	88	Minutos – *Petit panatella*	0,90
		– en 3	0,90
2	88	Puritos – *Mini-panatella* en 5	0,56
		H. UPMANN	
5	89	Connoisseur N° 1 – *Robusto*	8,50
2	90	Coronas Junior – *Petit panatella*	3,40
3	90	Coronas Major (tube) – *Corona*	5,30
2	91	Coronas Minor (tube) – *Petit corona*	3,60
2	91	Épicures – *Demi-tasse*	2,50
5	92	Magnum 46 – *Corona gorda*	11
		– en 3	11
		– en 50	11
2	94	Majestics – *Corona*	3,50

Les prix pour le Benelux valent pour la Belgique et les Pays-Bas. Compter 5 % de moins, en moyenne, pour le Luxembourg.

All.	Andorre	Benelux	Cuba		Esp.	Grande-Bretagne		Italie	Suisse	
€	€	€	CUC	€	€	£	€	€	FS	€
			5	4,03		10,70	15,92			
9,30	5,62		5,90	4,75						
			5,15	4,15		10,50	15,62		10,80	6,54
4,60			3,40	2,74						
	3,55		3,50	2,82		7,60	11,30		7,60	4,60
	8,80		7,90	6,36		14,90	22,16			
4,20	2,56		3,05	2,46	3,40	8,20	12,20		6	3,63
4,20	2,56		3,05	2,46						
4,20	2,56		3,05	2,46	3,40					
3,25	1,48		1,75	1,41	1,95			2,70	3,20	1,94
7,15	3,56		4,05	3,26	4,60	10,70	15,92	6	7,40	4,48
			2,80	2,26						
3,10	1,40		1,70	1,37	1,85	4,90	7,29	2,50		
1,28						2,82	4,19	1,10		
1,75		1,70				4,40	6,54	1,80	2,90	1,76
1,28		1,12						1,10	1,90	1,15
1									1,80	1,09
1								1	1,80	1,09
0,65						1,39	2,07		1	0,61
8	5,92		5,10	4,11		11,50	17,11	8,40	10,60	6,42
3,75	2,36		2,15	1,73		5,10	7,59	4		
5,20	3,15		3,10	2,50		9,50	14,13		8,40	5,09
4,50	2,56		2,80	2,26		8,30	12,35			
	1,80		1,85	1,49	2,25				3,40	2,06
9,30	6,32	9,70	6,05	4,87	7,90	12,70	18,89	10,50	12,60	7,63
9,30	6,32		6,05	4,87	7,90			10,50		
	6,32		6,05	4,87					12,60	7,63
3,90		3,70	2,30	1,85				3,70		

Bagues	Page	Nom du cigare et module	France €
4	94	Monarcas – *Churchill*	12,30
2	95	Petit Coronas – *Petit corona*	6,30
2	95	Regalias – *Petit corona*	3,30
5	96	Sir Winston – *Churchill*	17
4	97	Upmann N° 2 – *Figurado*	10
		H. Upmann Édition limitée	
4	93	2005 – Magnum 50 – *Grand robusto*	18,50
		HOYO DE MONTERREY	
4	99	Churchills – *Churchill*	12,30
2	99	Coronations (tube) – *Petit corona*	4,10
		– en 3	4,10
		– en 10	4,10
4	100	Double Coronas – *Double corona*	13
		– en 3	13
		– en 50	13
3	101	Épicure N° 1 – *Corona gorda*	9,70
		– en 3	9,70
		– en 50	9,70
4	102	Épicure N° 2 – *Robusto*	10,50
		– en 3	10,50
		– en 50	10,50
3	102	Hoyo des Dieux – *Grand corona*	9,80
		– en 5	9,80
		– en 50	9,80
1	103	Hoyo du Député – *Petit panatella*	5,80
		– en 5	5,80
		– en 50	5,80
2	104	Hoyo du Gourmet – *Panatella*	7,70
2	104	Hoyo du Maire – *Mini-panatella*	5,10
		– en 5	5,10
1	105	Hoyo du Prince – *Petit corona*	6,40
		– en 5	6,40
		– en 50	6,40

Les prix pour le Benelux valent pour la Belgique et les Pays-Bas. Compter 5 % de moins, en moyenne, pour le Luxembourg.

	All.	Andorre	Benelux	Cuba		Esp.	Grande-Bretagne		Italie	Suisse	
	€	€	€	CUC	€	€	£	€	€	FS	€
	10,60	8,28		8,30	6,69					17,20	10,41
	5,70	3,52	6,40	3,80	3,06	4,40	8,10	12,05		7,80	4,72
	4,10	2,67		2,45	1,97				3,70		
	16	10,60	18,90	11,20	9,02	12,10	20,90	31,09	18	23	13,93
	9,50	7,08		6,60	5,32	8,80	14,60	21,72	11,30	13,40	8,11
				10,50	8,46		19,10	28,41			
	12	8,47		8,50	6,85		16,40	24,39		17,60	10,66
	6	3,34		3	2,42				5,50	4,20	2,54
	6			3	2,42	4,75			5,50		
	6	3,34		3	2,42	4,75				5,50	3,33
	13,50	9,90		9,50	7,65	12,60	18,80	27,96	14	19,60	11,87
	13,50	9,90		9,50	7,65				14		
	13,50	9,90		9,50	7,65					19,60	11,87
	9,80	6,60	10,40	6,15	4,95	8,40	13	19,34	9,50	12,80	7,75
	9,80	6,60	10,40	6,15	4,95	8,40			9,50		
	9,80	6,60		6,15	4,95					12,80	7,75
	8,20	6,40	9,50	5,70	4,59	8,35	12,10	18	9	12,40	7,51
	8,20	6,40	9,50	5,70	4,59	8,35			9	12,40	7,51
	8,20	6,40		5,70	4,59				9	12,40	7,51
	8,60	6,07	9,40	5,65	4,55	7,15	12	17,85		11,80	7,14
	8,60		9,40	5,65	4,55					11,80	7,14
	8,60	6,07		5,65	4,55					11,80	7,14
	4,90		5,50	3,45	2,78	3,60	7,10	10,56	5,50	6,80	4,12
	4,90		5,50	3,45	2,78	3,60				6,80	4,12
	4,90			3,45	2,78				5,50	6,80	4,12
	6,50		7,60	4,35	3,50		9	13,39	7	8,80	5,33
	4,20		4,90	2,15	1,73	2,25	5,20	7,73		5,80	3,51
	4,20		4,90	2,15	1,73						
	6,20		6,40	3,95	3,18	4,40	8,50	12,64	6,20	8	4,84
	6,20	3,80	6,40	3,95	3,18	4,40				8	4,84
	6,20			3,95	3,18					8	4,84

Bagues	Page	Nom du cigare et module	France €	
2	105	Hoyo du Roi – *Grand corona*	8,70	
		– en 5	8,70	
2	106	Palmas Extra – *Corona*	3,50	
4	107	Petit Robustos – *Petit robusto*	7,60	
		– en 3	7,60	
2	108	Short Hoyo Coronas – *Petit corona*	6,30	
		Hoyo de Monterrey Éditions limitées		
3	106	2001 – Particulares – *Especial en 5*	11	
4	107	2003 – Piramides – *Figurado*	13,20	
3	100	2004 – Épicure Especial – *Grand robusto*	14,30	
4	108	2007 – Regalos – *Corona gorda*	11,40	
		JOSÉ L. PIEDRA		
1	109	Brevas – *Corona*	1,80	
		– en 5	1,80	
1	110	Cazadores – *Grand corona*	1,70	
		– en 5	1,70	
2	111	Conservas – *Corona*	1,80	
		– en 5	1,80	
2	112	Cremas – *Petit panatella*	1,40	
		– en 5	1,40	
1	112	Nacionales – *Corona*	1,80	
		– en 5	1,80	
1	113	Petit Cetros – *Petit panatella*	1	
		– en 5	1	
		JUAN LOPEZ		
3	114	Coronas – *Corona*	7,10	
3	114	Obus – Production spéciale régionale – *Figurado*	9,50	
2	115	Panetelas Superbas – *Demi-tasse*	4,10	
2	115	Petit Coronas – *Petit corona*	6,10	
4	116	Selección N° 1 – *Corona gorda*	9,20	
4	117	Selección N° 2 – *Robusto*	9	
		– en 50	9	

Les prix pour le Benelux valent pour la Belgique et les Pays-Bas. Compter 5 % de moins, en moyenne, pour le Luxembourg.

	All.	Andorre	Benelux	Cuba		Esp.	Grande-Bretagne		Italie	Suisse	
	€	€	€	CUC	€	€	£	€	€	FS	€
	7,60		8,90	5,30	4,27		10,60	15,77		11	6,66
	7,60		8,90	5,30	4,27					11	6,66
	5	2,64		2,35	1,89				3,70		
	7,40	5,20	8,20	4,70	3,79	6,50	9,70	14,43	7,30	10,20	6,18
	7,40	5,20	8,20	4,70	3,79	6,50			7,30	10,20	6,18
	6,20			3,85	3,10		8	11,90			
				16,10	12,97						
				6,55	5,28						
				8,25	6,65						
	1,50	0,84		1	0,81				1,60	2,80	1,70
	1,80	0,84		1	0,81				1,60	2,80	1,70
	1,60	0,96		1,10	0,89	1,20	5,40	8,03		3,40	2,06
	1,90	0,96		1,10	0,89	1,20			1,90	3,40	2,06
	1,60	0,92	1,30	1,05	0,85	1,15	5,10	7,59		3,40	2,06
	1,80	0,92	1,30	1,05	0,85	1,15			1,70	3,40	2,06
	1,40	0,84	1,14	0,95	0,77	1,05				2,60	1,57
	1,60	0,84	1,14	0,95	0,77	1,05			1,55	2,60	1,57
	1,60	0,84	1,24	1	0,81		4,60	6,84		3	1,82
	1,80	0,84	1,24	1	0,81				1,60		
	1,30	0,80		0,90	0,72	1	3,60	5,35		2,50	1,51
	1,50	0,80		0,90	0,72	1			1,45	2,50	1,51
	7,10			4,35	3,50					9,60	5,81
	4,30			2,55	2,05					5,20	3,15
	5,20	3,52		3,35	2,70				5,40	7,60	4,60
	9	7,90		5	4,03				9	11,20	6,78
	7,20	7,20		4,70	3,79				8,50	12	7,27
		7,20		4,70	3,79					12	7,27

Bagues	Page	Nom du cigare et module	France €
		LA FLOR DE CANO	
2	119	Petit Coronas – *Petit corona*	2,30
		– en 5	2,30
2	119	Selectos – *Grand corona*	2,50
		– en 5	2,50
		LA GLORIA CUBANA	
2	121	Médaille d'Or N° 1 – *Grand panatella*	8,60
		– en 10	8,60
3	121	Médaille d'Or N° 2 – *Lonsdale*	10,70
4	122	Médaille d'Or N° 3 – *Slim panatella*	5,70
4	122	Médaille d'Or N° 4 – *Panatella*	6,40
3	123	Tainos – *Churchill*	11,70
		LOS STATOS DE LUXE	
1	124	Brevas – *Corona*	1,76
1	125	Selectos – *Corona* en 5	2,40
		MONTECRISTO	
3	128	Edmundo – *Grand robusto*	13,60
		– en 3	13,60
4	128	Especial – *Grand panatella*	11
1	129	Especial N° 2 – *Panatella*	9,50
1	130	Joyitas – *Mini-panatella*	5,70
		– en 5	5,70
4	130	Montecristo A – *Especial*	29,40
		– en 5	29,40
2	132	N° 1 – *Lonsdale*	10,50
		– en 10	10,50
3	133	N° 2 – *Figurado*	13,50
		– en 3	13,50
		– en 10	13,50

Les prix pour le Benelux valent pour la Belgique et les Pays-Bas. Compter 5 % de moins, en moyenne, pour le Luxembourg.

	All.	Andorre	Benelux	Cuba		Esp.	Grande-Bretagne		Italie	Suisse	
	€	€	€	CUC	€	€	£	€	€	FS	€
	2,30	1,48		1,70	1,37	1,75					
				1,70	1,37						
	3,50			1,80	1,45	1,95				2,60	1,57
				1,80	1,45					2,60	1,57
	8,25			5,20	4,19	6,70			8,30	12	7,27
				4,95	3,99						
	10,30	6,92		6,85	5,52	8,15				15	9,08
	7	4,20		2,95	2,38	5,25			6,50	9	5,45
	6			3,30	2,66	5,35				9,20	5,57
	11,80	9,20		7,90	6,36					16,50	9,99
				1	0,81					2,20	1,33
				1,90	1,53					2,80	1,70
	10	7,60	10,40	6,70	5,40	10			11,30	13,60	8,23
	10	7,60	10,40	6,70	5,40	10	14,30	21,27	11,30	13,60	8,23
	12,40	7,90	12,70	8,40	6,77	10	13,80	20,53	12,50	15	9,08
	10,30	7,12	10,40	6,75	5,44	9,15	11,30	16,81	10	11,60	7,02
	5,10	2,90	5,40	3,40	2,74	3,55	5,60	8,33		6,60	4
	5,10	2,90	5,40	3,40	2,74					6,60	4
	40	18,11	31,30	19,95	16,07	24,15				42	25,43
	40			19,95	16,07	24,15			27		
	11	6,52	10,80	6,70	5,40	8,15	12,90	19,19	10	12,40	7,51
	11			6,70	5,40				10		
	11,50	7,80	12,20	7,60	6,12	10,10	15,70	23,35	12	14,80	8,96
	11,50	7,80	12,20	7,60	6,12				12	14,80	8,96
	11,50	7,80		7,60	6,12	10,10				14,80	8,96

Bagues	Page	Nom du cigare et module	France €
3	133	N° 3 – *Corona*	9,50
		– en 3	9,50
		– en 5	9,50
		– en 10	9,50
4	134	N° 4 – *Petit corona*	7,40
		– en 3	7,40
		– en 5	7,40
		– en 10	7,40
2	134	N° 5 – *Très petit corona*	6,30
		– en 5	6,30
		– en 10	6,30
4	135	Petit Edmundo – *Petit robusto*	8,60
		– en 3	8,60
		– en 10	8,60
2	136	Petit Tubos – *Petit corona*	8,80
		– en 3	8,80
		– en 5	8,80
		– en 10	8,80
		– en 5	1,50
1	137	Tubos – *Grand corona*	10,80
		– en 3	10,80
		– en 10	10,80
		Montecristo Éditions limitées	
4	136	2000 – Robustos – *Robusto*	16,70
4	127	2001 – Double Coronas – *Double corona*	27,10
–	131	2003 – Montecristo B – *Corona*	16,80
5	131	2003 – Montecristo C – *Corona gorda*	18,40
4	131	2005 – Montecristo D – en 10	16,30
4	137	2006 – Robustos – *Robusto*	16,70

Les prix pour le Benelux valent pour la Belgique et les Pays-Bas. Compter 5 % de moins, en moyenne, pour le Luxembourg.

All.	Andorre	Benelux	Cuba		Esp.	Grande-Bretagne		Italie	Suisse	
€	€	€	CUC	€	€	£	€	€	FS	€
9,70	5,28	9,50	5,80	4,67	6,60	11,30	16,81		11	6,66
9,70	5,28	9,50	5,80	4,67	6,60			8,80		
9,70	5,28		5,80	4,67	6,60				11	6,66
9,70			5,80	4,67				8,80	11	6,66
7,30	3,98	6,90	4,30	3,46	4,95	8,30	12,35		8,40	5,09
7,30	3,98	6,90	4,30	3,46	4,95			6,50		
7,30	3,98		4,30	3,46	4,95			6,50	8,40	5,09
7,30		6,90	4,30	3,46				6,50	8,40	5,09
5,50	3,32	5,50	3,60	2,90	4,15	6,75	10,04	5,50	6,60	4
5,50	3,32	5,50	3,60	2,90	4,15			5,50		
5,50	3,32		3,60	2,90	4,15			5,50	6,60	4
8,40	6,20	8,90	5,20	4,19	7,50	10,80	16,06	8	11,80	7,14
8,40			5,20	4,19	7,50			8	11,80	7,14
8,80	4,56	8,40	5,15	4,15		9,70	14,43	7,80	10,60	6,42
8,80			5,15	4,15						
8,80			5,15	4,15				7,80	10,60	6,42
8,80			5,15	4,15	5,70					
1		1,12								
12	6,40	12,20	7,70	6,20		13,60	20,23	11,50	14,40	8,72
12	6,40	12,20	7,70	6,20				11,50		
12	6,40	12,20	7,70	6,20	8					
			12,50	10,07						
			9,80	7,89		16	23,80			
			9,55	7,69		16,20	24,10	12,50		

Bagues	Page	Nom du cigare et module	France €	
		PARTAGAS		
4	139	8-9-8 (boîte vernie) – *Lonsdale*	11,50	
		– en 10	11,50	
3	140	Aristocrats – *Petit corona*	3	
		– en 5	3	
2	140	Chicos – *Mini-panatella*	1,20	
		– en 5	1,20	
5	141	Churchills de Luxe – *Churchill*	12,30	
3	141	Coronas – *Corona*	8	
2	142	Coronas Junior – *Petit corona*	3,60	
		– en 3	3,60	
3	143	Coronas Senior (tube) – *Corona*	5,10	
		– en 3	5,10	
–	143	Culebras – *Culebra*	11,70	
3	143	Habaneros – *Petit panatella*	2,60	
		– en 5	2,60	
5	144	Lusitanias – *Double corona*	15	
		– en 3	15	
		– en 50	15	
3	144	Mille Fleurs – *Petit corona*	3,30	
		– en 5	3,30	
		– en 10	3,30	
3	145	Partagas de Luxe – *Corona*	4,80	
		– en 3	4,80	
		– en 10	4,80	
2	145	Partagas de Partagas N° 1 – *Lonsdale*	9	
2	146	Petit Coronas Especiales – *Corona*	4	
		– en 5	4	
2	147	Presidentes – *Figurado*	7,50	
3	147	Princess – *Demi-tasse*	2,60	
5	150	Série D N° 4 – *Robusto*	11,60	
		– en 3	11,60	

Les prix pour le Benelux valent pour la Belgique et les Pays-Bas. Compter 5 % de moins, en moyenne, pour le Luxembourg.

	All.	Andorre	Benelux	Cuba		Esp.	Grande-Bretagne		Italie	Suisse	
	€	€	€	CUC	€	€	£	€	€	FS	€
	11	7,37	12,70	7,60	6,12	9,45	14,10	20,97	11,80	14,80	8,96
	11	7,37		7,60	6,12	9,45			11,80		
	3,10	2,47	3,35	2,30	1,85	3,30			3,70	3,40	2,06
	3,10		3,35	2,30	1,85				3,70		
				0,85	0,68						
	12		13,50	8,50	6,85				12,40	17,60	10,66
	7,85	4,50		5,30	4,27	6	10,20	15,17			
	4,50			2,85	2,30				4,20		
				2,85	2,30	3,50					
	5,20	2,88		3,15	2,54				4,60		
	5,20			3,15	2,54	3,80					
				6,95	5,60				10		
	13,50	9,45	15,30	9,50	7,65	12,60	18,80	27,96	14,50	19,60	11,87
	13,50	9,45	15,30	9,50	7,65						
	13,50	9,45		9,50	7,65					19,60	11,87
	4	2,60	3,60	2,50	2,01					5	3,03
	4			2,50	2,01						
	4	2,60	3,60	2,50	2,01				4	5	3,03
	5,70	3,20	5,30	3,50	2,82	4,10			5,20	7,20	4,36
	5,70		5,30	3,50	2,82						
	5,70	3,20	5,30	3,50	2,82					7,20	4,36
	10			6,95	5,60						
	3,80	2,76		2,35	1,89		8,10	12,05		5	3,03
	3,80			2,35	1,89				3,70		
	8,90	5,96		5,45	4,39						
	3,50	2,06	2,80	1,90	1,53				3		
	8,70	7	9,90	5,70	4,59	8,95	12,20	18,15	9,50	12,40	7,51
	8,70	7	9,90	5,70	4,59	8,95			9,50	12,40	7,51

Bagues	Page	Nom du cigare et module	France €	
4	151	Série du Connaisseur N° 1 – *Grand panatella*	11	
5	152	Série du Connaisseur N° 2 – *Grand panatella*	8,70	
3	152	Série du Connaisseur N° 3 – *Panatella*	8	
4	153	Série P N° 2 – *Figurado*	11	
		– en 3	11	
		– en 10	11	
1	154	Shorts – *Très petit corona*	5	
		– en 50	5	
3	154	Super Partagas – *Grand corona*	3,30	
		– en 5	3,30	
		Partagas Éditions limitées		
4	146	2000 – Piramides – *Figurado*	13,20	
5	149	2001 – Série D N° 3 – *Corona gorda*	13	
4	149	2003 – Série D N° 2 – *Grand robusto*	12	
5	148	2004 – Série D N° 1 – *Double corona*	13,50	
4	150	2006 – Série D N° 3 – *Corona gorda*	13	
		POR LARRAÑAGA		
3	156	Juanitos – *Mini-panatella*	1,20	
2	156	Lolas en Cedro – *Petit corona*	2,40	
3	157	Montecarlos – *Panatella*	3,10	
3	157	Panetelas – *Petit panatella*	2,30	
3	158	Petit Coronas – *Petit corona* en 50	5,10	
		PUNCH		
4	159	Churchills – *Churchill*	12	
		– en 50	12	
3	160	Coronas – *Corona*	8	
3	160	Coronations (tube) – *Petit corona*	4,10	
5	161	Double Coronas – *Double corona*	13	
		– en 50	13	
1	161	Margaritas – *Mini-panatella*	3,70	

Les prix pour le Benelux valent pour la Belgique et les Pays-Bas. Compter 5 % de moins, en moyenne, pour le Luxembourg.

All.	Andorre	Benelux	Cuba		Esp.	Grande-Bretagne		Italie	Suisse	
€	€	€	CUC	€	€	£	€	€	FS	€
11,10	7,60	11,90	6,85	5,52				11	14,60	8,84
8,60		9,10	5,60	4,51				8,50	11,20	6,78
7,60	5,60	8	5,05	4,07		8,80	13,09	7,50	9,40	5,69
10,50	7,56	11,30	6,60	5,32	9,45	15,30	22,76	11,50	14	8,48
			7,40	5,96						
10,50	7,56		6,60	5,32	9,45			11,50	14	7,48
5,40	2,83		3,15	2,54	3,15	7,30	10,86		6,80	4,12
5,40	2,83	5,50	3,15	2,54				5,50		
3,30	2,77		2,35	1,89	3,70				4,80	2,91
		3,70	2,35	1,89					4,20	2,66
			6,05	4,87						
			7,20	5,80						
			10,25	8,26		19,60	29,15			
			7,10	5,72		14,20	21,12	11,50		
			2,05	1,65						
4	2,12		2,40	1,93				3,50		
3			1,20	0,97					2,40	1,45
	3,56		3,30	2,66				5	7	4,24
12,50	8,47		8,30	6,69	12,10	16,40	24,39	13	17,20	10,41
12,50	8,47		8,30	6,69					17,20	10,41
7,60			4,90	3,95		9,90	14,73		10,20	6,18
6	3,24		4,25	3,42		7,50	11,16			
13,80	9,96		9	7,25	12,60	18,70	27,81		18,80	11,38
13,80	9,96	14,20	9	7,25				16	18,80	11,38
3,20	2,46		2,75	2,22		4,70	6,99			

Bagues	Page	Nom du cigare et module	France €	
2	162	Petit Coronas del Punch – *Petit corona*	5,80	
2	162	Petit Coronations (tube) – *Petit corona*	5	
3	163	Petit Punch – *Très petit corona*	4,60	
4	163	Punch Punch – *Corona gorda*	10	
		– en 50	10	
2	164	Royal Coronations (tube) – *Grand corona*	7,10	
4	164	Royal Selection N° 11 – *Corona gorda*	10	
3	165	Royal Selection N° 12 – *Petit corona*	6,30	
4	166	Super Selection N° 1 – *Grand corona*	9,80	
		QUAI D'ORSAY		
3	167	Coronas Claro – *Corona*	7,10	
2	167	Gran Corona – *Grand corona*	7,90	
4	168	Imperiales – *Churchill*	11,70	
3	168	Panetelas – *Panatella*	6	
		QUINTERO		
2	169	Londres Extra – *Petit corona*	2	
1	170	Nacionales – *Corona*	2,20	
		– en 5	2,20	
2	171	Panetelas – *Petit panatella*	1,90	
1	171	Puritos – *Mini-panatella*	1	
		– en 50	1	
		RAFAEL GONZALEZ		
2	173	Cigarritos – *Mini-panatella*	3,50	
2	173	Coronas Extra – *Corona gorda*	8,40	
3	174	Lonsdales – *Lonsdale*	7,80	
1	174	Panetelas – *Demi-tasse*	3,40	
3	175	Panetelas Extra – *Petit panatella*	2,20	
1	175	Petit Coronas – *Petit corona*	5,30	
2	176	Slenderellas – *Slim panatella*	4,70	

Les prix pour le Benelux valent pour la Belgique et les Pays-Bas. Compter 5 % de moins, en moyenne, pour le Luxembourg.

	All.	Andorre	Benelux	Cuba		Esp.	Grande-Bretagne		Italié	Suisse	
	€	€	€	CUC	€	€	£	€	€	FS	€
	5,20	3,60		3,80	3,06	4,50					
	4,75	2,55		3,75	3,02	3,40	6,60	9,82	4,10		
	5,10	2,81		3,20	2,58		6,50	9,67		6,80	4,12
	9,50	5,94	10,30	6,05	4,87	7,90	12,20	18,15	9	12,40	7,51
	9,50	5,94		6,05	4,87				9	12,60	7,63
	5,50	4,28		4,65	3,75						
	9,45	5,92	10,30	6,05	4,87		12,30	18,30	9,30	12,60	7,63
	6,40	3,60	6,50	3,80	3,06				6,20	8,20	4,97
	8,50	5,96	9,90	5,45	4,39					11,40	6,90
		4,67		4,50	3,62						
		5,10		5,75	4,63					12	7,27
		9,86		7,65	6,16						
		4,93		5	4,03						
	2,70	1,32	2,16	1,45	1,17	1,75				2,60	1,57
	3,10	1,19	2,35	1,30	1,05					2,60	1,57
	3,10	1,19	2,35	1,30	1,05				2,60	2,60	1,57
	2,20	0,97	1,85	1,10	0,89	1,15				2,20	1,33
				0,60	0,48					1,10	0,67
				0,60	0,48						
	3,60	1,99	3,90	2,30	1,85					4,40	2,66
	7,80	5,04		5,25	4,23		11	16,36		10,60	6,42
	8	4,72		5,40	4,35	5,90	10,60	15,77		10,80	6,54
	4,10			2,65	2,13					4,60	2,79
	3,05	1,18		1,25	1,01	1,35			2,20	2,60	1,57
	5,10	2,79		3,05	2,46	3	7,60	11,30	5,50	7	4,24
				2,75	2,22					6,60	4

Bagues	Page	Nom du cigare et module	France €	
		RAMON ALLONES		
4	177	Allones Specially Selected – *Robusto*	9,50	
		– en 50	9,50	
5	178	Gigantes – *Double corona*	12,90	
3	179	Small Club Coronas – *Petit corona*	4,50	
		ROMEO Y JULIETA		
3	180	Belicosos – *Figurado*	11	
3	180	Cazadores – *Lonsdale*	7,40	
2	181	Cedros de Luxe N° 1 – *Lonsdale*	8,30	
3	181	Cedros de Luxe N° 2 – *Corona*	7,70	
2	182	Cedros de Luxe N° 3 – *Petit corona*	7,40	
4	183	Churchills – *Churchill*	13,50	
		– en 3	13,50	
		– en 10	13,50	
3	183	Coronas – *Corona*	8	
2	184	Coronitas en Cedro – *Corona*	3	
4	186	Exhibicion N° 3 – *Corona gorda*	9,70	
5	186	Exhibicion N° 4 – *Robusto*	8,50	
		– en 50	8,50	
2	188	Mille Fleurs – *Petit corona*	3	
		– en 10	3	
1	188	Petit Coronas – *Petit corona*	6,30	
		– en 5	6,30	
2	189	Petit Julietas – *Mini-panatella*	3,10	
		– en 5	3,10	
1	190	Petit Princess – *Très petit corona*	4,60	
1	191	Regalias de Londres – *Petit corona*	3,10	
2	192	Romeo N° 1 (tube) – *Corona*	5,10	
		– en 3	5,10	
		– en 10	5,10	
4	192	Romeo N° 2 (tube) – *Petit corona*	4,70	
		– en 3	4,70	
		– en 5	4,70	
		– en 10	4,70	

Les prix pour le Benelux valent pour la Belgique et les Pays-Bas. Compter 5 % de moins, en moyenne, pour le Luxembourg.

	All.	Andorre	Benelux	Cuba		Esp.	Grande-Bretagne		Italie	Suisse	
	€	€	€	CUC	€	€	£	€	€	FS	€
	7,20	6,40	8,50	4,95	3,99	8	11,30	16,81	8,50	10,80	6,54
		6,40		4,95	3,99					10,80	6,54
	12,50	9	13,50	8,65	6,97		18,50	27,52	13	18,40	11,14
	4,90	2,83		2,95	2,38		6,80	10,11	5,30	6,20	3,75
	9,80	6,64		6,40	5,16	8,30	13,40	19,93	10,50	13,40	8,11
	9,50		7,90	5,25	4,23	5,80	11,20	16,66	7,50	8,40	5,09
	9,60	5,43	9,70	6	4,83	7,25	12	17,85		12,40	7,51
	8,60	4,80	8,50	5,30	4,27	6,15	10,50	15,62		11	6,66
	6,70	3,88	6,90	4,05	3,26	4,35	8,50	12,64	6,50	8	4,84
	12,50	9,40	15,30	10,70	8,62		16,40	24,39	16	17,60	10,66
			15,30			12,60					
	7,90	4,80		5,30	4,27		10,50	15,62		10,20	6,18
	3,60	2,47		2,30	1,85	3,30					
	10,50	6,30		6,15	4,95	8,40	12,30	18,30	9,30	12,80	7,75
	8,20	6,20		5,25	4,23	8,10	10,90	16,21		11	6,66
	8,20	6,20	8,90	5,25	4,23				8,80	11	6,66
	3	2,60	3,60	2,50	2,01					5	3,03
	3	2,60	3,60	2,50	2,01						
	6,20	3,40	6,50	3,85	3,10		8	11,90	6		
	6,20			3,85	3,10	4,20			6	7,90	4,78
	4			2,40	1,93		4,30	6,40	3,80	4,20	2,54
	4			2,40	1,93				3,80		
	4,70	3,18		3,30	2,66	3,55	6,60	9,82		6,40	3,88
	3,70	2,36		2,35	1,89				3,50	3,90	2,36
	5,70	3,44	5,40	3,50	2,82		11	16,36	5,20	7,40	4,48
	5,70		5,40	3,50	2,82				5,20	7,40	4,48
	5,70	3,44		3,50	2,82	4,30					
	6,50	3,34	4,90	3,05	2,46		9,20	13,68	4,70	6	3,63
	6,50			3,05	2,46				4,70	6	3,63
	6,50	3,34	4,90	3,05	2,46				4,70	6	3,63
	6,50	3,34		3,05	2,46	4,45				6	3,63

Bagues	Page	Nom du cigare et module	France €	
2	193	Romeo N° 3 – *Petit corona*	4	
		– en 3	4	
		– en 10	4	
4	193	Short Churchills – *Robustos*	8,80	
		– en 3	8,80	
		– en 10	8,80	
3	194	Sport Largos – *Demi-tasse*	2,60	
		Romeo y Julieta Éditions limitées		
–	185	2000 – Exhibicion N° 2 – *Double corona*	25,60	
5	191	2001 – Robustos – *Robusto*	13,20	
3	187	2003 – Hermosos N° 1 – *Churchill*	14	
4	187	2004 – Hermosos N° 2 – *Corona gorda*	13	
4	189	2005 – Petit Piramides – *Figurado*	12,10	
3	185	2007 – Escudos – *Grand robusto*	11,70	
		SAINT LUIS REY		
5	195	Churchills – *Churchill*	10,90	
		– en 50	10,90	
4	196	Coronas – *Corona*	7,10	
4	196	Double Coronas – *Double corona*	12,90	
2	197	Lonsdales – *Lonsdale*	7,80	
1	198	Petit Coronas – *Petit corona*	5,80	
		– en 5	5,80	
3	198	Regios – *Robusto*	7,80	
		– en 50	7,80	
4	199	Série A – *Corona gorda*	9,20	
		– en 50	9,20	
		SAN CRISTOBAL DE LA HABANA		
1	200	El Morro – *Double corona*	13,50	
3	200	El Principe – *Très petit corona*	5	
3	201	La Fuerza – *Gordito*	10,80	

Les prix pour le Benelux valent pour la Belgique et les Pays-Bas. Compter 5 % de moins, en moyenne, pour le Luxembourg.

	All.	Andorre	Benelux	Cuba		Esp.	Grande-Bretagne		Italie	Suisse	
	€	€	€	CUC	€	€	£	€	€	FS	€
	4	2,80	4,20	2,85	2,30	3,50	7,80	11,60	4,20	5,40	3,27
	4		4,20	2,85	2,30				4,20	5,40	3,27
	4	2,80	4,20	2,85	2,30						
	8,90	6	9,50	5,40	4,35	8,50	11,90	17,70	9,30	12,40	7,51
	10			6,20	4,99						
	8,90	6		5,40	4,35	8,50			9,30	12,40	7,51
	3,50	2,08	2,80	2,05	1,65				3	2,60	1,57
				5,30	4,27						
				6,80	5,48						
				8,20	6,61						
				7,50	6,04						
	10,50	8,66		7,65	6,16						
	10,50	8,66		7,65	6,16						
	6,90	4,51		4,30	3,46						
				8,40	6,77						
	8			5,40	4,35					10,80	6,54
	5,15	3,35		3,45	2,78						
	5,15			3,45	2,78				5,40		
	7,20	5,68		4,90	3,95					10	6,05
	7,20			4,90	3,95					10	6,05
	9,20			5,25	4,23				5,40	10,60	6,42
	9,20			5,25	4,23					10,60	6,42
	12	9,15	14,60	9,40	7,57	12,20	17,80	26,48	13,50	16,20	9,81
	5,60	3,24	5,40	3,25	2,62	3,60	7,20	10,71	5,50	6,80	4,12
	9	6,88	11,10	7,10	5,72	8,10	14,50	21,57	10,50	13	7,87

Bagues	Page	Nom du cigare et module	France €	
2	201	La Punta – *Figurado*	11	
3	202	Mercaderes – *Churchill*	13	
3	202	Muralla – *Figurado*	16,60	
4	203	Oficios – *Corona*	8,30	
		SANCHO PANZA		
2	205	Bachilleres – *Très petit corona*	4,60	
3	205	Belicosos – *Figurado*	10,50	
4	206	Coronas – *Corona*	7,10	
4	206	Coronas Gigantes – *Churchill*	11,70	
4	207	Molinos – *Lonsdale*	8,60	
1	208	Non Plus – *Petit corona*	5,80	
4	208	Sanchos – *Especial*	19,60	
		– en 5	19,60	
		TRINIDAD		
3	210	Coloniales – *Corona* en 24	12	
		– en 5	12	
5	210	Fundadores – *Grand panatella* en 24	17,10	
		– en 5	17,10	
		– en 12	17,10	
		– en 50	17,10	
4	212	Reyes – *Petit corona* en 24	8	
		– en 5	8	
		– en 12	8	
4	212	Robustos Extra – *Grand robusto* en 12	19	
		– en 3	19	
		Trinidad Édition limitée		
3	211	2007 – Ingenios – *Lonsdale*	18,10	
		TROYA		
2	213	Coronas Club – *Petit corona*	1,96	
1	214	Universales – *Petit panatella*	1,60	

Les prix pour le Benelux valent pour la Belgique et les Pays-Bas. Compter 5 % de moins, en moyenne, pour le Luxembourg.

	All.	Andorre	Benelux	Cuba		Esp.	Grande-Bretagne		Italie	Suisse	
	€	€	€	CUC	€	€	£	€	€	FS	€
	10,50	7,14	10,80	6,35	5,11	8,40	13,40	19,93	10,50	13,20	7,99
		8,92		8,70	7,01				12,60		
		10,62		11,55	9,30				16		
		4,97		5,55	4,47				8,40		
	4,90			3,40	2,74					6,40	3,88
	9,50	5,80		6,10	4,91	7,25	12,60	18,74	10	12,20	7,39
	7,10	4,20		4,55	3,67					9,60	5,81
	11,80	8,40		7,90	6,36	10,50	14,70	21,86			
	8,50	4,80		5,40	4,35	6	10,80	16,06	8,80	11,40	6,90
	5	3,20		3,50	2,82	4	7,60	11,30	5,50	7,40	4,48
	21,80	12,60		13,80	11,12	15,75	23,40	34,81	20	31,40	19,01
	21,80			13,80	11,12						
	10,30	5,50	12,50	6	4,83	6,20	11,40	16,96	9,50	15	9,08
	10,30		12,50	6	4,83				9,50	15	9,08
	20	10,20	19,40	10,90	8,78	12	19,40	28,86	18	31	18,77
	20		19,40	10,90	8,78	12				30	18,16
		10,20		10,90	8,78				18		
				10,90	8,78					31	18,77
	7,20	4,15	8,40	4,30	3,46	5	7,60	11,30	6,70	9	5,45
	7,20	4,15	8,40	4,30	3,46				6,70	9	5,45
	7,20	4,15		4,30	3,46	5				9	5,45
	16	11,08	21,50	11,85	9,55	12,60	21,20	31,53	18	28	16,95
	16	11,08	21,50	11,85	9,55				18	28	16,95
				1,75	1,41						
				1,25	1,01						

Bagues	Page	Nom du cigare et module	France €	
		VEGAS ROBAINA		
4	215	Clasicos – *Lonsdale*	9,90	
		– en 3	9,90	
		– en 5	9,90	
4	215	Don Alejandro – *Double corona*	14,80	
		– en 3	14,80	
4	216	Familiar – *Corona*	9,20	
		– en 10	9,20	
3	218	Famosos – *Robusto*	8,70	
		– en 3	8,70	
		– en 5	8,70	
2	218	Unicos – *Figurado*	12,40	
		VEGUEROS		
2	219	Especiales N° 1 – *Grand panatella*	9	
2	220	Especiales N° 2 – *Panatella*	8	
2	221	Marevas – *Petit corona*	5,80	
2	221	Seoane – *Petit panatella*	3,60	

Les prix pour le Benelux valent pour la Belgique et les Pays-Bas. Compter 5 % de moins, en moyenne, pour le Luxembourg.

	All.	Andorre	Benelux	Cuba		Esp.	Grande-Bretagne		Italie	Suisse	
	€	€	€	CUC	€	€	£	€	€	FS	€
	10,50	5,92	10,70	6,35	5,11	7,40	11,90	17,70	9,50	13,20	7,99
	10,50			6,35	5,11				9,50		
	15	9,96	16	9,60	7,73	12,45	19,30	28,71	14	20	12,11
	15			9,60	7,73					20	12,11
	9,50	5,16	9,50	5,65	4,55	6,30	10,30	15,32	8,20	12	7,27
				6,50	5,24						
	9,70	5,88	9,10	5,40	4,35	7,35	11,20	16,66	8	11,20	6,78
	9,70										
		5,88	9,10	5,40	4,35				8		
	11,30	7,40	11,90	7,25	5,84	9,25	15,20	22,61	11	16,20	9,81
	9,20			6,95	5,60	7				12,80	7,75
	8,20			5,50	4,43					9,80	5,83
	4,80			3,30	2,66					7	4,24
	4			2,20	1,77					5,80	3,51

index

À cru

Dégustation sommaire du cigare quand celui-ci n'est pas encore allumé. Très souvent, les notes constatées à cru disparaissent sitôt les premières bouffées.

À l'aveugle

Dégustation au cours de laquelle les bagues de cigare ont été ôtées et, parfois, les produits masqués afin de ne pas pouvoir les reconnaître. L'expression anglaise *blind test* est également employée.

Complexité aromatique

Se dit d'un cigare développant une floraison d'arômes divers se succédant les uns aux autres. La complexité aromatique est la marque des grands havanes.

Court

Se dit d'un cigare qui développe une persistance aromatique (voir ce terme) insuffisante.

Empyreumatique

Désigne une caractéristique de goût se référant généralement aux notes grillées (café torréfié).

Épices

L'une des caractéristiques de base des grands havanes avec la terre et les notes animales (suint, gibier, cuir). Le poivre vert est l'épice la plus souvent rencontrée.

Étroit

Se dit d'un cigare offrant un registre olfactif peu développé, composé de deux ou trois arômes dominants.

Évolution aromatique

Se dit de la progression des arômes au fil de la dégustation.

« Liga » ou « ligada »

Les Cubains désignent ainsi le mélange des cinq feuilles qui composent le cigare et caractérisent chaque vitole.

Linéaire

Terme employé lorsque le goût, même s'il est plaisant, est calé sur un registre unique et répétitif.

Long

Comme pour le vin, ce terme indique une grande persistance des arômes en bouche.

Module

Désignation de la taille spécifique du cigare par trois paramètres – le diamètre, la longueur et le poids.

Palais empâté

Sensation désagréable, lourde et brûlante, parfois constatée en fin de fumage.

Papier brûlé

Note gustative toujours désagréable. Constatée parfois sur des cigares de qualité médiocre.

Persistance aromatique

Se dit de la capacité des arômes à rester en bouche.

Pied

Partie du cigare que l'on allume.

Plénitude

Sentiment de totale satisfaction atteint par le fumeur au moment de l'extinction.

Riche

Cigare aux arômes très présents et soutenus par une bonne puissance. Au-delà, le cigare peut être copieux, capiteux et rassasiant.

Rond

Se dit d'un cigare délivrant un assemblage d'arômes sans aspérité, ni heurt. À l'extrême, on emploiera le terme « fondu ».

Salé

Note rare, constatée parfois sur la cape de certains cigares.

Sucré

Cette caractéristique de goût est parfois notée au démarrage. À ne pas confondre avec les notes miellées ou caramélisées, plus profondes et plus fréquentes chez les grands havanes.

Tête

Partie du cigare portée en bouche et coupée au préalable.

Tiers

La division du cigare en trois tiers permet une meilleure analyse de la dégustation. Le deuxième tiers livre généralement la quintessence aromatique.

Ventilation

Bonne, elle qualifie l'aisance du tirage. Mauvaise, elle signifie que le cigare est trop serré.

Vitole

Le cigare. La vitole est la résultante du module (longueur, diamètre, poids) et de la marque qui le produit. Ainsi, la marque Montecristo propose 12 vitoles correspondant à 11 modules différents (puisque deux d'entre elles – le *Petit Tubos* et le *N° 4* – sont d'un module identique).

Nous remercions tout particulièrement
Jorge-Luis Maique (président de Coprova)
sans qui ce *Havanoscope* n'aurait pu voir le jour,
ainsi que Jean-Dominique Comolli (président du conseil
d'administration d'Altadis) pour son aide précieuse.

Nous tenons aussi à témoigner notre reconnaissance à :
Geneviève Barachon et Vincent Rupin (Coprova, France),
Urs Tanner (Intertabak, Suisse),
Simon Chase (Hunters & Frankau, Grande-Bretagne),
Christophe Pusskar (5th Avenue Products, Allemagne),
Roberto Delgado (Cuba Cigar),
Angelina Caballero (Altadis, Espagne),
Andrea Vincenzi (Diadema Spa, Italie),
Antoni Armengol et José Maria Cazes (Andorre).

Si vous souhaitez recevoir le catalogue des éditions Solar, envoyez votre demande à l'adresse suivante :

SOLAR
12, avenue d'Italie, 75013 Paris
Site Internet : www.solar.tm.fr

© 2007, Éditions Solar, un département de place des éditeurs
Tous droits de traduction, d'adaptation et de reproduction
par tous procédés, réservés pour tous pays.

ISBN : 978-2-263-04461-8
Code éditeur : S04461
1re édition

Dépôt légal : octobre 2007
Imprimé en France par Mame